Iris von Roten: Vom Bosporus zum Euphrat

IRIS VON ROTEN

Vom Bosporus zum Euphrat

Eine Reise durch die Türkei

Mit einem Nachwort
von
Yvonne-Denise Köchli

eFeF

Die Originalausgabe erschien 1965 im Henry Goverts Verlag, Stuttgart

Die Deutsche Bibliothek - CIP-Einheitsaufnahme

Roten, Iris von:
Vom Bosporus zum Euphrat : eine Reise durch die Türkei / Iris von Roten. Mit einem Nachw. von Yvonne-Denise Köchli. - Zürich ; Dortmund : eFeF-Verl., 1993
ISBN 3-905493-49-7

Gesamtherstellung: Offizin Andersen Nexö, Leipzig

Inhalt

Bühne, Kulissen und Requisiten einer Reise in die Türkei

Mahlzeiten, Cafés und 7 Arten geweckt zu werden

Erwacht man in einem türkischen Hotelbett, so ist die erste Frage nicht, was mache ich heute, sondern, wie komme ich zu meinem Frühstück? Das wußte ich nach meiner ersten Nacht auf türkischem Boden allerdings nicht, obschon das Schicksal sich beeilte, mir einen Wink zu geben.

„Was machen wir nur? Eileen trinkt ihren Tee nicht ohne Milch, und die scheint unauffindbar", rief mir der englische Uhrmacher vom Nachbartisch entgegen, als ich mein Frühstück bestellte — dieses war in Edirne (Adrianopel), so nahe der griechischen Grenze, noch selbstverständlich.

Gestern abend waren er und seine Frau mir in einer Wirtschaft begegnet. Impulsiv hatte er mich an seinen Tisch gebeten — da mein Problem auch die unvertraute türkische Küche zu sein scheine. Kaum war das Essen aufgetragen, eröffnete er mir voll Gottvertrauen, er frage sich, wie er bezahlen solle, weil er nur wenig türkisches Geld bei sich habe und zum Verkauf seiner Uhrenbänder — wohlgemerkt Uhrenbänder, nicht Uhren — den Morgen abwarten wolle.

Die türkischen Händler mußten mit einem Bärenhunger nach Uhrenbändern erwacht sein; denn „Bill Jenkins, auf der Reise nach Australien mit Eileen, seiner Frau" — laut schriftlicher Vorstellung mit Kärtchen — hatte diesmal die Zeche bereits bezahlt und widmete sich jetzt der Milchsuche. Hotelier, Kellner und Laufbursche waren beratend zusammengetreten. Milch? — ein Ding der Unmöglichkeit.

Urplötzlich sprang Bill auf: „Da kommt sie ja!" — Wir folgten ihm, der schon auf die Straße gestürzt war, und sahen einen mit großen Blechkannen schwer befrachteten Wagen vorbeirumpeln. In der Tat, Milch hatte sich eingefunden, hektoliterweise. Von uns allen bestürmt, schickte sich der Fuhrmann an, aus einer riesigen Kanne drei Teelöffel Milch zu verkaufen. Nein, zu verschenken — trinkgeldlos! Eine Geste jenes selbstverständlichen Anstands der Türken, über die ich mich täglich voll Bewunderung aufs neue wundern sollte.

Auf mich persönlich brach das Frühstücksproblem erst in Anatolien ein, ließ mich aber nie mehr ganz los. Denn nur die Hotels erster Klasse — und auch sie bei weitem nicht immer — servieren ein Frühstück. Die andern überlassen es dem Erfindungsgeist des Gastes.

Eine besondere Art Gaststätten, die Mahallebiçi, bieten zwar vielerlei Milch- und Süßspeisen, auch Joghurt. Alles wird augenfällig, aber wenig verlockend ins Schaufenster gestellt. Man ahnt Frühstücksingredienzen. Aber da ich keine Liebhaberin von Milch bin, schaltete ich sie vorläufig aus. Immerhin haben sie einen Lockvogel in Gestalt eines gekochten und enthäuteten Huhns, das man zuweilen inmitten zahlreicher Metallschüsselchen im Schaufenster erblicken kann. So ungewohnt uns die Kombination erscheint, hier gibt es heiße Hühnerbrühe und kalten Reis mit Hühnerfleisch.

Wieder einmal eile ich an einem Morgen mit stocknüchternem Magen durch die Straßen. Es ist in Izmir (Smyrna). Wie und wo kommt man zu einem Frühstück? Offenbar heißt es konstruieren und kombinieren. Oder soll ich die Suche einstellen und kurzerhand, wenn auch zu ungewohnter Zeit, Spießfleisch und Zwiebelsalat essen? Kebabereien gibt es in Hülle und Fülle. Der verzweifelte Entschluß bleibt mir erspart, denn in einem Schaufenster zeigt sich ein Cake. Ich kaufe ihn und bin meine Sorge zur Hälfte los; es verbleibt noch, Tee zu beschaffen.

Das ist in der Türkei für eine Frau leicht und zugleich merkwürdig schwierig. Leicht, weil hinter jeder dritten Tür ein Teebrauer und Kaffeekocher haust und Cafés auf Schritt und Tritt zu finden sind. Ein Café bedeutet in der ganzen Türkei Ausschank von Kaffee und Tee, sogar mit derselben Einrichtung. Die Symbiose von Kaffee-Tee-Kocher ist ein stattliches kupfernes Behältnis, eine Art Samowar, dessen Wasser mit Holzkohle erhitzt wird. Oben sitzt ihm eine hübsche japanische Teekanne auf, in der Tee-Essenz ständig warm gehalten wird. Verlangt man Tee, so gießt der Wirt in ein kleines tulpenförmiges Gläschen etwas Essenz ein, füllt aus einem Hähnchen mit heißem Wasser nach und stellt das Getränk auf das an drei Kettchen schwingende Tablett des bedienenden Burschen. Auch ein kleiner blecherner Löffel und zwei Stück Zukker gehören dazu. Läßt man sie auf dem Unterteller liegen, so wird einem bedeutet, man habe den Zucker vergessen. Niemandem kommt in den Sinn, daß man Tee ungesüßt trinken könnte.

Ganz anders verhält es sich beim Kaffee. Hier gehen die Geister so entschieden auseinander, daß vier Zuckerdosierungen, von null bis übersüß, zu Begriffen geworden sind. Ein Türke bestellt nicht einfach Kaffee, sondern sade, az şekerli, orta şekerli oder şekerli. Er wird in winzigen Kupferkännchen gebrüht, die man in die glühenden Holzkohlen unter dem Samowar schiebt.

Nichts Einfacheres also, als in einem Café Tee zu bestellen und dazu den mitgebrachten Cake zu verspeisen. Aber es gibt überall ungeschriebene Gesetze; und in der Türkei lautet eines: Nie betritt eine Frau ein Café, nicht in Gesellschaft und schon gar nicht allein.

Das Bedürfnis, endlich meinen Cake mit Tee zu einem Frühstück zu ergänzen, aber auch die Lust am feministischen Experimentieren, veranlassen mich schließlich, mir beim nächsten der überfüllten Cafés einen Weg zum einzig leeren Stuhl zu bahnen.

Meistens sind die Cafés bis auf den letzten Tisch mit Männern besetzt, die Stunde um Stunde Tavla, Trick-Track, spielen. Tak, tak, tak, das Geräusch der hin- und hergeschobenen Klötzchen, ist unvermeidlicher akustischer Begleiter des Touristen in der Türkei.

„Dieses Lokal ist nur für Männer", wird mir gleich von zwei Burschen am nächsten Tisch gesagt — das einzige Mal während meinen Hunderten von Café-Besuchen. — „Ach was, ich möchte Tee trinken und dieses Stück Cake dazu essen; im übrigen zerbreche ich mir den Kopf darüber, wie die Türken frühstücken." — Kaum habe ich meinen Satz beendet, so stehen plötzlich drei leere Tische vor mir, und auf jedem zwei — geschenkte — Gläschen Tee.

Wenn auch für den ständig umherreisenden Besucher der Türkei, insbesondere Anatoliens, so wenig „normal" ist, daß selbst das Frühstück ein täglich neues Problem sein kann, so ist dafür auch wenig banal. Was sich woanders als Tretmühle des Alltags darstellt, zeigt sich in der Türkei oft als Quelle der Überraschung und Unterhaltung.

Diesmal hatte ich am Ende der Welt übernachtet; über einem Café, hinter zerschlagenen Scheiben. Vor zwei, drei Jahrtausenden ein belebter Hafen, dann eine Festung, besteht das Städtchen heute aus einer Burgruine, einer Straßenzeile und einem Zollgebäude. Es bot wenig Aussicht auf ein Frühstück. Der Wirt riet mir, ins einzige Nachbardorf zu fahren, wo es gewiß alles gäbe.

Ich fuhr los, um nach einer Viertelstunde festzustellen, daß der Ort, von dem ich kam, im Vergleich zu diesen paar Häusern eine Metropole gewesen war. Das Frühstück schien ferner denn je. — Halt! Dort hinter einem halb hinaufgezogenen Blech sah ich Flaschen, Säcke mit Zwiebeln und Kartoffeln. Ich fuhr ganz langsam, um die Chance, zwischen ihnen etwas Cake-ähnliches zu erspähen, nicht zu verpassen. Aber kein Gebäck wollte sich zeigen. Hingegen sprang unter dem Wellblech unversehens ein Mann hervor und wandte sich in wunderschönem Französisch an mich: „Was wünschen Sie?" — „Ein Frühstück", antwortete ich und hielt mit dem Gefühl einer Wendung zum Besseren an.

Er dachte längere Zeit nach und sagte dann zögernd: „Hier ist zwar ein Hotel, aber es sind noch keine Gäste da. Vielleicht. . . ." — Ich kam auf meinen eigenen Frühstücksplan zurück. Ja, das konnte und wollte er bewerkstelligen. — „Cakes gibt es hier keine, aber dort drüben können Sie Früchte kaufen — einen Tee will ich Ihnen bestellen, denn Sie sind doch jetzt mein Gast."

Während des Teetrinkens faßte ich meinen Gastgeber näher ins Auge. Er sah genau wie ein christlicher Heiliger aus — ein Aussehen, das paradoxerweise jener Habitus ist, der von den verschiedenen typisch türkischen am typischsten ist. Allerdings ein sehr behender und sprachgewandter Heiliger.

Hier war Gelegenheit zu einem interessanten Gespräch zwischen Tourist und Ansässigem, beiderseits naiv, ohne aber durch den Mangel an Bildung beschränkt zu werden.

Während ich solchen Gedanken nachhing, war auch ich gemustert worden, wohlverstanden, wie es sich in der Türkei gehört, ohne dabei auch nur genau angesehen worden zu sein. — „Wie alt sind Sie?" fragte er. — „Ganz sicher älter als Sie", antwortete ich; werden doch Touristinnen immer viel zu jung eingeschätzt. Meine Antwort überraschte ihn, und wir begannen nachzuzählen. Ich war genau ein Jahr älter. Er schaute mich forschend an und bemerkte dann: „Doch jetzt glaube ich es, Sie haben so Säcke unter den Augen."

Nach diesem Ausspruch legte ich meiner eigenen Lust zu einfachen Fragen keine Zügel mehr an. „Wie in aller Welt nimmt man in der Türkei das Frühstück ein? Bitte, zählen Sie mir genau auf, was gegessen wird, und wann. Es ist eine dumme Frage. Aber beantworten Sie sie, als ob sie wissenschaftlich wäre."

„Man trinkt Milch, ißt Brot und Konfitüre. Vielleicht auch etwas Konfekt oder Simitler, Kringeln, welche Sie gewiß schon Kinder auf der Straße feilhalten gesehen haben. Manche essen gar nichts und trinken nur etwas Tee oder Kaffee." — So wußte ich schließlich so wenig wie vorher. Seither habe ich herausgebracht, daß es traditionsgemäß eigentlich nur zwei Mahlzeiten gibt, das Mittagessen etwa um 11 Uhr und das Nachtessen zwischen 16 und 20 Uhr, je nach Gewohnheit des Hausherrn. Gefrühstückt werde nicht; hingegen trinke man Kaffee, um die Lebensgeister zu wecken.

Aber auch Hamdi lagen naive und direkte Fragen auf der Zunge: „Was haben Sie eigentlich in Ihrer Handtasche? Ständig tragen Sie das Paket mit sich herum." — Welche Frage! Hatte nicht meine Mutter mir schon als dreijährigem Kind eingeprägt: „Frage nie, was jemand in der Handtasche hat!" — Doch sogleich fiel mir ein, daß die Handtasche bei den Frauen Anatoliens nur eine geringe Rolle spielt. Offenbar haben sie allerlei Säcke und Taschen in und unter ihrer Vermummung. Immerhin war ich erstaunt genug, um eine drastische Erklärung zu geben. — „Sehen Sie sich an, was darin ist — da!" — Ich schüttete das Sammelsurium meiner Handtasche auf den Ladentisch.

Je reger unser Gespräch wurde, um so reger auch der Umsatz in Hamdis Handlung. Ständig kam und ging jemand. Auch Hilfe hatte sich eingefunden: sein Bruder. Doch nahm dieser keine Notiz von mir. Es war, als wäre ich unsichtbar. Schließlich näherte sich einer der Kunden und bedeutete in gebrochenem Deutsch, indem er auf den wieder einmal in die Unendlichkeiten jenseits meines Scheitels blickenden Bruder wies, dieser offeriere mir Zigaretten. War dieser so ungeheuer beschäftigt, daß er sogar aus der Distanz von 2 Metern Zigaretten nur durch Boten anbieten konnte? Nachdem aber Stunden später sein Blick noch immer über und neben mir durchglitt, wandte ich mich an Hamdi: „Warum spricht Ihr Bruder kein Wort mit mir?" — Meine Frage war als Vorwurf mißverstanden worden. — „Hat er Ihnen nicht Zigaretten angeboten?" — „Um so erstaunlicher, daß er mich nicht einmal ansieht. Warum wohl?" — Immerhin war ich lange genug in der Türkei gewesen, um den Grund zu ahnen. Es sprach für Hamdis intellektuelle Redlichkeit, ihn auch zu nennen. — „Aus Schamhaftigkeit", sagte er. Aber schon bereute er das Wort. Was mußte eine Europäerin sich dabei denken? Er, ein aufgeklärter Kopf, konnte nicht für so etwas einstehen. — „Er ist ein primitiver Mensch", fügte er rasch hinzu. Doch auch dieses Wort brachte ihn in Konflikt. War es nicht illoyal gegenüber dem Bruder? — „Ich bin auch ein primitiver Mensch", kam es unvermittelt. Diese Bemerkung war noch schlimmer und falsch dazu. — „Er ist vollständig betrunken", zerschnitt Hamdi den Knoten, welchen unser Gespräch geschlungen hatte. — „Raki?" — „Wodka!" — Eine Sorte Wodka jedenfalls, die merkwürdig arbeitsam zu machen schien.

Um so freizeitlicher war es Hamdi zumute geworden. Er stellte ein kleines Programm auf, das er mit einem besonderen Vorschlag krönte: „Am Abend gehen wir ins Freilichtkino. Ich kenne den Film zwar nicht; aber da er türkisch ist, wird er wie die arabischen sein — zum Weinen! Ganz einfach: Ein Mann und eine Frau lieben einander; bald aber liebt der Mann eine andere Frau; die erste Liebe kriegt Tuberkulose und stirbt."

Auf dem Wege zum Kino war es stockfinster und menschenleer. Doch waren wir kaum zehn Minuten unterwegs, als aus dem Dunkel ein Nachtwächter auftauchte und uns keinen Moment mehr aus den Augen ließ. Zwei Schritte vor dem Kinoeingang wies er großartig auf diesen, als hätten wir ihn niemals allein finden können.

Nur allmählich bekamen wir den Faden des bereits begonnenen Films in die Hand, denn die Schauspieler waren erst erkennbar, wenn die Handlung sie zum Sitzen zwang. Sonst fehlten ihnen die Köpfe, weil die Vorführung des Films nicht auf das Format der Leinwand abgestimmt war.

Eine ebenso schöne wie verworfene Frau hatte einen jungen Garageninhaber geheiratet, um sich an dessen bereits verehelichten Bruder heranzupirschen, der widerstrebend in ihren Bann gezogen ward. Die beiden Ehepaare und die alten Eltern wohnten zusammen, so daß die Verbrecherin hinderliche Familienangehörige bequem aus dem Weg räumen konnte. Die herzkranke Schwiegermutter bekam ein Kissen ins Gesicht gedrückt, bis sie erstickt war. Der verblendete Sohn ahnte den Mord, vergaß ihn aber angesichts der Andeutung eines Bauchtanzes, mit dem ihn die Mörderin buchstäblich in die Knie zwang. Die hintergangene Ehefrau zog sich in ihrer feinen Weise still zurück; mit einer großen Handtasche und einem kleinen Kind verließ sie leise schluchzend die eheliche Wohnung. Selbst der alte Vater schöpfte Verdacht. Er schlich dem Sohn nach, um ihn — nach einem etwas ausgedehnten Augenschein — bei der Schwägerin zu ertappen. Zur Rede gestellt, schlug ihn der entartete Sohn kaltblütig nieder; beladen mit Gebetsteppich und Kanarienvogelkäfig, flüchtete der Greis, verstört murmelnd, aus dem Haus. Ihm, dem redlichen Alten mit Backenbart und Käppchen, sollte es beschieden sein, rächender Mörder an der abgefeimten Person zu werden.

Soweit ließen wir es allerdings nicht kommen. Als die schöne Teufelin ihrerseits die Stätte ihrer Schandtaten verließ — ein kokettes Manöver, um die Brüder so recht aneinandergeraten zu lassen —, gingen auch wir.

Aber wohin? Im Café wollte man uns keinen Tee mehr ausschenken — im Gegensatz zu den griechischen Cafés und Wirtschaften schließen die türkischen lieber zu früh als zu spät. Das Feuer unter dem Samowar sei erloschen, wurde Hamdi mitgeteilt. Als er Geld für die Kohlen eines frischen Feuers anbot, ging man nicht darauf ein. So schob Hamdi noch einmal das Wellblech vor seinem Laden in die Höhe, und wir tranken eine seiner Limonaden.

Ich hatte geglaubt, der Geschäftstag sei abgeschlossen. Doch schon stellten sich wieder Kunden ein, schläfrige, aber durstige. Der eine und andere Dorfbewohner hatte ebenfalls mitternächtliche Lust nach Limonade bekommen, die seinen Ordnungssinn so stärkte, daß er schon fünf Minuten später die leere Flasche zurückbrachte.

So können allein schon aus dem Frühstücksproblem in der Türkei unerwartet lebhafte Nächte und Tage erwachsen.

Und die anderen Mahlzeiten? Mit dem tagtäglichen Verzehren von Schischkebab mit Gurken- und Tomatensalat in den Gartenlauben der Wirtschaften glaubte ich die Ernährungsfrage in der Hauptsache gelöst zu haben. Warum konnten so viele Ausländer das nicht auch? Warum mußte den amerikanischen Arbeitseinheiten in der Türkei Chicken-Mushroom-Suppe per Flugzeug über Länder und Meer aus den USA gebracht werden? Warum den Equipen italienischer Baufirmen heimatliche Spaghetti? Hatten sie so nicht das Gefühl, unter einer Glasglocke zu leben?

Ich selbst hatte bereits im mazedonischen Skopje, dessen Bevölkerung zum Teil türkisch ist, die erste Gelegenheit benutzt, eine Kebaberei aufzusuchen. Eng, klein, mit ungekehrtem Boden, war sie von verlockendem Duft erfüllt. Er rührte vom Hackfleisch her, das, in kleinen Klumpen an Spieße gedrückt, über glühenden Holzkohlen röstete. Dazu gab es Wasser, Brot und scharfe Pfefferschoten. Als ich von dem so schmackhaften wie billigen Imbiß — er heißt Köfte — aufstand, ahnte ich nicht, daß mir „Köfte" neben „Yok" von allen türkischen Worten das unfreundlichste werden sollte. Vielmehr vermeinte ich, eine wunderbare Art der Verköstigung entdeckt zu haben.

Es gibt Tausende von Kebaçi in der Türkei, von den kleinen, die nur Köfte zubereiten, bis zu mittleren und größeren, die an eisernen Portionenspießchen aufgesteckte Lammfleisch-Stücke — mitunter schmecken sie allerdings wie solides Schaf-, wenn nicht Ziegenfleisch — rösten. Neben den Zubereitungsweisen mit waagrecht gehaltenen Spießchen gibt es auch jene am großen, senkrecht an die Glut gestellten Spieß. Hammel- und Lammfleisch-Plätzchen werden auf ihm zu einem mächtigen Kegel angeordnet, der sich beständig vor dem Feuer dreht. Die soeben gar gewordene äußerste Schicht wird für den Gast heruntergeschabt. Dieses Dönerkebab wird mit Tomaten-, Gurken- und Zwiebel-Petersilien-Salat garniert. Dazu gehören selbstverständlich Brot, eisgekühltes Wasser und die Pfefferschoten. Zahlt man, so erhält man mit dem Kleingeld gleich auch noch Zahnstocher.

Das Bestellen des Essens ist für den des Türkischen unkundigen Gast recht einfach: Er geht geradewegs in die Küche. In Reih und Glied stehen Kasserollen, die scheinbar tagaus tagein halbgefüllt auf schwachem Feuer halbwarm gehalten werden. In den verschiedenen Saucen — die meisten zeigen paprikagerötete Fettaugen — schwimmen allerlei Stücke herum, deren Anblick trübsinnig macht. Zuversichtlicher stimmt der Inhalt des Eiskastens. Niemand nimmt es übel, wenn man kurzerhand den Eiskasten öffnet, um nachzusehen, was einem bevorsteht. Da liegen ordentlich allerlei Dolma wie gefüllte Eierfrüchte und Peperoni, dann auch zu adretten Röllchen in Rebblätter verpackter Reis, Fleischplätzchen, Koteletts, Hoden und gekochtes Hirn. Nahe dem Meer finden sich vielleicht auch zwei, drei Sorten Fische.

Verbreitet ist der Brauch, für den nächsten Tag etwas Besonderes zu bestellen, etwa ein Hühnchen nach Tscherkessenart — mit Nußmasse bedecktes Hühnerfleisch. Aber die Unkenntnis des Türkischen hält dem Touristen oft die Fülle der erfüllbaren Wünsche verborgen.

Vor allem in Istanbul, Ankara und Izmir gibt es natürlich neben ein paar für internationale Kundschaft gedachten Restaurants auch etliche, die Leckerbissen der türkischen Küche für Feinschmekker zubereiten, etwa Abdullah und Boğaziçi in Istanbul. Hier werden Spezialitäten wie Patlican Karnıyarık, gefüllte Eierfrucht und Schwertfisch frisch und heiß aufgetragen, und selbstverständlich auch Meze, das türkische Hors d'oeuvre, in üppiger, auf das Getränk abgestimmter Vielfalt.

In den Provinzstädten dagegen unterscheiden sich die „erstklassigen" Restaurants oft nur dadurch von kleinen, gewöhnlichen, daß der Gast eine Serviette erhält, sein unvermeidlicher Marsch in die Küche weniger gern gesehen wird und die Kellner ab und zu „okay" sagen. Aber in der Regel nicht durch größere Auswahl und Qualität der Gerichte. Und was Meze anbetrifft, so erscheinen landauf landab meist nur Tomaten, Gurken, Schafkäse und Melonen als Raki- oder Bierbeigabe; schon Cacik, eine Mischung von Joghurt, Gurken und Knoblauch, findet sich seltener.

Die abgestandenen Speisen in der durchschnittlichen Wirtschaft und das Einerlei der frisch zubereiteten geben natürlich kein vollständiges Bild der türkischen Küche, die an privaten Tischen ausgezeichnet mundet. Nichtsdestoweniger bleibt die kulinarische Wirklichkeit des Touristen eher düster. Das Topfgucken verlernt er bald wieder; allenthalben dampfen ihm gleiche Brocken entgegen.

Mit der Zeit gab es nur noch drei Wege der Verköstigung, die ich abwechslungsweise einschlug.

Der eine war gar keiner; er bestand darin, nichts zu essen. „Hunger ist der beste Koch“ büßte oft für „lieber gar nichts“ seine Gültigkeit ein. Dieser Weg führt auf die Länge natürlich zu nichts, das heißt zum raschen Gewichtsverlust und Kräftezerfall.

Der andere Weg hieß: Karpuz. Das ist die Wassermelone, diese riesige Frucht mit dem rötlichen Fleisch. Sie ist uns meist nur als Zentralstück altmodischer, als Wandschmuck fürs Eßzimmer bestimmter Stilleben bekannt. Aber für Menschen, die vor Durst und auch sonst nicht mehr essen mögen und nicht genug Verlockendes zu trinken bekommen, ist sie — eisgekühlt — gerade das Richtige. Mit ihr hat man gegessen und getrunken. Sie hält einen am Leben. Ab Ende Juni wird sie nicht etwa an Ständen, sondern in Lagern feilgeboten. Die Melonenhügel sind mitunter zu Melonengebirgen ausgedehnt; der Verkäufer muß darauf verzichten, sie abends zusammenzupacken, und schlägt kurzerhand über seiner Melonenwelt eine Matratzenburg für die Nacht auf. Selbstredend wird dieses Hochbett tagsüber nicht abmontiert, sondern ragt als Riff aus dem Melonenmeer.

Der dritte Weg, mit einem Rest von Zuversicht kulinarische Ausweichmöglichkeiten zu entdecken, ist der Lebensmittelmarkt - für zahlreiche motorisierte Touristen die Standardlösung des Verköstigungsproblems. Immer wieder antworteten mir Touristen: „Türkische Küche? Gar nicht nötig. Mit all den herrlichen Früchten machen wir einfach Picknick.“

Sie sind auf dem Markt und auch in unzähligen kleinen Läden zu finden. Da für den Lebensmittelmarkt kaum importiert wird, ist die Auswahl eher klein. Aber manche bei uns rare Früchte und Gemüse, oft von wundervoller Qualität, machen ihn interessant. Eierfrüchte sind zu so großen Hügeln geschichtet, daß man nach ihrem Anblick fürs Leben weiß, welche Schattierung der violetten Farben eben „aubergine“ heißt. Man lernt, daß es Pfeffer und Pfeffer gibt, jenen, der recht scharf noch immer „süßer Pfeffer“ genannt wird, und den „scharfen Pfeffer“, den Türken, ohne mit der Wimper zu zucken, verzehren können. Tomaten gibt es in Hülle und Fülle, von jeder Gestalt und jeder Größe. Keine Jahreszeit, zu der sie nicht irgendwo in der Türkei reifen.

Von drei Früchten habe ich in der Türkei die besten gesehen, die mir je zu Gesicht gekommen sind. Die blauen Trauben aus der Umgebung von Trabzon am Schwarzen Meer gehören dazu. Ihr Kennzeichen ist die goldene Mitte in allem — mit Ausnahme der dekorativen Größe ihrer Beeren. Sie sind nicht süßlich, nicht sauer, nicht dünn- und nicht dickhäutig, nicht klebrig und nicht trocken, nicht fad und nicht aufdringlich aromatisch, sondern genau wie Trauben sein sollen. — Aus der gleichen Gegend stammt eine andere Spitzenfrucht: die Haselnuß, so groß, daß unsere einheimischen daneben wie für Eichhörnchen gemacht zu sein scheinen. Und dann die Feige. Nur in der Türkei findet man sie im Herbst im idealen Zwischenstadium von frisch und leicht getrocknet. Hingegen sind die einheimischen Bananen schlecht und teuer, die Datteln zäh und trocken wie Süßholz.

Im Bild der türkischen Märkte wirken besonders ungewohnt die Käseversammlungen. Als ich vor Jahren zufällig von der in der Türkei verbreiteten Käseverpackung — ein Ziegenbalg, dem eigentlich nur der Kopf fehlte — gelesen hatte, schauderte mich. An Ort und Stelle den schmackhaften, in den Läden aus heruntergerollten Säcken verkauften Weichkäse verzehrend, hatte ich die grausige Beschreibung längst vergessen. Erst als ich auf dem Markt eine kleine Herde praller Schäfchen, die in der Runde saßen, als pflögen sie Rat — Ziegenbälge von seltsamer Vierzipfligkeit —, bemerkte, erinnerte ich mich plötzlich. Aber aus dem Bild der Scheußlichkeit war eines der Ordnung geworden.

An Überraschungen, durstlöschenden und hungerstillenden, fehlt es auf dem Markt nicht. Im Hochsommer gibt es weiße und dunkle Beeren, ähnlich den Himbeeren. Es sind Maulbeeren. Im Straßenbild erscheinen Männer, die an kleinen Ständen ihren frisch gepreßten Saft verkaufen. Im August/September kommen die Granatäpfel. Mit ihrer Überfülle an hervorquellenden Samen haben wir sie — offensichtlich als Zeichen der Fruchtbarkeit — meist schon in einem halben Dutzend stilisierter Formen als Ornament kennengelernt — zuletzt wohl auf den türkischen Kupferkesseln —, bevor uns die ersten in natura begegnen. Der Anblick der großen Haufen weit aufklaffender Früchte, deren Kerne an das garstige Innere der Hagebutte erinnern, wirkt nicht einladend. Doch genügt das Kosten eines einzigen Tropfens Saft, um anderer Meinung zu werden. Aromatisch und angenehm bitter, ist er der klassische Durstlöscher und damit auch der in der Weltgeschichte bevorzugte Saft, um mit ein wenig Gift darin störende Verwandte und Bekannte zu beseitigen.

Mitte September greift das Marktleben auf ruhige Straßen über. Das Bild ihrer Läden verwandelt sich von Tag zu Tag. Unvermittelt hängen glänzende Würste und mächtige Stücke getrockneten Rindfleisches in den Auslagen. Wie in den Kinderbüchern verhängen die Würste in verschlungenen Ketten malerisch Schaufenster und Türen. Dieses Schlaraffenland währt nur kurze Zeit, aber lange genug, um einen nach Abwechslung verlangen zu lassen.

Wer nicht wie die Türken ausgesprochener Liebhaber von Brot, Pilav und Bulgur ist und sich auch nicht so recht mit Kadaif, in süßen Saft versinkenden Nudeln, befreunden kann, hat sich seine Versorgung mit Kohlenhydraten besonders auszuhecken. Im Lande des „Türkenhonigs" ist die Lösung nicht schwer. Die meine war Lokum. Die zarten, in Staubzucker gerollten, gelatineartigen Würfel aus Stärkemehl, Zucker und Gummiarabikum lockten mich erst nur wenig. Immerhin raffte ich mich zu einer systematischen Untersuchung auf und versuchte in einer erstklassigen Konditorei mich durch alle Sorten durchzubeißen, durch die nach Rosen duftenden, die mit Haselnüssen oder Pistazien gespickten und viele andere mehr. Da wir uns sprachlich nicht verständigen konnten, ging es eine Weile, bis der Verkäufer das ungeläufige Begehren verstanden hatte. Nun aber stellte er mir eine Kollektion zusammen — nicht nur mit Stücken aus jeder Schale der Auslage, sondern selbst mit solchen aus tiefen, selten gebrauchten Schubladen: ein süßes Denkmal türkischer Geduld und Höflichkeit!

Da Anatolien eine riesige Halbinsel ist und die europäische Türkei zwischen zwei Meeren liegt, erwartet der Besucher allerlei „Früchte des Meeres". Aber selbst unmittelbar am Wasser fand ich das vertrackte Köfte häufiger als Fische.

Wohl entgeht niemandem, daß in Izmir einige Wirtschaften Fische und Krabben führen und der Bosporus, besonders auf der europäischen Seite, von Fischrestaurants gesäumt ist. Aber ihre Auswahl ist merkwürdig beschränkt, obgleich 129 Arten eßbarer Fische in Istanbuls Umgebung umherschwimmen sollen. Nach meiner Erfahrung bietet schon das griechische Städtchen Kavala eine größere.

In einem Artikel über die wirtschaftlichen Möglichkeiten der Türkei las ich, wie der Ausbau der Fischerei in der Ägäis zusätzliche Erwerbs- und Ernährungsmöglichkeiten bieten könnte. Ich hatte Gelegenheit, mit dem Autor darüber zu sprechen, und erkundigte mich, ob vielleicht die Küste verhältnismäßig arm an Fischen sei. — „Ganz im Gegenteil. Es schwemmt die Leckerbissen aus dem griechischen Bereich auf die türkische Seite." — „Aber warum ziehen die Türken sie denn nicht heraus? Warum machen sie nicht mehr aus der Fischerei? Man möchte meinen, eine arme Bevölkerung..." — Ach, die Antwort hing in der Luft, wo sie auch unausgesprochen hängenblieb. Ich habe ihr unter dem Titel „Die armen Reichen" ein ganzes Kapitel gewidmet.

Aber diese Eß-Probleme sind nichts im Vergleich zum Durst, zum unlöschbaren Durst. Denn der Tourist hat dreimal mehr Durst als der Einheimische.

Einmal, weil er in der heißesten Tageszeit nicht etwa ruht, sondern eben nach westlicher Sitte auf dem Höhepunkt seiner Aktivität steht. Dann auch, weil er, ständig auf der Fahrt, sich weniger als der Einheimische nach seinen Bedürfnissen einrichten kann. Kein Händler im Bazar, der nicht in einer Ecke einen irdenen Krug frischen Wassers hätte. Kein wohlhabender Türke, der nicht seine Getränke mit Eisstücken kühlte. Aber der Tourist hat weder Eisschränke in der Küche noch irdene Krüge in der Ecke. Was den

Durst anbelangt, so lebt er auf dem qui vive. Naiverweise meint er zuerst, in Wirtschaften oder Cafés seinen Durst löschen zu können. Fehlt es doch nicht an Harassen voll Limonadenflaschen. Auch Bier ist da. Beides löscht nicht den hochsommerlichen Durst eines Touristen, der in der Sonnenglut über Land fährt und die Wagenpolster mit Frottiertüchern ausschlagen muß, weil der Schweiß überall an ihm herunterrinnt. Alles ist viel zu süßlich. Kein Wunder, wenn ihm „Maden Suyu" eines der liebsten türkischen Worte wird — es scheint das einzige Mineralwasser ohne Süßstoffe zu sein.

Auch „Ayran" wird rasch ein Lieblingswort werden, aber nur wenn man keine Abneigung gegen verdünnten Joghurt hat. Dann hilft es fast immer und überall gegen den Durst.

Sonst jedoch bleibt bloß ein einziger Trost, und der ist mühselig. Wo es in der Türkei nur mehr wenig gibt, gibt es immer noch den herrlichen Schwarztee. Und wenig Cafés sind nicht in der Lage, sich Eis oder Schnee zu beschaffen. Die türkische Schneekultur ist alt. Und Generationen von Sultanen kühlten ihr Scherbet mit eingestampftem Schnee vom kleinasiatischen Olymp. Eis-Tee also! In der Literatur gibt es moderne Türken, die „iced tea" trinken, in Wirklichkeit hingegen nach meiner persönlichen Erfahrung keinen einzigen.

Wenn ich den Durst löschen wollte, hatte ich jedenfalls den Eis-Tee einzuführen.

Das spielte sich immer in derselben Weise ab. Ich betrat ein Café und verlangte Eis. — „Eis?" — Schon diskutierten fünfzig Männer den Wunsch. Nach halb- oder ganzstündiger Diskussion in türkischen, aber oft auch englischen, deutschen und französischen Sprachfetzen wurde mir meist ein Eisbarren vor die Füße gelegt. Man sah mich erwartungsvoll an, und ich hatte irgendwie zu erklären, daß man ihn zerkleinern sollte. Das Wort auf türkisch auszusprechen, war oft vergebliche Liebesmühe; da die Umstehenden nicht wußten, wozu, brachte es keine Klarheit. So klopfte ich denn erläuternd mit dem Finger ans Eis, was aber nicht schlüssig genug war; erst wenn ich mit einem Stuhl Splitter abschlug, kam vielleicht jemandem der Gedanke, einen Hammer zu bringen. Nachdem der Barren zerstückelt war, zeigte sich die letzte Klippe. Ich mußte erklären, daß ich beabsichtigte, Tee und Eis zu mischen, was verständlicherweise immer wieder den Einwand brachte, dies sei absurd, da der Tee heiß, das Eis jedoch kalt sei. Mit der Demonstration zu antworten, war nicht leicht; es stand kaum das unerläßliche, große Glas zur Verfügung. Hohe Gläser sind rar. Es blieb nichts anderes übrig, als eine Reihe Teegläschen aufzustellen, jedes mit einem Eisbrocken zu füllen und nun den Wirt zu veranlassen, Tee-Essenz zu bringen. Da dies sonst nie verlangt wurde, war auch dieser Teil der Anleitung eine zusätzliche Hürde. Dennoch stand zu guter Letzt die Eis-Tee-Batterie bereit. Nicht selten wurde sie mir samt und sonders geschenkt.

Im Geiste höre ich die Bemerkung: Warum nicht einfach Wasser trinken oder frisches Zitronenwasser verlangen. Die Türkei ist ja auch ein Land, wo die Zitronen blühen, mancherorts in jedem Hausgarten.

Die Antwort ist so wahr wie unglaublich. Eine gepreßte Zitrone mit Wasser und Eis ist noch schwieriger zu bekommen als der Eis-Tee. Nur wenn ich längere Zeit an einem Ort blieb, lohnte sich die entsprechende Zeit und Mühe, um dem Kellner oder Wirt die Vorstellung eines frisch aus Früchten zubereiteten, eisgekühlten Zitronenwassers zu vermitteln. Den meisten Restaurants ist es fremd: unzählige Male fragte ich vergeblich danach. Selbst wenn endlich alle Ingredienzen auf dem Tisch standen, kam es dem Kellner oft noch immer nicht in den Sinn, die Zitronen zu pressen, sondern er schnitt sie fragend in Stücke. Dagegen macht man in Privathäusern köstliche Limonaden, die allerdings eine etwas komplizierte Zubereitung erfordern.

Und das Glas Wasser, das all diese Mühe erspart hätte? Ein Glas Wasser, selbst eisgekühlt, findet sich leicht in der Türkei. Aber unerwarteterweise ist es bloß ein Tropfen auf den heißen Stein. Wasser kann ein Tourist trinken, bis ihm das Schlucken vergeht, ohne daß sein Durst gelöscht wäre. Immerhin ist es nicht zu verachten. Dies nun hängt mit dem dritten Grund zusammen, weshalb der Tourist durstiger als der Einheimische ist. Der Tourist und mehr noch die allein reisende Touristin werden, wo immer sie ihren Wagen zum Stehen bringen, meist von einem Menschenknäuel umringt, aus dem die Fragen nur so prasseln. Ständig haben sie zu sprechen, in türkischen Brocken und daneben noch in allen verfügbaren europäischen Sprachen. Redet man so im Durst drauflos, so passiert es, daß die Worte plötzlich undeutlich werden: die Oberlippe hat sich eingerollt. Wohl oder übel muß man hier und da mit beiden Händen sozusagen sein Gesicht herunterziehen — oder eben ein Glas Wasser trinken — das Glas Wasser vom Rednerpult, nach dem man buchstäblich lechzt.

Unheimlich, wie der Durst von einem Besitz ergreifen kann. Er stumpft gegen neue Eindrücke ab. Aber aus der Tiefe Jahrzehnte zurückliegenden Erlebens dringen Bilder empor: Vor Urzeiten, als wir Kinder in alten Gärten Verstecken spielten, gab es unter Johannisbeerbüschen besonders dunkle Verstecke. Die Erde dort war schwarz und feucht. Die wenigen Beeren, welche die untersten Zweige trugen, waren größer als alle andern Beeren, voll von karminrotem Saft. Ein Bild der Wonne!

Reisebeschreibungen schildern immer wieder den Zauber unterirdischer Zisternen Istanbuls. Die Verfasser überbieten sich in der Beschwörung des Märchenhaften, von Feenpalästen über mit himmlischer Musik erfüllten Kirchengewölben bis zu dämonischen Tiefen, die schon ganze Ruderschiffe mit Mann und Maus verschlungen hätten.

Auch ich löste eine Karte, um die große, von Justinian erbaute Yerebatan-Saray-Zisterne zu besichtigen; wartete aber vergeblich auf die Berauschung. Es war dies allerdings an einem der vereinzelten Regentage im Spätherbst; warm gekleidet lauschte ich von einer betonierten Plattform aus einem tröpfelnden Geräusch. Irgendwo zwischen diesen 336 korinthischen Säulen und ihren Spiegelbildern sickerte es vom Rinnstein der Straße herunter. Ich verwünschte die

Schaumschläger, aber auch das Geschick, das meinen Besuch der ehrwürdigen Zisterne auf die falsche Jahreszeit fallen ließ. Zisternen kann nur beschreiben und genießen, wer sie von verzehrendem Durst besessen aufsucht. Dieser allein bewahrt vor dem — trotz den Säulen — bizarren Vergleich mit einer Kirche. Nur der Durst macht einem das Wesentliche einer Zisterne klar, ihren Charakter, ein Haus oder gar ein Palast des Wassers zu sein. Die Schönheit einer Zisterne zeigt sich erst dem Durstigen.

Da und dort — ich erinnere mich besonders an jene in der Umgebung von Antalya — steht in tiefer Einsamkeit ein würfelförmiges, schneeweißes Gebäude mit großer Kuppel. Es besitzt keine Fenster, wohl aber ein offenes Tor. Hitze und Sonnenglast hinter sich lassend, nähert man sich Stufe um Stufe den Tiefen absolut klaren und unbewegten Wassers. Man möchte tiefer und tiefer steigen, bis der Wasserspiegel sich über einem wieder schließt, möchte in dem Juwel untergehen. Und doch wäre es wieder falsch, das Wasser mit einem von Architektur gefaßten riesigen Edelstein zu vergleichen; denn es wirkt hier eigentümlich lebendig, als hätte es Persönlichkeit. Es versteht sich von selbst, daß es ein Haus oder gar einen Palast bewohnt; denn es ist jemand und jemand Bedeutendes.

Leid und Freud des Besuchers der Türkei gehen meist auf den einen, seine Reise in allen Teilen beherrschenden, Grundsatz zurück: Das Selbstverständliche versteht sich nicht von selbst; von selbst versteht sich, was nicht selbstverständlich ist. Er geistert vielleicht auch im Leben der Türken herum und hat mit ihrem großen Respekt vor Kismets Launen zu tun.

Infolge dieses Prinzips stolpert der Tourist gerne über kuriose Hindernisse, wo er erwartet hat, sanft dahingleiten zu können, und wird unversehens auf Händen getragen, wenn er sich auf mühseliges Keuchen eingestellt hat.

Von glücklichen Wendungen in der Not wird noch häufig die Rede sein. Vorläufig sind jedoch einige Hindernisse an der Reihe. Zu diesen gehört nebst der Mühe, den Hunger stillen und den Durst zu löschen, die Störung des Schlafes, das Gewecktwerden.

Das Frühstück ist nicht immer die erste Frage des Tages; oft kommt dem Touristen im Halbschlaf, eine frühere: Was weckt mich in dieser Herrgottsfrühe?

Der zuverlässigste, vorzeitige Wecker ist wühlender Liebeskummer. Nicht der eigene, sondern jener des Radios, der durch alle Ritzen und Spalten des Schlafgemachs dringt. In der Türkei wird von früh bis spät Liebeskummer gesendet. Bald schmachtend, bald resigniert, hämmert er einem aufs Trommelfell. Ich habe nichts gegen türkische Musik. Auch westlicher Radiolärm ist schrecklich. Doch hat er dem türkischen voraus, daß er mitunter wieder aufhört.

In vielen Hotels sind die zwei, drei jungen Burschen, welche den Empfang besorgen, so verlegen um eine Beschäftigung, daß sie allem zuvor einmal um sechs Uhr dreißig das Radio aufdrehen. Die Gäste? Nun, haben diese das Bett, das sie gemietet haben, etwa nicht erhalten?

Sollten die Hotelangestellten keine Lust zu seelischem Frühturnen in Liebeskummer haben, so doch ein Nachbar, um so sicherer, je mehr Cafés in der Nähe liegen. Auch Ladeninhaber, die Radios führen, verfehlen die Gelegenheit nicht, ihre Artikel einer schläfrigen Kundschaft frühzeitig ins Gedächtnis zu rufen.

Man glaube ja nicht, es gäbe ein Entrinnen, indem man sich zeitig zur Ruhe legt, um früher als der Liebeskummer zu erwachen. In diesem Fall läßt er einem abends keine Ruhe. So oder so gibt es wenig Schlaf für fleißige Schläfer. Ich fürchte, der eine und andere türkische Bürger stellt das Radio überhaupt nur einmal an: unmittelbar nach der Anschaffung, um es nie mehr abzustellen — zwischen Mitternacht und frühem Morgen verhält sich der Liebeskummer ja automatisch ruhig.

Die Radioweckerei kann in jedem Hotel, vom Hotel erster bis vierter Klasse passieren. Wie man im Luxushotel geweckt wird? Telefonisch selbstverständlich — an Stelle des Gastes, dessen Flugzeug um sechs Uhr startet. — Ganz ausnahmsweise kann auch der Aufruf zum Gebet zum Wecken entarten.

Fünfmal des Tages muß der Mohammedaner beten, und fünfmal

ruft der Muezzin vom kleinen Balkon des Minaretts die Gläubigen zum Gebet. Der Zeitpunkt hängt vom Lauf der Gestirne ab und ändert sich daher täglich ein wenig. Im Hochsommer erfolgt der erste Ruf zum Gebet etwa um drei. In unseren Ohren klingt er wie eine überirdische Zauberformel. Sanftheit und unendlicher Friede entströmen seinen Worten. Halb gesprochen, halb gesungen, schweben sie. Aber nicht immer ist der Ruf zur Andacht zart. In Konya hatte ich einen furchtbaren Traum. Eine Bande irrsinnig gewordener Lastwagenführer rammte mit enormen Vehikeln mein Hotel. Seine Front brach unter höllischem Getöse zusammen, und eine Betonwand neigte sich schwarz über mich. Ich sprang aus dem Bett. Nicht alles war Traum gewesen. Das Krachen und das Aufheulen der Motore schien anzuhalten. Immerhin das Hotel stand noch. Ich rieb mir Augen und Ohren. Endlich nahm der Lärm bekanntere Form an. Was hier ertönte, war der Aufruf zum Gebet — am Lautsprecher, der sich nur langsam von einem schauerlichen Defekt erholte.

Es kann auch vorkommen, daß das spärliche weibliche Hotel-Personal die Lust anwandelt, weibliche Gäste mit zähem Türklopfen zu wecken. So in Adana. Man klopfte an meine Tür zuerst mit den Fingerknöcheln, dann mit der Faust und schließlich mit Holzschuhen. Der Krach vertrieb selbst den Gedanken an Schlaf. Ich riß die Tür auf. Zwei Frauen standen da, in blumigen Pluderhosen, den Kopf mit rötlichen Tüchern umwickelt. Unversehens schlüpften sie herein. Ein Wortschwall ergoß sich über mich. Ich hatte ihnen den Eintritt nicht verwehrt, da ich in der Schlaftrunkenheit einen Augenblick lang die überspannte Hoffnung gehegt hatte, sie wollten für ein einziges Mal das Zimmer in Ordnung bringen, was in der Türkei nur selten geschieht. Aber anstatt das Bett zu machen, nahm die eine darauf Platz, zündete eine Zigarette an und blickte sich genießerisch um. Die andere hatte sich auf den einzigen Stuhl niedergelassen. Beide musterten meine Person, die verschlafen und barfuß im Morgenrock vor ihnen stand. Zuviel ist zuviel. Ich stellte jene, die auf meinem Bett saß, wieder sanft auf die Füße und schob sie unter vorwurfsvollen Flüstertönen zur Türe hinaus. Die andere war inzwischen selbst aufgestanden, aber ich mußte auch hier noch etwas schieben, bis ich die Tür wieder schließen konnte.

Ein türkisches Sprichwort sagt, eine Fliege sei klein, aber groß genug, um einem übel zu machen. Ein Wort, das der Tourist unterstreichen kann. Kaum wird es Tag, so spazieren ihm die Fliegen übers Gesicht. Oft ist es nur eine einzige, aber diese eine fehlt selten. Immerhin, die einschlägigen Errungenschaften der chemischen Industrie haben auch hier durchgegriffen. Und Flöhe und Wanzen sind heute in den meisten türkischen Hotels ausgestorben.

Am Tage vor meiner Heimreise glaubte ich nun wirklich, die ganze Fülle türkischer Weckmethoden kennengelernt zu haben. Waren mir inzwischen doch zusätzliche Varianten des Gewecktwerdens vertraut geworden, etwa das Wachgepoltertwerden durch zwei an die Tür kollernde Ringkämpfer oder durch unentwegtes Hämmern der mit allerlei Bauerei vor, unter und neben dem Zimmer kaum je fertig werdenden Arbeiter. Innerhalb vierundzwanzig Stunden sollte ich aber eines anderen belehrt werden.

Um 5 Uhr früh klopfte es hartnäckig an meine Tür. Es war der Portier. „Lassen Sie mich schlafen! Klopfen Sie an die Tür nebenan“, rief ich wenig erbaut. Er jedoch holte zu einer ausführlichen türkischen Rede aus. Ich verstand nichts davon, bis das Wort „araba“ an mein Ohr drang, ein Wort, das dem Touristen rasch den Schlaf vertreibt. Es bedeutet Wagen, auch Auto. Im Namen dieses Wortes geweckt zu werden, war Alarm! Ich zog mich an und sprang mit dem Portier die Treppen hinunter. Ein häßliches, altes Männchen habe sich über meinen Wagen hergemacht und dann das Weite gesucht. Ich solle kontrollieren, ob meine Habe noch vorhanden sei. Im Morgengrauen betrachteten wir den Wagen. Nein, der alte Pullover und die Landkarten lagen unberührt im Innern. Dafür war ein Riß ins Dach geschnitten, bei der einen Lampe eine Birne ausgeschraubt und neckisch durch den Riß im Innern deponiert worden. Vom Seitenspiegel fehlte jede Spur. Das war das letzte, aber folgenschwere Auftreten des türkischen Weckgespenstes gewesen.

Aber dies alles — gestörter Schlaf, Durst, Hunger, Radiolärm, Gerüttelt- und Geschütteltwerden im Wagen und allerlei Autoärger — hat auch sein Gutes: Es gibt keine bessere Abmagerungskur als eine Reise durch die Türkei. In die türkischen Werbeprospekte gehörte der Satz:

„Wo bisher jedes Mittel versagte, wollen korpulente, aber entschlossene Persönlichkeiten sich vertrauensvoll und in eigenem (wichtig!) Wagen nach Anatolien wenden. Zwei, drei sonnige, bildende Hochsommermonate — und Sie werden schlank wie nie zuvor ein neues Leben mit neuer Garderobe und wahrscheinlich auch neuem Wagen beginnen können!"

Die Rolle der Prinzessin Kannitverstan

Nichts ist schwieriger in der Türkei, als allein zu sein. Für eine Frau, die unbegleitet in ihrem Wagen reist, gibt es keine Einsamkeit; keine unerwünschte, aber auch keine ersehnte.

Eine Einschränkung gilt allerdings. Da in der Türkei das Wahrscheinliche unwahrscheinlich und das Unwahrscheinliche wahrscheinlich ist, so verschwindet die Kontaktfreudigkeit gegenüber dem fremden Besucher gerne in dem Moment, da dieser zur Erfüllung seiner Aufgaben den Kontakt suchen muß, und genau jene Personen, die infolge ihrer Stellung ihm etwas zu sagen hätten, zeigen sich oft zugeknöpft oder voller Ausflüchte. Man steht vor vernagelten Türen, die bestenfalls anstandshalber einen Spalt geöffnet werden.

Unter anderem bat ich, wohlausgestattet mit allen möglichen Ausweisen, mitunter den einen und andern Gouverneur, mich mit lokalen Redakteuren bekannt zu machen. Der Zufall brachte immer wieder anregende Gespräche mit türkischen Journalisten, der „offizielle" Weg dagegen führte mich bald zu einem Mann ohne Zeitung — die Menderes-Regierung hatte ihm das Papier verweigert und ihn ins Gefängnis gesteckt; jetzt war er wohl wieder da, aber das Papier noch nicht —, bald zu einem unheimlich Hochbetagten und schließlich zu einem Redakteur, der sich taubstumm gab. Er brachte buchstäblich kein einziges Wort hervor. Das will nicht heißen, daß er nicht eine halbstündige Konversation posierte. Sie wickelte sich restlos zwischen dem Dolmetscher und mir ab. Ich fragte etwas, der Dolmetscher wandte sich an den Redakteur, an die Umsitzenden und übersetzte. Vielleicht sprach er auch von etwas anderem. Dann drehte er sich wieder mir zu und sagte irgend etwas, das ihm durch den Kopf ging. So wurde die Illusion eines Gesprächs geschaffen, obgleich die Mitwirkung des Redakteurs lediglich im Anbieten eines Kaffees und vereinzelten „Hm, Hm" bestand.

Ich habe beim Sammeln meines Materials über die Türkei zwei Wege eingeschlagen: den systematischen durch Benutzung von Literatur und offiziellen Quellen und denjenigen eines jeden Wink des Zufalls begrüßenden Beobachters.

Solche Begrüßungen hielten mich ständig in Atem. Denn wo man keinen Kontakt sucht, wird er einem in Überfülle angeboten. Die Menschen wachsen geradezu aus dem Boden.

Das erlebte ich in extremster Form nach einer langen Fahrt in der Gluthitze, als mich der Schatten einer abseits liegenden mittelalterlichen Karawanserei zum Rasten verlockte. Einsam stand sie in der weiten „Wüste" – so nennen die Touristen schon die Steppen, wo nur wenige Monate des Jahres etwas gedeiht. Hier hatte ich alles, was ich wollte; Ruhe, den einzigen Schatten weit und breit und einen romantischen Ausblick auf die alten Arkaden: für einen Schlummer gerade der richtige Platz. Selbst stilecht war er, denn diese Stätte hatte schon vor Jahrhunderten müde Wanderer beherbergt.

Ich breitete meine Reisedecke aus, legte mich darauf und schlief sogleich. Nicht lang! Am unbehaglichen Gefühl, nicht mehr allein zu sein, erwachte ich. Nicht die Namen der Kaufleute, die vor Jahrhunderten auf dem Weg von Persien nach Smyrna hier durchgezogen waren, ließen mir keine Ruhe, noch jene der an Durst, Hitze und den seldschukischen Waffen ganz in der Nähe zugrunde gegangenen Kreuzritter. Vielmehr drei lebendige Männer, die in lockerer Streuung zögernd heranpirschten. Gehörten sie zusammen oder nahte jeder auf eigene Faust? Zorn packte mich. Dünn machen sie sich in diesem Land, sobald man mit ihnen zu tun haben muß. Schließt man aber in der Wüste, wo sonst stundenlang und kilometerweit weder Mensch noch Tier sich zeigt, die Augen, so kommen sie.

„Oh, daß es in der Türkei nicht menschenmöglich ist, einen Augenblick allein zu sein!" rief ich verdrossen auf deutsch — in der Hoffnung, der Ton der Musik mache ihren Inhalt klar genug, bestieg den Wagen und benutzte die asphaltierte Straße, um bei 80 Kilometer Stundengeschwindigkeit etwas Ruhe zu finden — die einzige Möglichkeit für eine Touristin. Fährt sie langsamer, so bedeutet das, daß ihr diesmal nicht die Leute, wohl aber der Straßenzustand keine Ruhe läßt. Hält sie irgendwo im Land auf der rechten Straßenseite an, so hält fast unfehlbar jedes sie überholende Fahrzeug ebenfalls. Je nach Verkehr bildet sich ein Park von Kraftwagen. Stehen schon einige da, so stürzen jeweils die letzten Ankömmlinge im Laufschritt nach vorn, in der Meinnung, Sensationelles habe sich ereignet.

Aber all das ist rein gar nichts, verglichen mit den unvermeidlichen Aufläufen in den Dörfern und oft auch in kleineren Städten; selbst in Ankara und Istanbul sind sie nicht ausgeschlossen.

Ein halbes Dutzend Menschen bedeutete da praktisch niemand. Denn nicht selten waren es vier- und fünfhundert.

Eine Frau, die in ihrem Wagen allein das Land bereist, bringt ein ganzes Dorf in Bewegung. Selbst in den Nebengassen geraten die Leute ins Rennen. Vom dreijährigen Knirps bis zum 90jährigen Greis drängt alles herbei, und Bettlägerige schleppen sich unter die Haustür. Von lauter umringenden Menschen wird es dunkler im Wagen. Alle, alle stehen da. Das heißt die Männer und Jungen. Die türkischen Frauen und Mädchen dagegen, die im buchstäblichen Sinn „ins Haus gehören", bleiben zum großen Teil darin, so daß immer und überall in der Öffentlichkeit wenig Frauen zu sehen sind.

Oft hielten die „Zuschauer" eine Art Rangordnung ein, was die Qualität der „Plätze", der Stehplätze, betraf. Zuvorderst standen die Ältesten der Versammlung. Zeigte ich mich nun etwas ungehalten über das Umringt- und Angestarrtwerden, so bedeuteten die älteren Männer den jüngeren mit würdigen Gebärden: drängt nicht so, tretet zurück. An ihrem eigenen Recht zu bleiben, kam ihnen dagegen kein Zweifel. Die Burschen nahmen den Wink entgegen; aber nur, um ihn ihrerseits weiterzugeben. Sie wandten sich mahnend an die Halbwüchsigen; selber blieben sie hinter den alten. Die Halbwüchsigen fuhren nun die Knaben an, die Knaben die Knirpse, und diese waren dann auch die ersten und letzten, um einen Augenblick lang erschreckt davonzustieben. Aber im Handumdrehen schlossen sie sich wieder dem Knäuel an.

Die herandrängenden Massen, das Umringtwerden gaben mir gelegentlich das Gefühl, von einem Heuschreckenschwarm überfallen zu werden, in einen Ameisenhaufen geraten zu sein, um innerhalb kürzester Frist bis auf die Knochen abgenagt zu werden. Es ist seltsam, Hunderte von Augenpaaren auf sich gerichtet zu fühlen, auf sich höchst persönlich; denn im Gegensatz zum Schauspieler oder Redner bietet man dem Betrachter ja nichts Objektives. Man wird mehr als angeschaut, sogar mehr als angestarrt — man wird aufgesogen.

Diese vielen Augenpaare verfolgen mit ungeteiltem Interesse jede einzelne Bewegung, jeden Atemzug, den man macht. Im Englischen gibt es das inhaltsreiche Wort „selfconsciousness", jenes gräßliche Gefühl, sich mit den Augen der anderen zu sehen, das unseren Regungen die Unmittelbarkeit nimmt.

Ich schneuze mir die Nase. Mit Konzentration hat jedermann beobachtet und gelauscht. Das Taschentuch ist plötzlich ein fragwürdiger Gegenstand geworden. Wohin damit? Gewöhnlich schob ich es in die Polster des Nebensitzes. Doch jetzt hängen Hunderte von Augen daran, so daß ich mich zu fragen beginne, ob vor den Augen dieser Platz auch der richtige sei. Welcher ist besser? Vielleicht die Handtasche? Ich öffne sie. Hunderte von Augen verfolgen, wie das Taschentuch in die seltsame Nachbarschaft von Portemonnaie und Paß gelangt. Ich schiebe es schließlich in die Mappe und schlage mir dabei den Ellbogen an. Niemand lacht. Es ist totenstill. Man wartet.

Wie Kinder den Elefanten im Zoologischen Garten, betrachten einen die Umringenden, kommentieren die leiseste Regung und geben die Kommentare weiter. Sachlich, heiter oder mitunter leicht erschrocken. Etwa nach dem Muster: „Seht, hier kommt er." — „Seht, wie er dreinschaut. Jetzt stellt er die Ohren." — „Er steht ganz still. Was hat er im Sinn?" — „Da, er streckt den Rüssel!" — „Nein, er will nicht spielen." — Wenn sich schon ein Auflauf gebildet hatte, bevor ich auch nur ausgestiegen war, murmelte ich beim Öffnen der Wagentür ab und zu vor mich hin: „... Moment, Moment ..." Ich hatte es jeweils in den Wald gesprochen, in einen Menschenwald, aus dem es nun hundertfach zurücktönte, wie ich hineingerufen hatte. Knirpse und Halbwüchsige wiederholten, als sprächen sie eine Zauberformel: „Moment, Mo ... ment", echote es, von allen Seiten – in überraschend phonetischer Treue. Heimatliche Klänge aus fremden Kehlen im wildfremden Land!

Gelegentlich bei intensivem Betrachtetwerden, sicher aber bei einem noch so friedlichen Umstelltwerden, regt sich ein Urinstinkt in uns, und nicht in uns allein, auch im Säugling, auch in Tieren. Er drängt zur Flucht oder zum Angriff. Hält man sich nicht ganz bewußt im Zaum, so wickelt sich die eine der beiden Reaktionen wie automatisch ab.

Paradoxer- und pikanterweise konnte ich eine derartige Reaktion ausnahmsweise bei meinen Zuschauern beobachten, bei jenen Männern, die mir, der Angestarrten, zu allernächst standen. Urplötzlich identifizierten sie sich mit mir, fühlten sich nun ihrerseits von ihren Mitbürgern angestarrt, abgenagt, eingesogen. Soeben noch selber Gaffer, fuhren sie ihre Dorfgenossen wütend an, und mit den flachen Händen schlugen sie auf ihre jüngeren Verwandten und Bekannten ein. Sozusagen Säbelhiebe mit der stumpfen Kante. Nicht Kampf, aber Zurechtweisung.

Ob auch umringt und angestarrt von Ungezählten — hatte ich diese Reise nicht unternommen, um Land und Leute kennenzulernen? Hier und jetzt war Land, hier und jetzt waren Leute, fürchterliche und ergreifende zugleich.

Fürchterlich war ihre Neugier. Sie war so stark, daß schon ihr bloßes Vorhandensein mir das Gefühl gab, die Luft um mich herum würde knapp. Äußern tat sie sich in einem Prasselregen von Fragen. Eigentlich aber brannten ihnen nur zwei Fragen auf der Zunge.

Die erste war die nach der Nationalität. Seltsamerweise dachte kaum je einer daran, sich selber die Antwort durch einen Blick auf das Nummernschild zu geben.

Die zweite war jene nach dem „Monsieur". Die Tatsache, daß eine Frau allein reist, schien jedes Vorstellungsvermögen zu übersteigen. Die Frage, wo der „Monsieur" sei, der Mann, ohne den sich eine Frau vermeintlich so wenig in der Welt bewegen kann wie ohne Füße, wurde mir oft von denselben Personen dreimal hintereinander gestellt. Denn bei der verneinenden Antwort hatte man seinen Ohren nicht getraut.

So wurde es mir bald zur Gewohnheit, wo immer unter Neugierigen das Wort „Monsieur" fiel, sogleich mit der ausführlichen und, wie ich vergeblich hoffte, allen Zweifel ausschließenden Formel zu antworten: „Jawohl, ich bin allein." Zur Illustration streckte ich den Daumen in die Höhe: „Allein. Eine einzige Person! Eins! Bir! Bir!" Und wenn jemand deutsch oder englisch sprach, fügte ich noch hinzu: „Kein Ehemann, kein Bruder, kein Vater, kein Sohn, kein Großvater, kein Enkel, kein Onkel und Neffe, niemand begleitet mich. Auch befindet sich keine derartige Persönlichkeit in meinem Gepäck, noch folgt sie mir in einem andern Wagen."

Ergreifend wirkten die Menschen, die jeweils ringsum aus dem Boden stiegen, durch den Anstand, mit dem sie mir und wohl allgemein den Touristen begegneten. Diese müssen auf sie, die nun wirklich andere Maßstäbe besitzen, unvergleichlich ausgefallener wirken als europäische Touristen auf irgendwelche europäische „Einheimische". Auch dem frechsten Gassenjungen, geschweige denn Erwachsenen, käme es nicht in den Sinn, zu kichern, Fremde auch nur aus sicherer Ferne auszulachen; selbst unheimlichen Gestalten ist kleinlich-bösartige Plagerei fern. Keine frechen Worte fallen und keine Steine aus Hinterhalten. Keine unverschämten Töne sind zu vernehmen. Hingegen entdeckt der Tourist auf der Weiterfahrt hier und da eine Melone oder Tomate, die auf geheimnisvolle Weise den Weg in seinen Wagen gefunden hat. Fremden unfreundlich zu begegnen, hält man unter seiner Würde.

Das soll nicht heißen, daß es in der Türkei keine Bösewichte gibt; es gibt sie. Bei den Aufläufen aber bleiben sie ohne Wirkung, es sei denn, man werde zornig. Das weckt bei sonst harmlosen Gemütern den Appetit, erst recht zu ärgern. Im Handumdrehen sind sie in einen brodelnden Haufen kleiner Teufel verwandelt, die sich unter den Augen des Opfers multiplizieren. Mit Wut hat man verspielt; sie gilt als Schwäche.

Ich weiß nicht, ob männliche Touristen von solchen Zuschauern in den Prinzenrang erhoben werden. Eine allein in ihrem Auto des Weges kommende Touristin jedenfalls wird in eine Prinzessinnenrolle gedrängt. Viele beglückt ihre Gegenwart. Das Phänomen der freudigen Aufnahme und die entsprechende Bereitschaft zu irgendeinem kleinen Akt der Huldigung wurden mir allmählich selbstverständlich, blieben aber rätselhaft. Und es ist merkwürdig, ungefragt das Amt eines Sendboten westlicher Zivilisation zu verwalten.

Diese Rolle war märchenhaft, doch sie besaß ihre kleinen Tücken.

Als ich wieder einmal losfahren wollte, war der Wagen wie so oft mit Jünglingen beschlagen: sie bedeckten mit den Fingernägeln die Öffnung, die das zurückgerollte Dach freigelassen hatte — ein Fries von Fingernägeln. Ich fürchtete, einen der vielen Finger beim Zuschlagen der Tür einzuklemmen. Da keinem in den Sinn gekommen war, seine Finger wegzunehmen, konnte ich schließlich nicht umhin, sie mit einer unwirschen Gebärde wegzuwischen. Eigentlich wollte ich den vielen Fingern eines auf die Finger geben, dämpfte aber die Schroffheit der Gebärde im letzten Augenblick. Einer der Burschen hatte sie falsch verstanden, und anstatt seine Hand wegzuziehen, ergriff er die meine impulsiv und schüttelte sie herzlich. Er dachte, ich hätte feierlich von ihm Abschied nehmen wollen. Gerührt und beschämt ob der freundlichen Deutung meiner feindlichen Geste, hielt ich die Hand einen Augenblick fest, um die Schroffheit wettzumachen. Erst jetzt kam ich dazu, aus dem Dschungel von Händen aufzusehen, um unter den vielen Gesichtern jenes zu suchen, welches zu dieser Hand gehörte. Zu meinem gelinden Schrecken verriet es sich durch tiefes Erröten. — Eines von Kismets Schnippchen alla turca!

„Wie ist es möglich, sich mit so vielen Leuten zu verständigen, ohne Türkisch zu können?" wurde ich häufig gefragt.

Weniger, als man meinen möchte, bringt die Unkenntnis der Sprache ernste Schwierigkeiten mit sich, wenn auch eine Beschränkung des Gedankenaustausches. Aus vielerlei Gründen. Da ist die Zeichensprache. Sie geht in der Türkei wie überhaupt im Osten weit über Nicken, Kopfschütteln, herbeirufende Zeigefinger und abwehrende Handbewegungen hinaus — warum auch reden, wenn Zeichen genügen? — Wo immer ich hielt, streckte und spreizte jemand rasch Zeige- und Mittelfinger der rechten Hand und drehte sie dann seitlich auf und ab. Das hieß soviel wie: Was suchen Sie?

Fasziniert hat mich immer aufs neue ein kurioses Kopfzittern. Man schießt den Kopf etwas nach unten vor, um ihn bei gestrecktem Hals ein-, zweimal krampfhaft hin und her zu zucken. Die Gebärde bedeutet: „Was soll das?" Gern sieht man das Zeichen für „Tamam". Kreuzt einer die Hände oder die Vorderarme etwas übereinander und zieht sie dann rasch weit auseinander, so heißt das „Perfekt". Sein Gegenstück ist die Europäer so aufreizende Yok-Geste. Sie ist zugleich Symbol für einen problematischen Zug der türkischen Art.

Von großem Nutzen bei Verständigungsversuchen sind Zahlen. Mit ihnen und einer Uhr lassen sich in allen möglichen Zusammenhängen die Fragen wann? wieviel? wie lange? wie alt? beantworten. — In einem Teppichladen wollte ich bemerken, daß die beiden mir gezeigten Stücke einst ein einziges, jetzt entzweigeschnittenes Stück gebildet hätten und folglich nicht für jedes der volle Preis verlangt werden könne. Daher sagte ich auf türkisch „eins", bewegte zwei Finger wie eine Schere und ergänzte „zwei".

Das Wörterbuch ist dank des von Atatürk eingeführten lateinischen Alphabets eine große Hilfe. Nicht etwa um Sätze zu bilden, sondern um das rettende Wort zu finden, wenn wie so oft eine ganze Situation von ihm abhängt.

Das Herausfischen des Zauberwortes fällt unfehlbar dem Besucher zu. Denn anders als etwa Griechen denken Türken kaum daran, sich dieser Mühe zu unterziehen. Sucht ein Türke die Übersetzung eines Wortes und leiht man ihm das Wörterbuch, um sie zu finden, so tut er genau das nicht, sondern blättert ziellos drauflos und liest schließlich private Notizen, die man aufs Vorsatzpapier gemacht haben mochte. Die Notizen zeigt er noch seinen Freunden, die das Wörterbuch ihrerseits ergreifen, darin blättern und es weitergeben. Möchte der türkische Gesprächspartner ein Wort übersetzen, so ist der beste Weg, so umständlich er wirken mag, der folgende: der Tourist drückt ihm einmal Feder und Papier in die Hand. Denn wenig Türken können beides innerhalb drei Sekunden vorlegen — selbst Ladenbesitzer haben oft kein Papier zur Hand. Man bittet um Niederschrift des türkischen Wortes und schlägt das notierte Wort selber nach. Solche Schreibspiele können Stunden dauern.

Von den Gebildeten haben verhältnismäßig viele in einem der westlichen Sprachgebiete studiert. Sie sind durchaus nicht die einzigen des Deutschen, Englischen oder Französischen mächtigen. Es gibt in Istanbul und Ankara, aber auch sonst da und dort, von Deutschen, Amerikanern, Franzosen oder Engländern gegründete Kollegien, an denen viele junge Türken ihre Ausbildung genießen und dabei die westliche Unterrichtssprache gut erlernen. Überdies pflegen allerlei deutsche, amerikanische, französische und englische Vereinigungen kulturellen Austausch mit jungen Türken, die so oft brauchbare Sprachkenntnisse erwerben.

Selbst in abgelegenen Dörfern finden sich vereinzelte junge Männer, die aus irgendeinem besonderen Grund erstaunlich gut Englisch oder Deutsch sprechen.

Diese Sprachgewandtheit ist um so erstaunlicher, als sie häufig dort fehlt, wo man sie erwartet wie etwa beim Hotelpersonal.

Das gilt allerdings nicht für Istanbul, Konstantinopel, das sprachlich von einer jahrhundertealten, einzig dastehenden kosmopolitischen Ehrwürdigkeit ist. Hier leben seit Jahrhunderten neben den Türken größere und kleinere selbstverständlich auch türkisch sprechende Kollektive mit italienischer, griechischer, armenischer, jiddischer, spaniolischer und entsprechend der völkischen Zusammensetzung Anatoliens noch weiteren Muttersprachen, wobei vor allem das mit ursprünglich italienischer Muttersprache traditionsgemäß das Französische als Umgangssprache pflegt. Unnötig zu sagen, daß man in dieser Umgebung in vielerlei Sprachen Antwort erhält.

In den Gymnasien gehören Fremdsprachen zum Unterricht. So gibt es Tausende von Halbwüchsigen, die deutsch, englisch oder französisch radebrechen. Wo immer ein Auflauf um einen Touristen entsteht, schälen sie sich früher oder später als Dolmetscher heraus. Sie kommen von selbst oder werden als Stolz des Dorfes herbeigeholt.

Man möchte meinen, ein jeder, der über einige Brocken einer europäischen Sprache verfüge, sei eine große Hilfe. Mitnichten! Manch einer zeigt sich als Quälgeist, wenn er im Verkehr mit einem Dritten „helfen" will — eine verbreitete, aber unheimliche Lust. Denn er mischt sich ungerufen ins Gespräch und reißt dieses sogleich an sich. Er denkt nicht daran, genau zu übersetzen, was jede Seite vorbringt, sondern redet, was sie nach seiner Meinung sagen sollte. Je ärmer an Sprachkenntnissen, um so reicher ist er an eigenen Einfällen, die alles durcheinanderbringen. Schließlich gerät das Gespräch auf jene Ebene, wo „Wer?" mit „Nein" und „Wann?" mit „Ja" beantwortet wird.

Der größte Nachteil der Unkenntnis der Landessprache ist die absolute Grenze, welche sie den Kontakten setzt. Man ist dadurch von jenen Türken, die eine fundamental andere Lebensweise haben, den interessantesten also, abgeschnitten.

Die Hafenstadt Iskenderun traf ich festlich bewegt. General Gürsel hatte sie vor einigen Stunden besucht, was viele Leute aus der Umgebung herbeigelockt hatte.

Nach der Bereitung eines Eis-Tees kehrte ich den Kai mit den leeren Nachtlokalen entlang langsam zu meinem Wagen zurück, den ich vor einem Café außerhalb des Städtchens geparkt hatte. Kaum hatte ich ihn von weitem mit besorgtem Besitzerblick ins Auge gefaßt, so gewahrte ich zugleich etwas Eigenartiges. Ein Gast des Cafés hatte eines der niederen Stühlchen auf die Straße herausgestellt und saß nun wie vor einer Bühne gegenüber meinem kleinen Wagen, in seinen Anblick versenkt. Dieser Mann, dessen sanfter und unverrückbarer Blick jetzt auch mich, die den Wagen bestieg, erfaßte, kam aus einer andern Welt, der Welt Karl Mays.

Es gab ihn also in Wirklichkeit, den geliebten Helden der Jugendbücher, den edlen exotischen Räuberhauptmann. Hier war er, ein Paradiesvogel unter den Spatzen, unwahrscheinlich doch leibhaftig. Verwaschene rötliche Tücher wanden sich malerisch um sein Haupt, auf den Knien lag eine Flinte, und um seine Taille schlang sich ein Patronengürtel, nein eine Art Patronenkorsett, so daß er, wo nicht bis an die Zähne, so doch bis unter die Arme bewaffnet war. Seine Gesichtszüge waren so edel, wie sie nur jene eines legendären Helden sein können, aber absolut unbeweglich, die Augen blickten mit unverwandter Sanftmut — ein Bild kriegerischer Unschuld, wenn man das sagen kann.

Einen Augenblick lang war ich von diesem Urbild des wildromantischen Helden gebannt. Was für ein Leben lag hinter der traumhaften Erscheinung? War auch dieses wie in den Geschichten? Aber wenn es ohnehin schwierig ist, mit einer fürwahr sagenhaften Gestalt zu sprechen, wieviel schwieriger, wenn alle sprachlichen Brücken fehlen!

Daher bestieg ich den Wagen und redete mir ein, solch edle Räuber noch zu Dutzenden anzutreffen. Er blieb aber eine einmalige Erscheinung, und mich verfolgte das Gefühl, das jene Menschen in den Volksmärchen haben mögen, die einer Fee begegneten und nicht das richtige Wort fanden.

Von Strassen und Läden

In Büchern über fremde Länder liest man viel von Schlössern und Kathedralen, aber wenig von Straßen und Läden. Und doch bilden diese sozusagen den Lebensweg des Touristen und jene nur die Blumen am Wegrand.

Um die Antwort auf die bange Frage des motorisierten Besuchers gleich vorwegzunehmen: Die Straßen in der Türkei sind oft unvergleichlich besser, aber gelegentlich noch schlechter, als man gemeinhin annimmt.

Gut sind vor allem die großen Überlandstraßen, insbesondere die Routen von der griechischen und bulgarischen Grenze über Istanbul, Ankara, Konja, Mersin, Adana, Hatay (Antiochien) nach Aleppo und Beirut. Auch jene nach dem Iran sind gut, wenn auch zu sagen ist, daß in östlicher Richtung immer weniger Asphalt und immer mehr Schotter auf ihnen liegt.

Da und dort — zum Beispiel ein Stück weit auf der alten Karawanenlinie Trapezunt - Persien, von Trabzon nach Gümüşane über das Zigana-Gebirge, oder von Sanakkale über Bergama und Izmir nach Aydin — gibt es so komfortable wie landschaftlich genußreiche Spazierfahrts-Straßen. Auf der Durchfahrtsstraße nach Syrien finden sich sogar musterhafte Abschnitte, welche die „Cilicische Pforte" zur schönsten Etappe der Reise machen können. Denn so berühmt die Schönheit des Libanon ist, so verblaßt sie neben jener des Toros-Gebirges, des südwestlichen Walles der anatolischen Hochebene gegen das Mittelmeer.

Gewaltige einsame Berge erstrahlen, übergossen von Sonnenlicht, verschwinden in der nächsten Windung und machen anderen ebenso einsamen und glänzenden Platz. Man hört von Bären und mehr oder weniger leopardenartigen Tieren, die da noch hausen sollen. Ich persönlich habe nur Füchse und Hasen angetroffen, die sich hier tatsächlich gute Nacht zu sagen scheinen; als ich auf dem Weg von Manavgat nach Beyşehir den Toros bei Vollmond überquerte, liefen mir innerhalb der ersten Stunde nach Sonnenuntergang nicht weniger als vier Hasen und drei Füchse über den Weg. Abends zeigt da und dort ein fernes Herdfeuer, daß auch diese Bergwelt wie jede einsame Gegend in der Türkei viel stärker bevölkert ist, als der Fremde voraussetzt.

Eine andere Strecke, wo der Straßenkomfort dem Touristen Muße läßt, eine grandiose Landschaft zu erleben, ist jene von Iskenderun nach Hatay (Antiochien). Sobald sich nach einem steilen Anstieg das Gelände zu senken beginnt, steht man wortwörtlich und sinnbildlich zugleich einer Offenbarung des Ostens gegenüber: Dem Blick eröffnen sich schrankenlos, ja horizontlos, unendliche, gelbe Weiten, die in sanfte, helle, im Blau des Himmels sich auflösende Schleier übergehen.

Immerhin sind die großen Überlandstraßen nicht überall gleich ideal. Sie sind vielmehr Musterkarten verschiedener Straßenqualitäten. Ihre Spannweite ist groß: Autobahn, Asphaltstraße — mit und auch ganz ohne Löcher —, staubige Schotterstraßen und unzählige Baustellen. Diese sind weitläufig und werden in der Nacht nicht beleuchtet, so daß man auf nächtlichen Fahrten ab und zu zwischen Kies- und Sandhaufen umherirren kann.

In der Türkei harren nicht nur hinter jeder Ecke kuriose Überraschungen, sondern selbst auf schnurgeraden Überlandstraßen.

So stieß ich auf Zigeuner, oder besser auf einen Zigeuner-Hund, der genau auf meinen Wagen losrannte. Er wurde zu Boden geschleudert, erhob sich aber sogleich wieder. Immerhin wollte ich nachsehen. Ich stieg aus und musterte den Hund. Abgesehen von der heilsamen Furcht, die ihn gepackt hatte, schien alles an ihm zu sein wie zuvor. Inzwischen waren jedoch die Besitzer, die dem Vorgang erst gleichgültig zugesehen hatten, in Bewegung geraten. In ihren Augen begann so viel Habgier aufzuleuchten, daß ich mit einem Satz in den Wagen sprang — das erste und letzte Mal, daß ich in der Türkei das Gefühl hatte, die Flucht ergreifen zu müssen.

Noch einmal im Laufe meiner Reise traten Zigeuner, genaugenommen Zigeunerinnen, auf — im buchstäblichen Sinn — als Bauchtänzerinnen, aber ganz ohne Tamburin und Blume hinterm Ohr.

Es war in einem der vielen zur Feier des Bayram-Festes errichteten Zelte. Wir hatten uns auf eine der Holzbänke gesetzt und spähten erwartungsvoll nach vorn.

Auf der kleinen Bühne sah es aus, wie ich mir immer einen Mägdemarkt vorgestellt habe. Ein halbes Dutzend eher häßlicher, stumpf vor sich hinschauender Mädchen in unansehnlichen Berufsschürzen, deren große Knöpfe abzuspringen drohten, saßen wie im Wartezimmer auf Stühlen. Sie sahen aus wie jene Art von Dienstmädchen, die keine Antworten gibt, nichts kann und nichts lernen will. Unvorstellbar, daß sie einen Fuß vor den andern setzen konnten. Dann zogen sie sich zurück, ein Mann begann Violine zu spielen, und nun trat je eine hervor, diesmal ohne Berufsschürze, hob den Rock und begann mit dem Bauchtanz.

Die häßlichen Mädchen konnten nicht nur einen Fuß vor den andern setzen, sie konnten sogar die Bäuche mit den Brüsten zusammenklatschen lassen und mit dem meisten, das unter einem Rock sichtbar ist, wackeln, wobei sie sich vor Lachen schüttelten. Jede einzelne Bewegung vermochten sie zum Ausdruck unvorstellbarer Unanständigkeit und Frechheit zu machen. Was immer ich in Nordafrika an massiv-erotischen Tänzen und in westlichen Nachtlokalen und Filmen an frivolen Darbietungen schon gesehen hatte, war im Vergleich zu diesen Kübelgüssen virtuoser Obszönität ein Heilsarmee-Konzert gewesen. Dem Publikum jedoch gefiel es ungemein. Es bestand zum größten Teil aus Soldaten und Kindern. Mir fielen zwei artige, adrett gekleidete, zehnjährige Mädchen auf — aus sehr guter Familie, wie mir mein Begleiter gleich zuflüsterte. Seltsam! Bei uns zu Hause gestattet man Zwölfjährigen kaum, einen Film über Seidenraupen anzusehen, in der Türkei jedoch, wo Mädchen dieses Alters in weiten Landstrichen oft bald nicht mehr allein aus dem Hause dürfen, kommen sie — jedenfalls in der europäischen Türkei — zu solchem Schauspiel monströser Obszönität wie ins Kasperletheater.

Neben Baustellen und Zigeunern gehören auch vereinzelte Furten und Dolmusche zu den kleinen Überraschungen der Straße.

Harmlos auf dem Land, aber unheimlich in den Hauptstraßen Istanbuls ist der Dolmusch. Die Bekanntschaft beginnt mit dem Überholtwerden durch einen Personenwagen, der ohne das geringste Signal scharf vor uns hält. Wie durch ein Wunder gelingt es, noch rechtzeitig zu bremsen. Mühsam zirkelt man schließlich hinter dem stehenden Wagen hervor und will gerade dessen Lenker vorwurfsvoll mustern — um entsetzt ein zweites Mal zu bremsen. Zu beiden Seiten des Wagens — also auch straßenwärts — spritzen Leute heraus, zwei, vier, sechs. Ist endlich herausgequollen, was herausquellen zu müssen scheint, und schickt man sich an, den Wagen nun endgültig zu überholen, so bietet sich alsbald Gelegenheit, mit verzweifeltem Bremsen zum dritten Mal einen Unfall zu verhüten. Hat sich soeben ein Selbstmörder von der Straßenseite her unter unsern Wagen werfen wollen? Nein, es war nur jemand, der beabsichtigte, auf den Wagen aufzuspringen, von dem soeben so viele Leute heruntergekommen waren. Dieser Dolmusch bedeutet das ganze Betriebskapital eines unternehmenden Chauffeurs, oder aber das einer Transportgesellschaft, wenn er nicht gerade die Kapitalanlage eines privaten Sparers ist. Neben Fahrten von einer Stadt zur anderen befährt dieser regelmäßig jene Strecken, auf welchen Straßenbahnen und Autobusse einem gerne vor der Nase wegfahren, als Lumpensammler zum Trost für die Zuspätgekommenen. Selbst mitten auf den Teilstrecken bietet er auf ein Zeichen hin jedem eine Chance, der nicht zögert, sich hineinzuquetschen. Daher seine Bezeichnung „Dolmusch", die „voll" bedeutet – in der Tat: zum Platzen voll.

Tankstellen gehören zu den freundlichen Regelmäßigkeiten der Landstraße. Allmählich hatten sie für mich eine tiefsinnige Bedeutung gewonnen. Sie nahm noch zu, als ich in Syrien reiste. Alles, alles wechselt auf solchen Reisen, die Baustile, die Sprachen, das Geld, Kleider und Trachten, Rassen und Klima, nur eines bleibt bestehen: die Tankstellen. Mit ihren internationalen Marken und charakteristischen Farben und Signets sind sie das Bleibende in der Flucht der Erscheinungen. Sie geben dem Touristen Heimatgefühl. Dieses hat er nötig; denn sein eigener Wagen wird ihm fremder und fremder, je mehr er sich dem Zustand gemäßigter Irreparabilität nähert.

Gute Straßen wechseln mit mißlichen, die aber durch zauberhafte Gegenden führen. Es gibt eigentliche Sirenen von Straßen.

Allen guten Vorsätzen zum Trotz gerät der Tourist auf reizvolle, aber tückische Abwege. Sehenswürdigkeiten und Schönheit der Landschaft verführen ihn. Doch auch türkische Freunde, die dem Wagen eines Ausländers schlechterdings alles zumuten, verlocken ihn zu automobilistischen Dummheiten.

Der Lockvogel, dem ich zum Opfer fiel, war eine Karawane der Nomaden, der Yürüken.

Als ich eine der unzähligen Kurven im Toros-Gebirge genommen hatte, stand sie unversehens vor mir. Sechs Kamele schwankten majestätisch bergan. Zwischen ihnen gingen Frauen in geblumten Pluderhosen und Männer mit dicken Schärpen um die Taille, so langen und so lotterigen, daß sie nur wie durch ein Wunder hielten. Zwei Eselchen gehörten dazu und ein böser Hund. Die Hunde sind oft so wild, daß sie nicht den Rufen, sondern nur noch den Steinwürfen ihrer Herren gehorchen. Kinder, die kleinsten regelrecht verpackt, waren auch dabei. Offenbar war die Karawane gerade bei ihrem Rastplatz angelangt; sie schwenkte etwas abseits und kam in einem kleinen Tälchen zum Stillstand. Die Kamele ließen sich auf die Knie nieder, Sättel wurden entfernt und Kelim um Kelim abgeladen.

Hier war unmißverständlich Asien, altes Asien. So ungefähr waren unendliche Landstrecken seit uralten Zeiten durchzogen worden. Wanderte mit diesen Menschen nicht ein Stück Vorzeit mit seinen Lebensauffassungen, Bräuchen und Redensarten?

Übrigens geben auch die an sich kaum malerischen Ochsenwagen, mit welchen die meist ebenso unmalerischen anatolischen Bauern ihre Ware in die Stadt bringen, eine Ahnung uferloser Vergangenheit. Es liegt an den Rädern. Sie besitzen keine Speichen, sondern sind massive, schwerfällige Holzscheiben. An diesen plumpen Rädern scheint etwas von der, allein schon für die elementare Lebensfristung aufgewendeten, unendlichen Mühe und Arbeit des Menschengeschlechtes zu haften. Ähnlich mußten die Wagen ausgesehen haben, welche vor Zeiten die eine neue Heimat suchenden Völker begleiteten. Betrachtet man diese schweren, vollen Räder, so hört man förmlich das Echo des Mühsals, das im Laufe der Jahrtausende über den Boden Asiens und Europas gerumpelt ist.

Von Stund an gingen mir die Nomaden, die Yürüken, nicht mehr aus dem Kopf. Sie waren endlich etwas, das mehr als nur fremd war, etwas Malerisch-Fremdes. Unversehens sollte ich ihnen näher kommen. Als ich gerade geglaubt hatte, für immer die Südküste zu verlassen, kam mir vor der Stadt ein Motorrad entgegen, von dem ein junger Mann heruntersprang und schnurstracks auf meinen bereits fahrenden Wagen zueilte. Munter rief er mir entgegen: „Der Gouverneur hat mir von Ihnen erzählt, und ich glaube, ich habe eine Nachricht, die Sie interessiert. Gestern hatte ich Gelegenheit, im Jeep mit einem Beamten der Forstverwaltung die Nomaden auf den Hochebenen zu besuchen. Das wäre etwas für Sie!" – Selbstverständlich war es etwas für mich. Wir kamen überein, sie in meinem Wagen noch einmal aufzusuchen.

Drei Tage lang machten wir dann alles mögliche, nur keine Exkursion zu den Nomaden, obgleich mir Nedim siebenmal des Tages versicherte, daß wir spätestens in zwei Stunden bei den Yürüken sein würden. Was wir gemacht hatten, wird noch in anderem Zusammenhang zur Sprache kommen.

Die Aussicht, die Nomaden wirklich zu sehen, eröffnete sich erst, als wir beinahe in Streit geraten waren. Denn nachdem ich drei Tage lang ein halbes Dutzend Männer auf 1500 m Höhe durch mitunter weg- und stegloses Gelände gefahren hatte und – der Motor kochend und ich schweißtriefend – mit meiner Fuhre wieder einmal an einem Ziel angelangt war, wo weit und breit kein Yürük zu erblicken war, sagte ich zu Nedim: „So kann es nicht weitergehen. Seit Tagen reise ich auf Ihre Veranlassung umher, um diese verflixten Yürüken zu sehen, ohne daß uns mehr als ein einziges Zelt zu Gesicht gekommen ist. Dagegen sehe ich doppelt so viel Männer in meinem Wagen als hineingehören. Ich ruiniere ihn!" — Nedim entgegnete darauf, er habe nicht die leisesten Verpflichtungen mir gegenüber. Ich wieder bemerkte, daß ja die ganze Reise auf seinen Vorschlag hin gemacht worden sei und ich ohne diesen jetzt schon längst in Syrien wäre — mit unstrapaziertem Wagen.

Die Rede ging hin und her. Aber schließlich wurde, durch einen Handschlag bekräftigt, Friede geschlossen, und Nedim veranlaßte einen seiner Freunde, mit mir die Yürüken aufzusuchen. Seltsamerweise wußte er plötzlich genau, wo sich diese befanden.

Es war schon spät und noch ein langer Weg vor uns.

Würden wir vor Sonnenuntergang hinaufkommen und im Dunkeln wieder zurückfinden? Unser Weg, voll großer Steine, kreuz und quer von Rillen und Gräben durchfurcht, ging schließlich in die Andeutung eines Waldweges über, der durch einen lichten Föhrenwald steil bergan führte. Als wir endlich wieder aus ihm herauskamen, fanden wir ein kleines Dorf, aber noch immer keine Zelte.

Sie seien in der Nähe, meinte ein alter Bauer, den wir fragten; er wolle uns begleiten und sie uns zeigen. Wir waren also wieder zu dritt. Denn, anstatt den Weg zu erklären, kommen Türken lieber gleich mit. Meistens hat der Ratgeber bald selber Rat nötig und fragt jemanden, der sich zur Erklärung ebenfalls anschließt. Wer immer in der Türkei etwas sucht, bewegt sich in einer Gruppe. — Wir folgten einem Fußweg, der durch alle Breiten und Weiten dieser ockerfarbigen Hochebene zu führen schien. Sogar Kornfelder waren da. Sie kühlten mein Interesse an den Yürüken merklich.

Zwar hatte ich keine Vollnomaden erwartet. Ziehen sich doch sehr ursprünglich lebende Yürüken-Verbände für die Wintermonate in ein Dorf — ihr Dorf — zurück. Von unabhängigeren als jenen, die in der kältesten Jahreszeit in Ruinen Zuflucht suchen, habe ich nie gehört. Aber Ackerbau — mochte der Acker auch von einem Zelt aus bestellt werden und die größte Zeit des Jahres sich selbst überlassen sein — war mir ein zu starker Schuß Seßhaftigkeit. Er erinnerte mich an zu Hause, wo Walliserbauern ihre Wirtschaft in so unterschiedlichen Höhenlagen betreiben, daß sie im Laufe der Jahreszeiten mit Kind und Kegel zwischen ihren Unterkünften hin und her — oder besser — auf und ab pendeln. Allerdings ohne Zelte und Kamele, sondern einst mit Eseln und jetzt mit Traktoren.

Wir fuhren mit der Sonne um die Wette. Wir stiegen so rasch, wie sie sank. Nachdem sie als feurige Kugel eine halbe Stunde lang den Horizont tangiert hatte, begann sie zu sinken. Gleichzeitig tauchten in dem Hochtal vor uns Hunderte von dunklen Zelten auf. Wie eine Herde großer schwarzer Schafe waren sie über das Land verstreut, in der Talmulde eng zusammengedrängt, an den Hängen aufgelockert. Ich mußte mich beeilen, wenn ich noch Aufnahmen machen wollte. Heraus aus dem Wagen! Mit den beiden Kameras in der Hand strauchelten wir über Stoppelfelder, dem Zentrum der Zelte entgegen.

Die Hoffnung, in der kurzen Zeit ein annehmbares Bild zu erhaschen, war trügerisch. Wir waren bemerkt worden, und die Männer hatten sich angeschickt, uns entgegenzutreten. Wie die Kinder im Spiel „Wir fürchten den Schwarzen Mann nicht" bildeten sie eine geschlossene, sich uns langsam nähernde Wand. So war nichts zu machen. Mein Begleiter erklärte dem Bauern etwas, der Bauer erklärte den Nomaden etwas, und gutmütig gruppierten sie sich um — zu einer Gruppe Konfirmanden! Malerische Konfirmanden allerdings, die aber nebst verkümmerten Turbanen die unvermeidlichen Schirmmützen trugen. Nein, so ging es erst recht nicht. Halb lachend, halb etwas ärgerlich eilten wir zu den weidenden Kamelen, in der Hoffnung, daß sich vielleicht hier ein ungewöhnlicheres und natürlicheres Bild ergeben könnte. Kaum jedoch hatten die bei den Kamelen beschäftigten Männer uns kommen sehen, als sie auch schon auf die Tiere sprangen und als Amateurakrobaten posierten. Mich schmerzte die Erkenntnis, daß das Bild vor meinen Augen eine unheimliche Ähnlichkeit mit den in Zoologischen Gärten feilen Karten hatte, die Tiere mit ihren Wärtern zeigen. War es so schwer, Klischees auszuweichen? Aber hatte der sommerliche Ackerbau den durch ausgeschmückte Berichte hochgeschraubten Erwartungen bereits einen schweren Stoß versetzt, so gaben ihm die Schirmmützen den Rest.

Für Nomaden in Schirmmützen mochte ich mir nicht das Ungemach aufladen, vor der Sonne aufzustehen, mit den Hühnern ins Bett zu gehen und Durst wie Hunger mit saurer Milch in allen schauerlichen Formen zu stillen. Ich hatte meine Kostprobe Yürüken gehabt.

Es versteht sich, daß die breitangelegten Aktionen zur Förderung des Tourismus — besonders in vielversprechenden Gebieten — nicht nur der Verbesserung der Unterkunft, sondern auch dem systematischen und raschen Ausbau der Straßen gewidmet sind. An erster Stelle steht das Marmaragebiet, ihm folgt die Westküste und die Umgebung von Antalya. So kann der Besucher gelegentlich traumhafte Fahrten machen, wo er sich ein Jahr zuvor mühselig durchgekämpft hat.

Nahe der Mäandermündung fuhr ich einem eigentümlich starren See in starrer Landschaft entlang. Der grellgraue Bergzug jenseits des Wassers, in feinste Steinspitzen zerklüftet, wirkte so tot, daß er Leben abzustoßen schien. Weit und breit war kein Mensch zu sehen, doch schien in dieser von Sonne und Wasser bis auf die Knochen ausgemergelten Landschaft alles gespannt auf etwas zu warten. Geisterhaftes lag in der Luft. Das war keine gewöhnliche Landschaft. Sie mußte den Alten zu denken gegeben haben. Ich schlug auf der Stelle bei Strabo nach.

In der Tat keine gewöhnliche Landschaft! Der See war bei ihm noch ein Meerbusen gewesen und wurde erst im Laufe der letzten zwei Jahrtausende durch Anschwemmungen des Mäanders abgeriegelt. Und gar der Bergzug! Es war kein anderer als der Latmos, dessen gespenstiges Gestein das Grabmal Endymions barg, wo Selene, die Mondgöttin, den von Zeus für den ewigen Schlaf mit unvergänglicher Jugend und Schönheit ausgestatteten Jäger nachts betrachten kam.

Anstatt über ein Kunterbunt von Straßenstücken des Altertums und abscheulichen Baustellen der jüngsten Gegenwart zu rumpeln, gleitet man heute auf einer Spazierfahrtsstraße dem Bafagolü entlang nach Milas. Aber läßt sich noch ahnen, daß hier die Mondgöttin ihren toten Liebling küßte?

Der Plan einer ägäischen Riviera mit herrlichen Straßen dem Meer entlang — die streckenweise ja bereits gebaut sind — ist bestechend. Aber zu denken, daß nun auch der Weg an der Küste Alanya - Silifke — ein Stück weltentrücktes Mittelalter — der internationalen Verkehrsader angeschlossen werden könnte, auf der man, das Mittelmeer zur Rechten, einen trockenen Abhang zur Linken, mit wenig Unterbrechungen von Gibraltar nach Ägypten fräsen kann, ernüchtert. Die Möglichkeit nähme uns ein Stück mehr der geheimnisvollen Ferne, machte eine zauberhafte Landschaft mehr zum Gemeinplatz. Doch ist zur Sorge noch kein Anlaß. Vielmehr befindet sich jene Küste heute gerade im touristisch pikantesten Zustand. Sie ist so unberührt, daß sich der Besucher durchschlagen muß, aber doch soweit erschlossen, daß er sich durchschlagen kann.

Soviel von den Wegen und Abwegen, die des Besuchers der Türkei harren, und nun von dem, was er am Wegrand findet.

Da ist der Bazar!

Mehr als alles andere fällt einem das Riesenangebot von Schuhen und Pantoffeln in die Augen. Hier scheint es Schuhe für die ganze Welt zu geben. Absatzlose Filzpantoffeln für die Frauen, schwere hohe Holzsohlen mit etwas Oberleder, um über jeden Schmutz innerhalb und außerhalb des Hauses hinwegklettern zu können, braune Lederpantoffeln für Herren und Damen, und dann Galoschen und nochmals Galoschen. Sie haben meist die Andeutung der bei Halbschuhen üblichen Schnüreinrichtung eingestanzt. Vor allem die ländlichen Frauen in den farbigen Pluderhosen scheinen mit Vorliebe Galoschen zu tragen. Bei den Männern haben sie selbst in abgelegenen Gegenden die altertümliche, aber dekorativ geflochtene Sandalenart verdrängt.

Seien es nun die zu Halbschuhen gestanzten Galoschen anstelle der geflochtenen Schuhe oder der Gummibaum in der Ecke des Herrenzimmers anstelle der Zitronenbäume im Hof, die närrische eingebaute Hausbar anstelle der prächtigen Kupfertabletts — ob arm oder reich, der Fall ins Billig-Banale scheint oft unvermeidlich zur Tragik kultureller Neuorientierung zu gehören.

Obgleich Istanbul noch eine Gasse der Kammacher besitzt, wo alle möglichen Kämme für Mensch und Tier gefertigt werden, obgleich es da und dort — ich denke vor allem an Bursa — eine Drechslerwerkstatt an der anderen gibt, wo von winzigen Becherchen bis zu großen Mörsern alles aus Holz gearbeitet wird, obgleich in Trabzon die umfangreichsten und lustigsten Körbe der Welt — sie stehen auf drei Beinen — geflochten werden, und überall, von Edirne bis Hatay, dekorative Messingmörser in einem Dutzend Größen getreulich nach Gewicht verkauft werden, so scheinen bei oberflächlicher Betrachtung das handwerklich-kunstgewerbliche Können und seine Vielfalt hinter den Erwartungen des Besuchers zurückzubleiben.

Wo waren die weltberühmten Teppiche, das traditionelle Kupfergeschirr? Zugegeben, in Istanbul fanden sie sich zu Hauf, aber wo in Anatolien? Ich warf in das eine und andere der kleinen und mittelgroßen Teppichgeschäfte einen Blick. Überall nur triviale Teppiche, wie sie — und besser — bei uns jedes Warenhaus führt. Altes Kupfergeschirr schien sich höchstens in den wenigen Antiquitätenhandlungen Ankaras und Izmirs zu finden.

Schließlich begann ich die Suche nach kunstgewerblichen Erzeugnissen auf der andern Seite, bei jenen, die sie selber brauchten und vielleicht auch erzeugten.

Bei der Beobachtung der wenig malerischen Bevölkerung stachen mir zum mindesten malerische Punkte in die Augen: die Heybeyler. Ab und zu hatte sich ein Mann nonchalant eine schreiend und originell mit Rauten und Haken bestickte Doppeltasche über die Achsel geworfen. War ein Esel in seiner Begleitung, so trug sie dieser — viel manierlicher zu beiden Seiten herunterhängend.

Was dem Bergsteiger die Edelweiß, Beute von rarer Köstlichkeit, wurden mir die Heybeyler. Ich erhandelte sie auf den Märkten von ländlichen Besuchern, an Ständen im Bazar und in Gerümpelläden. Aber was damit anfangen? Ich weiß es noch heute nicht. — „Mache damit Sitzkissen für Louis XIII Stühle“, riet später meine Freundin. (Ich besitze keine.) — „Sie geben wunderbare Sofakissen“, (die abscheulich kitzeln und kratzen), meinten die Händler. — „Sie dienen gerne als dekorative Zeitungshalter", bemerkt das Fachwerk über Orientteppiche. (Wohl vor fünfzig Jahren.)

Es gibt auch ähnlich bestickte Decken für alles mögliche. — In der Nähe von Adana überholte ich ein Melonenfuhrwerk, dessen Fracht mit einem hübschen, aber mäßig originell bestickten Kelim bedeckt war. Ich hielt und legte mir die Frage nach Verkäuflichkeit und Preis in türkischer Sprache zurecht. Überflüssige Mühe. Der Fuhrmann kam mir zuvor. Er hatte sein Maultier angetrieben und war nun auf gleicher Höhe wie ich. — „Interessieren Sie sich für den Kelim? Er kostet nur zweieinhalbtausend Dollar." — Es gehört zu den türkischen Eigenheiten, wenn man schon überfordert — viele Türken überfordern nie, jeden Maßstab zu verlieren.

Allmählich merkte ich, daß das Zauberwort, welches die Weiche zum aussichtsreichen Geleise stellte, „antik" oder besser „eski", alt, hieß. Es lockte unversehens Schätze hinter Stapeln nichtssagender Ware hervor. Von Stund an gab es keine nichtssagenden Läden mehr. In Konya führte es durch einen schmalen Torweg auf einen großen Hof, wo sich eine kleine Bude an die andere reihte, voll alter Teppiche, Tücher und Lumpen. Jeder Händler brachte aus seinem dunklen Verschlag etwas Verlockendes hervor und ließ nicht locker. Ein einziger regte sich nicht und lächelte überlegen — er hatte nur alte Nähmaschinen feil.

Zwei Tage später kam ich mit einem Bekannten zurück, um eine Satteltasche zu erwerben, deren letzter Preis bereits vereinbart worden war. Er war voll ritterlicher Gefühle gegenüber übertölpelungsgefährdeten Touristinnen und unerweichlich gegenüber den Händlern. Obgleich der Preis bereits vertretbar war, legte er seine Ehre darein, noch etwas zu handeln. Erst Mitte Zwanzig, aber ein wenig korpulent, tätschelte er den alten Mann, der den Preis genannt hatte, mit einer Jovialität auf den Bauch — „Du Humorist" —, die erworben haben zu können ich nur Männern über Sechzig zugetraut hätte. Die Händler gingen noch ein weniges hinunter, entließen uns aber grußlos vor Erbitterung.

Nichts da von dem orientalischen Händler, der, die Hände beschwörend erhoben, dem sich zurückziehenden westlichen Kunden nacheilt, um impulsiv den Preis zu halbieren, dann zu vierteln und schließlich beim zehnten Teil noch ein Geschäft zu machen. Je und je hoffte ich auf seine Schritte — fand aber in der Türkei keine Spur von ihm. Im Gegenteil! Zweimal hatte ich es sogar mit Händlern zu tun, die nach eingehendem Feilschen plötzlich rechtsum kehrtmachten, indem sie den Preis in eine weit über dem ursprünglichen stehende Höhe schnellen ließen. So beleidigt waren sie, daß beim tiefsten Angebot nicht unverzüglich zugegriffen worden war.

Der Anschauungsunterricht bei den Händlern läßt sich mit jenem in Moscheen und Museen ergänzen. Eine jede Moschee ist bis auf den letzten Zentimeter mit Teppichen ausgelegt. Wertvolle alte Stücke liegen neben schreiendem Kitsch. Die Quintessenz dieses Unterrichts: dem Besucher der Türkei zeigen sich grosso modo sieben Arten von Teppichen und Decken.

Da ist der zeitgenössische, gewerbsmäßig für den Markt geknüpfte türkische Teppich, der in den meisten Läden zuvorderst hängt, und den wir bereits zu Hause Hunderte von Male zu sehen geglaubt haben. In Muster und Farben so banal, wie es eine populäre Richtung des europäischen Geschmacks vom Orientteppich verlangt. Nebenbei aber legt die türkische Teppichknüpferei mit diskreten Uni-Teppichen von ansprechender Dicke und guten Kopien klassischer Teppiche auch heute noch Ehre ein. Den „Smyrna-Teppich“, den es übrigens im eigentlichen Sinn nie gegeben hat, obgleich der Laie gerade ihn gerne als den türkischen Teppich betrachtet, übergehe ich. Es gibt mindestens drei verschiedene Definitionen dieser Bezeichnung, dabei ist der „Smyrna-Teppich“ nur ein kleines Beispiel für den bei den Orientteppichen nun einmal herrschenden Begriffs-Wirrwarr.

Spezifisch türkisch sind die elfenbeinweißen, haselnußbraunen und braunschwarzen leichten Decken aus schimmernder Mohairwolle, die kratzend-kitzelnd mit dem weltberühmten Begriff bekannt machen.

Meine Liebe galt den bestickten Kelims. Diese sind grob gewebte Wolltücher, mit ineinandergreifenden oder zu lockern Streifen gruppierten X und Rauten bestickt. Sie sind von europäischen Einflüssen am weitesten entfernt, da sie kaum industriell hergestellt werden. Immerhin hat sich jenes zuckrige Zyklamenviolett, zu dem Kinder und einfache Leute eine rätselhafte Zuneigung hegen und das aufgeklärte Geister als Kitsch ablehnen, einschleichen können. Und leise erinnern sie an die anfangs des Jahrhunderts von alten Damen geführten Pensionen, wo orientalische Portieren die vom Geruch der Mahlzeiten nie respektierte Grenze zwischen Eßzimmer und Salon zogen.

Dasselbe gilt vom eigentlichen Kelim, vom gewirkten. Der mit seinen rein geometrischen Mustern und entsprechend markanten Schlitzchen spezifisch türkische Kelim — in Bosnien, Bulgarien, Rumänien und im Kaukasus gibt es gröbere Abarten — stellt die Wirktechnik am deutlichsten dar; augenfälliger als ihre berühmten Vertreter in Europa, etwa die mittelalterlichen Wirkteppiche und die Gobelins.

Mein Weg in Sachen Teppich, der so steinig über Satteltaschen begonnen hatte, sollte geradezu spielend in einem wunderschönen Exemplar — zum Preis einer besseren Diwandecke — enden.

Auf fünf Uhr hatte ich mich mit einem befreundeten türkischen Geologen und seiner Equipe verabredet. Wir wollten im Jeep nach Amasya aufbrechen. Ich benutzte die letzten Minuten, um mich noch einmal im Bazar umzusehen, und betrat mit ungebrochener Kauflust die Werkstatt eines Schneiders, der zugleich einen kleinen Antiquitätenhandel betrieb. Bei seiner Arbeit leisteten ihm einige Männer Gesellschaft — der unvermeidliche Kreis von Kunden, Freunden, Kollegen, Verwandten, Bekannten, Schuldnern, Gläubigern oder wer weiß ich; denn ein Ausländer merkt kaum, welche Beziehungen die Gruppe verbindet, die sich überall und jederzeit um einen an seinem Arbeitsplatz sitzenden Türken schart. Sie saßen auf einer Bank und erhoben sich bei meinem Eintritt höflich. Unversehens sah ich ihren Sitz, und meine Augen blieben daran haften: ein prächtiger roter Läufer mit vier schönen Gül, Rosen, wie die bekannten Sechs- und Achtecke auf den Teppichen bezeichnet werden; er diente als Polster der rohen Bank.

Die Kostbarkeit war rasch und günstig erworben. Kopfschüttelnd sah der junge Geologe mich mit dem mächtigen Paket kommen: „Ich sage ja nichts — rein gar nichts; darum möchte ich nur so viel sagen, wie kann man, wie können Sie . . . ?“ Er war eben ein „moderner Türke“, der vermeintlich altväterischen Kram verachtete.

Doch die Chance, das eine und andere schöne ältere Stück vorteilhaft zu erwerben, will nicht heißen, daß man in der Türkei über spottbillige Museumsstücke strauchelte. Auch der Wunsch, den langersehnten Riesen-Prachtteppich für das Wohnzimmer als Reiseandenken aus der Türkei abschleppen zu können, ist nicht leicht zu erfüllen; denn die meisten alten, charaktervollen türkischen Teppiche sind als Gebetsteppiche verhältnismäßig klein oder aber als Nomadenteppiche eher läuferartig.

Zu einem einzigen Vorurteil gegen Türkisches muß ich mich bekennen: Beim Gedanken an türkisches Kunstgewerbe tauchte immer wieder die Vorstellung jenes Rauchtischleins auf, welches bis vor kurzem gerne für wenig Geld aus dem Orient des Teppichhändler-Schaufensters ins Herrenzimmer versetzt wurde. Zwar kann man schon in Griechenland sich leicht überzeugen, daß jenes gestanzte Messingtablett auf seinen wackligen Holzbeinchen und die großzügig gravierten oder auch schmucklosen, schweren Kupfer-Tabletts, auf welchen die Sklaven ihren Herrschaften ganze Mahlzeiten brachten, zweierlei sind. Aber es braucht etwas Zeit, bis man sich von der Erinnerung an orientalischen Exportkitsch und die „Fausse-Turque“-Mode der falschen Haremsgitterchen an Sofaumbauten und Buchstützen, welche Ende des letzten Jahrhunderts grassierte, befreit hat. So verspürte ich erst wenig Lust, altem türkischen Kupfer nachzugehen.

Allein Kismet brannte darauf, mir dieses alte Kunstgewerbe zu erschließen. Dazu führte es mich paradoxerweise in ein modernes, etwas außerhalb Kayseri gelegenes Konglomerat von rohen Betonbauten, die ausschließlich jenen Handwerkern vorbehalten sind, die selbst für türkische Nerven zu stark lärmen, also vor allem den Kupferschmieden und Automechanikern.

Das Versagen des Wagens oder jenes der Mechaniker machte mich zum häufigen Besucher des Quartiers und damit auch der Kupferschmiede, bei denen auf den ersten Blick nur neues Kupfer zu sehen war. Aber vielleicht hatte ich „eski" gemurmelt oder diese Schmiede waren schon etwas auf Touristenbesuch eingefuchst, jedenfalls erschien der eine und andere mit einem alten Teller oder einer Karaffe. Jetzt hatte ich es heraus: Überall sind einige der modernen Kupferschmiede nebenbei auf altes Kupfer spezialisiert; irgendwo im Hintergrund ihrer Butiken finden sich alte Stücke. Es sind schöne Teller, Platten, Tablette, Joghurtkessel, Schalen und Kannen. Manche tragen wie bei uns Jahreszahlen — arabische mit dem Signet des Sultans von dazumal; nicht selten stammen sie aus dem 18. Jahrhundert. Obgleich aus Kupfer, sind die Gefäße meist schwärzlich; es sei denn, der Händler hätte die dunkel angelaufene Verzinnung wegpoliert, um strahlenden Kupferglanz zu zeigen.

Die Türken gelten nicht als besonders gute Händler. Sie selber betrachten sich als geldverächterische, löwenmutige Krieger, die mit Überlegenheit auf andere vermeintlich nur materiellen Gütern nachstrebende Nationen herabsehen. In einem Punkt aber sind die türkischen Händler die besten. Sie drängeln nie und sind die einzigen, die einen Kunden, der in ihrem Laden das Unterste zuoberst gekehrt, einen Kaffee getrunken und zwei Stunden verplaudert hat, liebenswürdig, ja herzlich verabschieden, wenn er, ohne etwas gekauft zu haben, endlich geht.

Eine andere Luft weht allerdings in Istanbuls Großem Bazar und vor allem in seinem Herz, dem Bedesten.

In den etwa sechstausend Läden ist alles vom Staubsauger bis zum goldenen Teller zu haben. Der Bedesten und seine Nachbarschaft mit den Hunderten von Antiquitätenhandlungen wirken in ihrer üppigen Gedrängtheit als ein Riesenantiquitätenladen, der alle andern des Landes in Schatten stellt. Kupferwaren, Gold, Silber,

Teppiche, Schmuck, Stickereien, Kacheln, Geschirr und Glas der ganzen Türkei scheinen hier zusammenzuströmen.

Obschon dieser Kern des Großen Bazars einer Schatzkammer gleicht, so ist er in gewisser Hinsicht weniger interessant als die Bazars in Anatolien. So unglaublich es klingen mag: ein einzelner ausländischer Besucher und vor allem eine einzelne ausländische Besucherin können die angebotene Ware oft kaum ansehen. Die Händler — hier meist Levantiner, Juden, Armenier, Griechen und nur zu einem Drittel Türken — bombardieren einen in mindestens vier europäischen Sprachen mit den täglich hundertmal wiederholten Floskeln eines faustdicken „salestalk“, schieben einen am Ellbogen umher, rennen einem nach und zeigen schließlich statt der Ware die Visitenkarten prominenter Kunden. Das Seltsamste von allem: Hat man von sich aus Interesse an einer Sache, so ist es oft gar nicht leicht, an diese heranzukommen.

Ich mache vor einem prächtigen kurdischen Kelim halt. Er verdeckt, dramatisch gerafft, den Eingang zu einem mit Teppichen ausgeschlagenen Gemach. Ein junger Mann mit dem halbrunden Haaransatz griechischer Götterstirnen entsteigt dem märchenhaften Raum und erkundigt sich in fließendem Deutsch nach meinen Wünschen. „Ich interessiere mich für bestickte Kelims wie diesen und möchte, falls Sie noch ähnliche haben, sie gerne ansehen.“ — „Selbstverständlich! Welche Größe?“ — „Die Größe spielt keine Rolle; entscheidend ist die Schönheit.“ — „Ja, ja. Aber für was wollen Sie ihn eigentlich brauchen?“ — Von seinen schweren Augenlidern trifft mich der Blick herablassender Geduld, mit der ein Schaffner einem alten Frauchen erklärt, wie sie mit der linken Hand am linken Griff von der Straßenbahn hinunterklettern soll.

Ich kann der zugedachten Idiotenrolle nicht widerstehen: es ist so entspannend, die schlichte Wahrheit zu sagen. — „Ich habe keine Ahnung. Wie gesagt, ich erkundige mich ja nur, ob Sie mir noch ähnliche Teppiche zeigen können.“ — Dann lenke ich ein; denn ich möchte nun doch sehen, was zu sehen ist: „Ich verstehe, daß Sie als Händler diese Frage stellen. Aber ich betrachte die Kelims als Liebhaberin. Ich kaufe sie, wenn mir Qualität, Charakter und Preis zugleich zusagen. Bitte, zeigen Sie mir, was Sie haben." — Zu meiner Überraschung hatte ihn das Wort „Händler" vollkommen durchbohrt. — „Händler? Ich bin nicht so ein Händler mit Händlertricks. Wenn ich Sie frage, wozu Sie einen Kelim wünschen, so kann ich aus Ihrer Antwort ersehen, was ich Ihnen zeigen könnte." — „Das ist kein Problem, zeigen Sie mir einfach die schönsten, bestickten Kelims, die Sie haben." — „Brauchen Sie ihn als Diwandecke oder als Bettvorlage?"

Jetzt war es an mir zusammenzuzucken. Da hatte ich — sechs Monate lang — gute zwei Drittel des Landes bereist, hatte in Dutzenden von Läden, in Bauernhäusern, ja selbst in Nomadenzelten, nach bestickten Kelims geforscht; ich hatte die türkischen Arten und Abarten und die Varianten aus Nordsyrien kennengelernt; hatte drei Säcke voll aus Syrien heimgeschickt und in der Türkei meinen zusammenbrechenden Wagen mit ihnen beladen. Und jetzt fragt man mich, ob ich eine Bettvorlage wünsche. „Eine Türvorlage", erwiderte ich und ging weg.

„Das waren keine Türken", meinte der Sammler, dem ich beim Abendessen erzählte, wie ich im Bedesten vor lauter gesprächigen Händlern nicht an die Ware gekommen sei. — „Ich führe Sie zu einem seriösen türkischen Kaufmann. Er hat Prachtstücke und einen eisernen Grundsatz: Morgen oder Abend — er schließt sein Geschäft im Augenblick, da er für den Tag genug verdient hat. So fern liegt ihm alle Geldgier." — Doch als wir am folgenden Vormittag ihn aufsuchen wollten, kamen wir nur bis vor seine — verschlossene Tür. Offensichtlich hatte er schon in der Frühe die oberste Grenze des täglichen Einkommens erreicht gehabt.

Er war nicht der einzige, der nicht zuviel verdienen wollte. Vor einem der zahlreichen Eingänge des Großen Bazars liegt die Gasse der Altwarenhändler, der Istanbuler „Flohmarkt". Hier ist man arm, aber stolz und führt seinen Stand eher zur Unterhaltung denn zum Gelderwerb. Ein alter Mann verkaufte mir hübsches Kupfer und freute sich des guten Geschäftsganges — ein weißer

Rabe. Denn sonst gilt hier die Regel: Man verkaufe ja nicht, was der Kunde kaufen möchte.

Einer hatte allerlei Kupfergefäße auf die Straße gestellt, unter denen ich eine alte Wasserkanne entdeckte. — „Was kostet sie?" — „O nichts, man kann sie nicht kaufen; ich bewahre darin mein Trinkwasser auf."

Es blieb nicht bei der Kanne. Vier Läden weiter bemerkte ich in einem kleinen Geschäft, das alte Salatsiebe und Grammophonplatten führte, auch eine seltsam geformte Zinnschale. Sie besaß genau die Form der idealen Teetasse, hatte aber sicher eine andere Bestimmung; ich hatte ihresgleichen schon im Museum gesehen. — „Was kostet sie?" — „Nicht zu verkaufen; ich trinke selber daraus!" — Wie der andere Händler noch weitere Kannen und Flaschen, so besaß auch dieser mindestens zwanzig Gefäße, aus denen sich ebenso gut hätte trinken lassen.

Aber damit nicht genug. Es sollte schräg gegenüber einen dritten Laden geben, wo man lieber behält als verkauft. Alte Petroleumlampen, Kerzenstöcke, Spirituskocher und viel Geschirr waren feil. Auf dem obersten Regal eines hohen Gestells gewahrte ich einen Wasserkrug aus Noppenglas, wie sie in den achtziger Jahren beliebt gewesen waren. — „Der Krug dort, was kostet er?" — „Das ist die Kasse, die kann ich nicht verkaufen." — Er nahm ihn herunter und fingerte darin stumm nach Banknoten. — „Wenn sie nur niemand trinkt", versetzte ich, worauf er den Krug wieder an den alten, für lange Finger zu hohen Platz stellte.

Ein Händler, der seine Ware nicht verkaufen will, kann nur ein türkisches Mirakel sein.

Die elfte Stunde hat es in sich

Wenn die elfte Stunde geschlagen hat, so haben wir in unseren Zonen vom Tag meist nicht mehr viel zu erwarten, wenn sie zugleich die dreiundzwanzigste gewesen ist. Ganz anders in der Türkei, zum mindesten für einen europäischen Besucher. In elfter Stunde, wenn nicht in zwölfter, hat Kismet oft die muntersten Einfälle des Tages, jene, die ihm seinen Charakter geben. Arbeitswut befällt die Parzen; sie spinnen wie im Akkord.

Spät traf ich in Beyşehir ein. Eine Wirtschaft war noch offen. Ich ließ mich als einziger Gast nieder und bestellte das Nachtessen. Doch bald begann sich das Lokal zu füllen. Eine Gruppe hübscher, leicht beschwipster Männer ließ sich am Nachbartisch nieder. Zugleich bezogen mit düsteren Mienen die unvermeidlichen in rauhes Dunkelbraun gewandeten Nachtwächter am Eingang der Wirtschaft Posten.

Die Männer bestellten Wein, und zwei baten um Erlaubnis, sich an meinen Tisch zu setzen. Ihre Weingläser brachten sie gleich mit und drängten auch mir eines auf. Zu meiner Überraschung sprachen sie ein eingerostetes, aber ziemlich gutes Deutsch. Mit gelöster Zunge beteuerten sie die Ehrbarkeit ihrer Annäherung: „Wir betrachten Sie nicht wie die Türken als Frau, sondern als Mensch. Denn wir sind Tscherkessen aus dem Kaukasus, der Wiege der weißen Rasse." Dabei blickten sie triumphierend um sich.

So also sahen die Tscherkessen aus, bei denen die Türken seit Jahrhunderten schöne Frauen sozusagen ausgehoben hatten, um — als Nebenwirkung solcher Freude an weiblicher Schönheit — in den folgenden Generationen selber schöner zu werden. Bis in dieses Jahrhundert rekrutierten sich viele der gesuchtesten Sklavinnen aus den jung von ihren Eltern verkauften Tscherkessenmädchen, die häufig in „Finishing Schools" eigener Art den nötigen Schliff erhielten, um in der Blüte zu einem beachtlichen Preis an einen Türken verkauft zu werden, der sich die Freuden der Liebe und schöne Nachkommen etwas kosten ließ. Ein Handel, der in der Regel alle Beteiligten hoch befriedigt haben soll.

Selbstverständlich erkundigte ich mich, wie man im Kaukasus so gut Deutsch lerne. Die Erklärung war einfach und abenteuerlich: Die zwangsläufige Teilnahme am Krieg auf russischer Seite hätte ihnen nicht gefallen, weil sie sich nicht als Russen betrachteten — vom übrigen schon gar nicht zu reden. Bei der erstbesten Gelegenheit seien sie zu den Deutschen übergetreten. Unmittelbar nach dem Krieg hätten sie ein Jahr in Österreich verlebt, wo sie das im Umgang mit Kameraden erlernte Deutsch in jenem mit Tirolerinnen perfektioniert hätten.

„Oh, wir können Tirol nicht vergessen", seufzte mein Gegenüber in seinen Wein hinein. „Oh, Tirol!" tönte es im Chor. — „Ich habe einen Sohn; er ist jetzt 14 Jahre alt und schreibt mir jede Woche." — „Mein Freund Hussein hat eine Tochter; auch er bekommt Briefe, aber nur alle 14 Tage." — Ich erkundigte mich, ob man keine Lust zum Heiraten gehabt hätte. — „Doch, doch — große!" — Aber es sei nahegelegen, sich erst in der Türkei eine neue Existenz zu schaffen, und als sie ein, zwei Jahre später mit den Mädchen wieder Fühlung aufgenommen hätten, seien diese mit Ehemännern versehen gewesen.

Es wurde angestoßen und getrunken und mit schwerer Zunge weiter erzählt. Besonders interessierte sie meine Weiterreise nach Konya, die auf einen Sonntag fiel. Der Wein schien jedem unbändige Lust gemacht zu haben, diese Stadt wieder einmal zu sehen.

Die Tscherkessen waren noch mit solchen Plänen beschäftigt, als ich aufbrach, um mein Hotel — einige Gästezimmer über einem Café — aufzusuchen.

Der Wirt, der Kellner und ich begannen das minuziöse Ausfüllen des obligaten Formulars. Erst sahen uns die Nachtwächter dabei über die Achseln; doch ein munteres Getrampel auf der steilen Stiege, die unmittelbar von draußen in den ersten Stock heraufführte, ließ alle aufblicken. Die Tscherkessen standen in corpore da.

Noch immer beschäftigte sie die Reise. Wie mir die Nachtwächter auf dem Fuße gefolgt waren, so ihnen zwei Polizisten, die sich nun ebenfalls mit dem Anmeldeformular beschäftigten und den Tscherkessen bedeuteten, sie sollten verschwinden. Diese aber nahmen den Wink nicht gut auf; ihr Anführer war empört. Das reizte die Polizisten, und beide Seiten wurden unruhig. Inzwischen hatten sich Zuschauer eingefunden und stießen von unten die Tscherkessen herauf. Die Polizisten versuchten dagegen, sie hinunterzudrängeln.

Die Lage war abbruchreif geworden. — „Ich gehe schlafen“, sagte ich laut und ging zum Waschbecken, um mir vor allem einmal die Hände gründlich zu waschen, was unsere Versammlung aufhob.

Auf der kleinen Diele blieben allein ein Polizistenpaar, der Wirt, der Kellner, ein kleines, verkniffenes Bürschchen, und ich zurück. Die Armbanduhr störte mich beim Händewaschen. Rasch zog ich sie ab und legte sie aufs Bett. Warum nicht gleich gründlich waschen? Ich zog mich ganz zurück. Als ich barfuß die Diele nach wenigen Minuten wieder betrat, war es still geworden; nur der Kellner in seinem seltsamen Kittelchen — es erinnerte an das Phantasiekostüm eines Barbiergehilfen — stand oben an der Treppe und sprang mir übertrieben dienstfertig mit Holzpantoffeln bei.

Automatisch griff ich nach der Uhr. Aber die Stelle auf dem mittleren Bett war leer — absolut leer. Die Uhr war verschwunden. Jemand mußte sie weggenommen haben. Trotzdem begann ich das Bett zu untersuchen. Ich schüttelte die obere Decke, die untere; ich schüttelte das einzige Leintuch, ich schüttelte die Matratze, ich schaute unter die Betten. Sie war nirgends.

Ich trat vor die Tür. Wo noch vor kurzem Leute und Stimmen durcheinandergewirbelt hatten, herrschte jetzt vollständige Stille. — „Hallo!“ — So klein die Diele war, ich glaubte doch von den vier geschlossenen Türen, die auf sie führten, ein hohles Echo zurückhallen zu hören.

Ich ging ins Café. Auch hier war es dunkel; aber abseits, hinter der Theke, hantierte tatsächlich noch der Wirt bei einer schwachen Lampe. Ich wies auf die leere Stelle meines linken Armes — „Golduhr“, sagte ich zu ihm auf türkisch und dann: „Yok.“ Der Wirt erfaßte die Situation rasch. So rasch, daß ich mich einen Augenblick fragte, ob er das könnte, ohne beteiligt zu sein.

Eigentlich war der Sachverhalt klar. Aller Wahrscheinlichkeit nach konnten nur der Wirt, der Kellner oder einer der Polizisten der Dieb sein. Der Wirt nun sah aus wie die Ehrlichkeit selbst. Ganz anders der Kellner; er wirkte wie eine Karikatur des Schelms von der Dilettantenbühne. Es war fast zu naheliegend, ihn zu verdächtigen.

Auch der Wirt wollte sich überzeugen, daß die Uhr nicht einfach irgendwo hinuntergerutscht war. Wir betraten das Zimmer. Wir schüttelten sämtliche Decken, Kissen und Matratzen sämtlicher Betten. Vergeblich! Es war soweit: Ich hatte das jetzt notwendig gewordene Wort Polizei auszusprechen.

Wir traten vors Haus; aber Nachtwächter und Polizisten waren vom Erdboden verschwunden. Schließlich machte sich der Wirt auf den Weg zur Polizei. Spät kehrte er in Begleitung eines neuen Polizisten zurück; die beiden andern hatten sich nach dem mimischen Scharmützel mit den Tscherkessen aufs Ohr gelegt. Auch dieser wollte sich erst überzeugen, daß die Uhr nicht auf natürlichem Wege verschwunden war. Also wurden zum dritten Mal innerhalb einer Stunde sechs Decken, drei Leintücher und drei Kissen geschüttelt. Wir schüttelten und schüttelten, aber keine Uhr kam zum Vorschein.

Inzwischen öffnete sich langsam die meinem Zimmer gegenüberliegende Tür. Verschlafen und nach türkischer Art sittsam in ein Maximum an Unterkleidung gehüllt, erschien der verdächtige Bursche mit Gesten tiefen Staunens und edlen Unverständnisses — so wie das Dieblein auf der Schülerbühne Unschuld vortäuschen mochte. Hilfreich legte er beim Schütteln Hand an.

Wiederum hatte ich der Abwicklung des Geschehens etwas nachzuhelfen. Mühselig, mit Wörterbuch und Zeichnungen — letzteres sollte eine graphische Darstellung der verdächtigen Personen sein — versuchte ich darzulegen, man hätte mein Zimmer untersucht und müsse nun die Zimmer jener Personen, die in der Zeitspanne des Uhrendiebstahls vor der Türe gestanden seien, ins Auge fassen, zum Beispiel jenes des Kellners. Der Polizist zögerte und entschloß sich dann zu einem Kompromiß: Kräftig klopfte er an die übrigen beiden Türen, hinter denen sich nur rein theoretisch verdächtige, bisher gänzlich unsichtbare Hotelgäste befanden. Das Klopfen brachte einige mürrische alte Männer auf die Beine. Mit schläfriger Indignation erklärten sie, von nichts zu wissen und nicht weiter gestört werden zu wollen. Das erboste Brummeln, mit dem sie sich zurückzogen, schloß selbst den theoretischsten Verdacht aus.

„Wir haben mein Zimmer, das Zimmer dieser respektablen Männer untersucht, jetzt muß jenes des Kellners vorgenommen werden“, ermunterte ich. Der Polizist zauderte noch, erwärmte sich aber plötzlich für seine Aufgabe und nahm mit überraschender Gründlichkeit die Untersuchung vor. Der Kellner, der inzwischen sein Kittelchen wieder umgetan hatte, schaute ihm mit allen Zeichen beleidigter Unschuld zu, die dem Armen aber Ehrlichen zustehen, dessen Ehrlichkeit bezweifelt wird, weil er eben arm ist.

Der Polizist hatte eine Kiste voll blecherner Flaschendeckel ausgeleert und wühlte in diesen — an sich ein ideales Versteck für goldene Armbanduhren — mit kaum zu zügelndem Pflichteifer.

Der gedämpfte Lärm und das Licht hatten ein neues Nachtwächterpaar angezogen. Der eine Nachtwächter schüttelte mit mir die Leintücher und Decken der drei Betten weiß der Himmel zum wievielten Male. Während wir rein symbolisch drauflos schüttelten — der Nachtwächter hatte zwei Zipfel in der Hand und ich die andern beiden —, raunte er mit halblauter Stimme über das Meer von Leintuch zwischen uns: „Saffet“, den Namen des Kellners. Das war auch meine Meinung, der ich bisher nicht mehr Nachdruck verschafft hatte, eben weil der Bursche wie ein Spitzbube aussah.

Bald begab sich der Nachtwächter zu den andern Männern vors Café hinunter, während ich, goldene Armbanduhr hin oder her, nun nur noch ans Schlafen dachte. Das Gemurmel unter dem Fenster und verfrühte Hahnenschreie in den Ohren, schlief ich ein.

Es versteht sich, daß auch dieser Rest von Nachtruhe durch vorzeitiges Wecken beendigt wurde. Ich riß die Tür auf. Der Polizist begann die Mitteilung in türkischen Worten, ließ aber sogleich auch Tatsachen sprechen: Auf seiner vorgestreckten flachen Hand lag meine Uhr, altbekannt, aber durch die nächtlichen Geschehnisse schon unverwandt geworden.

Man begab sich auf den Polizeiposten, wo alles bereitstand, die Schreibmaschine, ein Kommissar und wahrhaftig ein Dolmetscher.

Der legte sogleich mit seinen eigenen Ideen los: „In der Türkei werden keine Golduhren gestohlen; so arm sind wir nicht. Jeder hat seine Uhr. Da, schauen Sie!" — Er zeigte auf seine und der Polizisten Armbanduhren. — „Und darum wurde auch Ihnen keine Uhr gestohlen. Sie liegt vor Ihnen auf dem Tisch. Seien Sie schön zufrieden! Nichts da gestohlen." — „Unsinn", antwortete ich, „die Uhr verschwand, wo ich sie hingelegt hatte. Es hat eine mehrstündige polizeiliche Untersuchung gebraucht, bis sie wieder zum Vorschein gekommen ist." — „Was? Nein, Ihre Uhr ist nicht gestohlen worden, und das wollen wir jetzt dem Kommissar sagen", schloß der Dolmetscher. Ich war anderer Meinung und schrieb meine Darstellung des Tatbestandes auf deutsch in die Maschine.

Zu meiner Überraschung stand die Hauptsache noch bevor: Die Gerichtsverhandlung fand unverzüglich statt, da Saffet verhaftet worden war.

Der Staatsanwalt hörte sich meine Darstellung an und löste in gutem Englisch das Rätsel.

„Wie Sie bemerkt hatten, diskutierten die Männer noch eine Weile vor dem Café. Der Nachtwächter, mit dem Sie die Laken und Dekken geschüttelt hatten, nahm sich in aller Stille vor, ein Auge auf Saffet zu haben, der sich erst wortreich am Hin- und Herraten beteiligte, dann aber still im Café verschwand. Unbemerkt folgte ihm der Nachtwächter. Er beobachtete, wie Saffet die Tür des Wandschrankes öffnete und hineingriff. Da hielt ihn der Nachtwächter am Handgelenk fest — in der Hand lag Ihre in einen Lappen gewickelte Uhr."

„Was für eine Erklärung gab er?" — „Er sagte, es sei ein Scherz gewesen: er hätte die Uhr soeben zurückbringen wollen." — „Er hat damit etwas lange zugewartet." — „Das ist auch unsere Ansicht", schloß der Staatsanwalt.

Im Handumdrehen hatte die Gerichtssitzung begonnen. Ein Zeuge nach dem andern wurde hereingeführt und sagte aus, während den Dolmetscher abermals die Sucht befiel, den Gang der Handlung zu gestalten, wenn auch mehr auf Persönliches beschränkt. — „He, Sie dort", murrte er in meiner Richtung, „was sitzen Sie da! Stehen Sie auf! Man ist hier vor Gott." — Und in der Tat: außer dem Gericht war ich die einzige Person, die sich gesetzt hatte; allerdings hatte ich meine Aussage ja auch schon gemacht. Natürlich wollte ich nicht gegen eventuelle Formvorschriften verstoßen und erhob mich. Aber noch war ich keine Minute gestanden, als mir der Staatsanwalt einen Zettel übermittelte: „Bitte, setzen Sie sich, aber schlagen Sie dabei die Knie nicht übereinander."

Das war wieder einer jener seltsamen Augenblicke, in dem der Besucher der Türkei von Zorn, Rührung und Verblüffung zugleich befallen wird. Zorn, weil der Dolmetscher sich erlaubt hatte, mich anzufahren, Rührung, weil der Staatsanwalt verhindern wollte, mich zu Unrecht vor dem Gericht stehen zu lassen, und Verblüffung wegen des Rates, die Beine nicht übereinanderzuschlagen.

Dieser war um so verblüffender, als gegen meine Kleidung, die ja aus Hemdbluse und Shorts bestand, nichts eingewandt worden war; ich hatte mich beim Aufstehen einfach für die in der Gluthitze bevorstehende Autofahrt bereitgemacht, wenig ahnend, daß die türkischen Gerichte so prompt abrechneten. Während noch das Rätsel der verschwundenen Uhr gelöst wurde, war also bereits ein neues aufgetaucht. Viel später, beim Blättern im Koran, fiel mir eine Lösung gewissermaßen vom Himmel. Da stand geschrieben (von den Frauen): „ . . . Und sie sollen ihre Füße nicht zusammenschlagen . . ." Oder gibt es eine andere?

Mittags, noch keine zwölf Stunden seit dem Diebstahl, war Saffet bereits verurteilt worden, und ich bestieg meinen Wagen, um neuen Überraschungen entgegenzufahren.

Die armen Reichen

Ein Land, in dem Milch und Honig fliessen könnte ...

Noch war ich keine drei Tage in der Türkei, als ich vom Riesenpfirsich aus Bursa hörte. Ein junger Mann aus dieser Stadt beschrieb ihn: groß wie ein Kinderkopf und ein Kilogramm schwer. Meine Mutmaßung, daß solches Format und Gewicht wohl eher auf Lokalpatriotismus als Beobachtung zurückgehe, lehnte er ab. Nein, es bleibe dabei: kindskopfgroß und ein Kilogramm schwer.

Daher konnte ich es in Bursa auf der Rückreise — die Ernte war seit Monaten vorbei — nicht lassen, dem Riesenpfirsich nachzugehen. In der Landwirtschaftlichen Schule wurde mir Aufschluß erteilt: „Ja, das hiesige Klima ist für Pfirsiche wie gemacht. Wir führen heute Experimente mit etwa vierzig Sorten durch, vor allem mit Morettini und Hale. Hale produzieren auch die USA; aber wahrscheinlich ist der Hale-Pfirsich von Bursa wirklich der größte der Welt; sein Durchschnittsgewicht liegt etwa bei 700 g, 800 g schwere Früchte sind keine Seltenheit."

Von der übergroßen Form geht ein ähnlicher Zauber aus wie von der Miniatur. Vor meinem geistigen Auge erstand der Riesenpfirsich als Rekordexemplar, in Geschenkpackung einem rekordfreudigen Publikum angepriesen. Wie kommt es nur, daß man nicht einmal weiß, daß solche Prachtstücke existieren?

Überhaupt hat es Bursa in sich. Es gibt mehrere Eisen- und Schwefelquellen. Sie wurden schon vom byzantinischen Hof aufgesucht und im ausgehenden Mittelalter von den Türken in herrlichen Badehallen gefaßt, die, unverändert seit Jahrhunderten, noch heute jedermann offenstehen.

Obgleich die Bäder seit anderthalb Jahrtausenden rege benutzt und während Jahrhunderten beschrieben worden sind, weiß man in Westeuropa wenig von ihnen. So wenig wie von den anderen alten Quellen, etwa jenen in Yalova oder in der Umgebung Izmirs, deren eine, die Agamemnon-Quelle, bereits bei Homer erwähnt wird. Und doch fließt noch heute das Wasser gegen Rheumatismus wirksam wie ehedem; noch heute strömt es aus marmornen Löwenköpfen, noch heute stützt sich das eine und andere der Kuppelgewölbe auf byzantinische Säulen — zum Teil Bauwerken der Spätantike entnommen; noch heute badet man auf denselben Marmorfliesen, die Augen auf denselben mit leuchtenden Tulpen, Hyazinthen und Nelken bemalten Wandkacheln ruhen lassend, die vor einem halben Jahrtausend mächtige Paschas ergötzten.

Während bei uns die Heilbäder überfüllt sind und man an vielen Orten bei der Badekur, wo nicht vom Regen in die Traufe, so doch von der Traufe des heilenden Wassers in den Regen im Kurpark kommt, hat es hier noch reichlich Platz für solche, die Heilung suchen und überdies schönes Wetter, eine herrliche Landschaft und einzigartige Baudenkmäler.

Die Kleider klebten mir und dem Beamten, der im Auftrage des Gouverneurs mein Wunschprogramm unermüdlich abwickelte, am Leibe, nachdem wir das dritte historische Bad miteinander durcheilt hatten. Wir trockneten uns den Schweiß und den Dampf von dem zwischen 40 und 70 Grad Celsius schwankenden heilsamen Wasser von der Stirn, vertilgten rasch eine Kringel mit Mohnsamen und stiegen bergan, um die dritte große Leistung der Stadt in Augenschein zu nehmen.

Sie ist — oder besser war — die Seidenindustrie. Noch vor dem Ersten Weltkrieg hatte die Türkei in der Weltproduktion von Seidenerzeugnissen an vierter Stelle gestanden. Heute ist an solche Verhältnisse nicht mehr — oder besser noch nicht — zu denken. Immerhin wird jetzt ein Drittel der Produktion exportiert. Zwischen einst und jetzt steht der Weggang der Griechen aus Kleinasien. Dadurch wurde die Industrie vorübergehend so reduziert, daß sie noch heute in Reiseführern als „völlig erstorben" vermerkt wird. „Überzeugen Sie sich mit eigenen Augen vom Gegenteil", ermunterte die Tochter des Besitzers der hoch über Ebene und Stadt gelegenen, sehr lebendigen Seidenspinnerei und -weberei und führte uns von einem Arbeitsraum zum andern.

In der Tat, Seide war überall. Seidenkokons lagen zu Hügeln geschichtet, von in ihren Kopftüchern wie Heilige wirkenden alten Frauen sortiert. Waren sie aus einer biblischen Darstellung herausgetreten? Seidenfäden klebten an jedem Finger der Wäscherinnen, welche die Seide von den Kokons lösten. Und Seidenstoff entstand Meter um Meter, Ballen um Ballen, in den großen Sälen, wo blutjunge Arbeiterinnen wie Eichhörnchen auf den Maschinen herumkletterten, wenn es etwas in Ordnung zu bringen galt.

In den Ruinen von Pergamon fand ich eine seltsame, unbekannte Blume. Ich rätselte an ihr herum, bis mir Monate später angesichts der weiten Baumwollfelder in Adana plötzlich klarwurde, daß es die Blüte wilder Baumwolle gewesen war. Die Baumwolle ist in Kleinasien autochthon, wenn auch heute andere Sorten als die einheimischen angebaut werden. Etwa ein Drittel der Baumwollproduktion wird exportiert, was je nachdem 12 bis 18 Prozent der Exportwerte ausmacht. Was im Inland bleibt, wird zumeist in den Textilwerken Kayseris verarbeitet. Allein in Adana rechnet man mit einer Verdoppelung, ja mit einer Verdreifachung der Baumwollproduktion, wenn einmal das mit dem neuen Damm gespeicherte Wasser des Seyhan voll ausgenützt werden kann. Die Baumwollfelder von Adana haben übrigens eine interessante Kehrseite; sie sind im Rotationsanbau den Winter durch Getreidefelder.

Die türkischen Baumwollproduzenten gehören zu den Vielbeneideten ihres Landes. „Mit Cadillacs fahren sie auf die Felder", sagte mir ein Geologe entrüstet, obgleich er selber tagaus, tagein durch einen Chauffeur umhergefahren wurde und sich somit auf dem Arbeitsmarkt recht elegant ausnahm.

Bald sollte ich noch von handgreiflicheren Neidern der Baumwollzüchter hören. Mein Blick war auf kräftige Männer gefallen, die sich gemächlich unter den wenigen schattenspendenden Bäumen reckten und streckten, während in der Sonnenglut viele junge Mädchen die Baumwolle von den Stauden zupften. — „Diese dort scheinen nicht gerade eifrig an der Arbeit zu sein", bemerkte ich. — „Doch, doch", erwiderte der Besitzer der Plantage, „sie halten Wache." — „Wache? Wozu? Sie wollen doch nicht sagen, daß Baumwolle von der Pflanze weg gestohlen wird?" — „Und wie! Letzte Woche hat man eine Frau gefaßt, der es gelungen war, allmählich eine ganze Tonne Baumwolle zusammenzustehlen; Flocke um Flocke hatte sie in ihre zahlreichen Umhänge verstaut."

Es ist auffallend, wie viele der kostbaren Steine des wirtschaftlichen Schatzes der Türkei nicht etwa nur Halbedelsteine, sondern richtige Edelsteine sind. Mit andern Worten: Viele Erzeugnisse der Türkei sind mehr als konkurrenzfähig, sind qualitativ Spitzenprodukte.

Da sind die weltberühmten Feigen und Weintrauben (Sultaninen und Rosinen) von Smyrna (Izmir), besser als alle andern durch die Feinheit der Haut und die Höhe des Zuckergehalts. Ihre Ausfuhr kann zusammen mit jener von Frischfrüchten und Haselnüssen ein Viertel bis ein Drittel des jährlichen Exportwertes ausmachen.

Groß ist der Ruhm des „Orienttabaks", des türkischen Tabaks, obwohl sein alter Ruhm – aus der Zeit des Großtürkischen Reichs — mit dem heute griechischen Tabak geteilt werden muß. Der Ruhm ist groß, weil der türkische Tabak einer der Fälle darstellt, wo, in Abwandlung des Sprichwortes, das Ei das Huhn belehren kann. Er ist aus dem amerikanischen hervorgegangen, um — einmal in Anatolien heimisch — diesen an Aroma dermaßen zu überflügeln, daß er nun zur Verfeinerung des amerikanischen auch nach den USA exportiert wird. Der Tabak stellte in den letzten Jahren rund ein Viertel der gesamten Ausfuhrwerte und damit den größten Exportfaktor.

Zudem gilt türkischer Tabak für weniger schädlich als Virginiatabak. Anstatt 11 % soll er höchstens $1^1/_2$ % Nikotin enthalten und überdies keine Spur Arsenik. Daher auch das geflügelte Wort — mich wundert, daß es nicht schon lange Reklameslogan geworden ist —: Türkische Zigaretten sind gesünder. Ich persönlich wurde mit der Redensart durch das unwahrscheinlichste aller Propagandamittel — die türkische Revolution vom 27. Mai 1960 — bekannt gemacht.

Zufällig fand nämlich meine Einreise gerade einige Tage später statt. Jede bedeutende Kreuzung der Zufahrt Griechenland—Istanbul war militärisch bewacht, und jeder Posten hielt mich an, kontrollierte den Paß und bot eine Zigarette an. Als beim fünften Halt die fünfte Zigarette drohte, wehrte ich ab, ich sei nachgerade von diesem gastfreundlichen Geschenk etwas benommen. Aber der Soldat beharrte auf dem Geschenk, und, um ihn nicht zu verletzen, steckte ich die Zigarette schließlich ein und rauchte sie später. Noch hatte ich sie nicht ausgedrückt, so bot mir der Offizier vom sechsten Posten die sechste und siebente an. Meine Bedenken zerstreute er mit dem markanten Wort und fügte noch hinzu: „Sie können mindestens dreimal mehr türkische Zigaretten genießen." So traf ich denn als überzeugte Kettenraucherin in Istanbul ein.

Die Haselnüsse gehören ebenfalls zu diesen Edelsteinen. Die Türkei erzeugt nicht nur von allen Ländern am meisten, sondern mehr als die Hälfte der Weltproduktion. Sie machen häufig nicht weniger als 5 % des Exportwertes aus.

Zu den im Ausland fast unbekannten Schätzen der Türkei gehört der Tee. Unbekannt ist er aus zwei Gründen. Der Platz des türkischen Nationalgetränkes ist bereits durch den Kaffee besetzt. In unserer Vorstellung schlürfen die Türken Kaffee, als ob sich ihre Herrschaft noch heute über Kaffeeländer erstreckte. Der andere Grund liegt darin, daß wo nicht das Teetrinken, so doch der Teeanbau in der Türkei neu ist.

Alle drei, der Tabak zu einem wesentlichen Teil, die Haselnüsse in der Hauptsache und der Tee ausschließlich, wachsen in derselben gesegneten Landschaft, im östlichen Stück der türkischen Schwarzmeerküste. Sie ist feucht, warm, Meer- und Berglandschaft zugleich. Hier erblickte ich denn auch zum ersten Mal nach Monaten wieder grünes Gras — ein erstaunlicher Anblick in den ersten Stunden! Die Küste und zum Teil auch die vielen kleinen Täler, die sich gebirgswärts ziehn, sind, ohne dschungelhaft zu wirken, von üppiger Fruchtbarkeit. Wenn auch weniger idyllisch, gleicht die Landschaft am ehesten dem Tessin, den Ufern der norditalienischen Seen.

Jeder Baum und jedes Kraut scheinen fetter und gesünder zu sein als anderswo. Früchte und Blätter wirken größer. In Gärten und kleinen Feldern wachsen Orangen, Mais, Feigen, Haselnüsse, Farnkräuter, Brombeeren, Bohnen, Kürbisse. In Seitengräben sprießt anstatt der Brennessel verwilderter Mais. Kürbisse klettern über Feigenbäume; riesige farbige Bohnen ranken sich an Maisstangen empor und überwuchern Orangenbäume und Haselnußstauden wie Unkraut.

Die Gegend ist eher romantisch-düster denn schön. Nicht zu Unrecht trägt das Schwarze Meer seinen Namen. Die steile Küste — das Pontusgebirge steigt zwei- und dreitausend Meter an — wirkt schattig und schwärzlich. Seit Urzeiten war Trapezunt (Trabzon) Umschlagplatz des großen Warenstroms Persien - Konstantinopel - Europa und umgekehrt. Rege war auch der Handel mit Rußland über Batum. Beides hat beinahe aufgehört; ersteres wohl hauptsächlich infolge des Suez-Kanals. Tagelang erscheint kein größeres Schiff. Das Meer liegt merkwürdig still da und verliert sich schließlich im Niemandsland des Dunstes.

Ich fuhr an einem Herbsttag per Dolmusch der Küste entlang. Heimatliches Regenwetter. Überall ernüchternde Düsterkeit, ganz wie zu Hause. Die Mienen der Menschen waren verdrossen und in sich gekehrt, als würde jeder am liebsten in seinem Bett bleiben. Am späten Abend trafen wir in Rize ein.

Ich hatte Glück. Der langjährige Leiter der staatlichen Versuchsplantagen für Tee, der den Anbau heimisch und erfolgreich gemacht hatte, und jetzige Direktor der Sektion Tee war gerade anwesend.

Bei der Besichtigung der lieblich duftenden Fabrik, die Teeblättchen in Teekraut verwandelt, sah ich, wie die Arbeiter einen geliebten Chef empfangen. Weder unterwürfig oder aber betont gleichgültig bis mäßig höflich wie im Westen, sondern in der typisch türkischen, leicht militärischen Art, die von Zeichen der Herzlichkeit und Wärme durchbrochen wurde.

Ich traute meinen Augen nicht. Die Arbeiter ergriffen in freudiger Erregung mit beiden Händen die Hand des obersten Vorgesetzten. Diese Einstellung ist in der Türkei — deren Arbeiterschaft allerdings noch nicht groß ist — mehr Regel denn Ausnahme. — „Es ist, als ob die Arbeiter hier gegenüber ihrem Chef Dankbarkeit empfänden; wäre das möglich?" fragte ich einen meiner Bekannten. — „Warum nicht?" erwiderte der, „wo ständen sie denn ohne ihn?"

Wir wandelten bergauf, bergab durch die Teeparks, die fast alle terrassiert sind. Keine Spur einer langweiligen Plantage mit Pflanzen zwischen kahlen Erdbrocken, sondern überall Ziersträucher, vereinzelt üppige Farne und bemooste Wege. Die Ziersträucher sind nichts anderes als Teesträucher und gehören zu Bauerngärten. Die unter staatlicher Beratung und Absatzgarantie erfolgende Teekultur beschäftigt Tausende von Bauernfamilien, die außerdem Mais, Sojabohnen und Orangen anbauen.

Das Experiment, Teesamen aus dem russischen Batum in Rize zu ziehen, war einem türkischen Agronomen schon 1924 gelungen. Aber erst als die türkische Regierung in den dreißiger Jahren weitgehende wirtschaftliche Eigenständigkeit anstrebte, breitete sich der Teeanbau aus. Heute werden jährlich über 5 Millionen kg Tee für den Eigenbedarf produziert. Die Kapazität, etwa 35 Millionen kg zu erzeugen, wird wohl kaum je ausgenützt werden, da auf demselben Boden der lohnendere Tabak gedeiht.

Beinahe sieht es aus, als brauche man in der Türkei nur einen Samen in die Erde zu stecken, um das Beste vom Besten heranwachsen zu sehen. Cum grano salis trifft das auch zu, aber nur auf gewisse Landstriche, in der Regel jene dem Meer entlang.

Im Gebirge und den 1000 m über Meer und höher gelegenen Hochplateaus, welche zusammen den größten Teil der kleinasiatischen Halbinsel bilden, ist die Lage wieder anders. Hier dehnen sich in scheinbar unendliche Weiten Äcker und Steppenweiden aus, erstere allerdings nur wenige Monate. Nachher sind sie „Wüste"; aber Wüste, die zusammen mit den Feldern Ostthraziens in den fünfziger Jahren mitunter jährlich 15 Millionen Tonnen Getreide lieferte. Damit konnte die Türkei ihren Bedarf decken und überdies noch ausführen. Die Weiden ernährten einen rund 62 Millionen Stück zählenden Viehbestand, davon etwa die Hälfte Schafe und ein Drittel Ziegen.

Fatalerweise sind diese Zahlen durchaus nicht so erfreulich, wie sie aussehen. Im Gegenteil! Sowohl bei der Getreideproduktion als dem Viehbestand wäre weniger mehr. Es ist zuviel Weideland unter den Pflug genommen worden — 1956 dreimal mehr als 1927 — bei gleichzeitiger Steigerung des Viehbestandes auf das Doppelte.

Die Folge, eine gleich von verschiedenen Seiten angreifende Bodenerosion, ist katastrophal, eine Lawine der Bodenerosion sozusagen. Denn sowohl die stärkere Neigung des zusätzlich bearbeiteten Landes begünstigt sie als auch die Degeneration des Weidelandes durch Überbeanspruchung. Dabei leistet letztere der Bodenerosion insofern weiteren Vorschub, als die Viehherden nun auf die Waldweide ausweichen, wo sie den Wald dezimieren und auch diese Landstriche der Erosion aussetzen.

Dem Raubbau kann nur durch die Rückwandlung von 4 Millionen ha Ackerboden in Wald und Weide und eine Reduktion des Viehbestandes auf ca. zwei Drittel gesteuert werden. Ein Ziel, das zusammen mit dem weiteren, scheinbar in entgegengesetzter Richtung liegenden, einer gleichzeitigen Steigerung der landwirtschaftlichen Produktion angestrebt und erreicht werden muß, wenn das Land die jährlich um 3 % zunehmende Bevölkerung — sie hat sich seit 1927 mehr als verdoppelt und ist auf 30 Millionen angestiegen — ernähren soll.

Die Lösung heißt Qualität anstatt Quantität. Das bedeutet: Bis auf die Angoraziegen keine Ziegen mehr, die den Wald verheeren; Vieh und Saatgut von geeigneteren Sorten und Qualitäten; Schädlingsbekämpfung; Beschränkung des Feldbaus auf relativ flaches Land; Düngung von Weide- und Ackerland und dann vor allem

Wasser, d. h. Ausdehnung einer wirklich zweckmäßigen Bewässerungswirtschaft. Anders als häufig angenommen wird, verfügt die Türkei über hinreichend Wasser. Und während die Erweiterung des Ackerlandes auf Kosten des Weidelandes eine Kaskade von Nachteilen auslösen muß, hat eine methodische und volle Auswertung des Wassersegens Vorteil über Vorteil.

Einmal würde eine bis 1970 erfolgende Ausdehnung der heute mehr oder weniger organisierten Bewässerung von zwei Millionen ha Bodenfläche auf dreieinhalb Millionen ha — selbst bei der gebotenen teilweisen Rückwandlung von Acker- in Weideboden — zusammen mit der direkten, natürlichen Bewässerung hinreichen, um eine im bisherigen Maß angestiegene Bevölkerung zu ernähren und darüber hinaus noch landwirtschaftliche Exportgüter in dem für den Ausgleich der Zahlungsbilanz erwünschten Wert zu erzeugen. Dabei bliebe im Sinn einer Produktionsreserve die Wassermenge für eine organisierte Bewässerung weiterer zwei Millionen ha Boden übrig. Die für die methodische Bewässerung unerläßlichen Staudämme fördern die Landwirtschaft noch in zusätzlicher Weise. Wirken sie doch den Überschwemmungen und Sturzbächen entgegen, welche die anatolische Bodengestaltung mit sich bringt, und damit indirekt auch der Bodenerosion.

Da Kleinasien von stattlichen Gebirgen eingerahmt und durchzogen wird, verfügt die Türkei über ein beachtliches Wasserkraft-Potential. Doch dient das entsprechend den Werten der Regen- und Wassermengen jährlich zur Verfügung stehende nutzbare Energiepotential von 106 Milliarden kWh erst zu einem geringen Teil der Erzeugung elektrischer Energie: ein wesentlicher Teil der Kraftwerke wird thermisch betrieben.

Der Bau von Staudämmen und Kraftwerken wurde denn auch in den fünfziger Jahren energisch begonnen und wird weiter im Auge behalten. Doch lohnt er sich nur, wenn Wasser und Elektrizität voll ausgenützt werden. Die Möglichkeiten der Stauseen müssen durch fachkundiges Bewässern realisiert werden, zu dem Bodenplanierung und Ausbau der Kanäle und Drainage gehören. Die Erstellung von

Kraftwerken hat, um rationell zu sein, von entsprechendem Anschluß der Ortschaften und von angemessener Elektrifizierung der Industrie begleitet zu sein. In beiden Hinsichten steht die volle Ausnützung des gesammelten Wassers und der Energieerzeugung noch bevor.

Die Schätze der Türkei sind nicht nur auf dem Boden, sondern auch im Boden zu finden.

Schon zweitausend Jahre vor Christus wurden Kupfer, Blei und Silber gewonnen. Und der legendäre Krösus — von ihm wird noch berichtet werden — mochte zu seiner Zeit wortwörtlich im Golde geschwommen haben, wenn er im nahen Flüßchen Paktolus, das Goldsand anschwemmte, baden ging. Die Tage der Goldschwemme waren allerdings schon zur Zeit Christi vorbei, wenn auch Arsen mit Goldgehalt noch vorhanden ist. Die Türkei bietet eine außerordentliche Vielfalt an Bodenschätzen, so daß sie gerne „Musterkarte der Geologie" genannt wird. Auf dieser Musterkarte figurieren Magnesit, Antimon, Asbest, Schwefel, Schmirgel, Mangan, Borat, Bleierz, Wolfram, Pyrit, Uranerz, Erdgas und Salz.

Heute steht vor allem die Förderung von Steinkohle, Braunkohle, Kupfererz, Eisenerz und ganz besonders von Chromerz im Vordergrund. Die Türkei gehört zu den vier größten Chromerzproduzenten der Welt. Sie bringt ein Viertel der Weltproduktion hervor und exportierte in den letzten Jahren im Umfang von rund zehn Prozent der gesamten Ausfuhrwerte.

Zum Teil handelt es sich bei den türkischen Bodenschätzen um Kleinvorkommen, deren Abbau unrentabel wäre. Aber auch in geschlossenen, größeren Lagerstätten harren die Schätze noch der Hebung. Daß sie auf sich warten läßt, hängt in erster Linie mit dem Mangel an Transportmöglichkeiten zusammen, an dem abgelegene, gebirgige Gegenden wie jene der Fundorte besonders leiden. Mit diesem Problem steht man zugleich vor dem Hauptproblem des Landes, der allgemeinen „Unterentwicklung" und ihren Ursachen.

Das vielseitige Bild der türkischen Bodenschätze wird seit wenigen Jahren durch Erdölvorkommen bei Batman und auf dem Bulgurdağ bei Adana, unfern der großen Raffinerie in Mersin, abgerundet. Es soll etwa ein Viertel des inländischen Bedarfs decken.

Als Zucker auf dem Kuchen ihres wirtschaftlichen Potentials besitzt die Türkei eine Fülle landschaftlicher, klimatischer und kunstgeschichtlicher Reize, denen Touristen aus Europa und Amerika zugänglicher wären, wenn die Türken das Wörtlein Industrie, das Fleiß bedeutet, im Begriffe Fremdenindustrie beherzigen könnten.

Nicht nur an Zucker auf dem Kuchen fehlt es nicht, ebensowenig an originellen Verzierungen.

So findet sich in der Türkei auch die Hochburg des Opiums in jedem Sinn des Wortes: Afyon-Karahisar (Opium-Schwarzburg). Die Fortschritte der Medizin haben hier einen Fortschritt des Mohnanbaus mit sich gebracht; denn kein Opium enthält so viel Morphium wie das türkische.

Und hinter der modischen Mohair-Wolle steht ursprünglich nichts anderes als die eigentliche Angora-Wolle, die prachtvoll, aber ungemein kratzig weder von einer Angorakatze, noch einem Angorakaninchen, sondern unmißverständlich von einer Angora-Ziege stammt.

Immerhin gibt es Opium auch in anderen Ländern, und die beinahe zwanzig Zentimeter langen Haare der Angoraziegen besitzen noch weitere Arten orientalischer Ziegen. Einzig aber steht die Türkei mit ihrem Welt-Monopol in Meerschaum da, so will es jedenfalls ein geflügeltes Wort. Die Weltmode für Meerschaumpfeifen ist zwar seit einem halben Jahrhundert vorbei; in der Türkei jedoch warten die weißen Pfeifenköpfe in Gestalt von turbangekrönten, bartgeschmückten Männerhäuptern wie eh und je auf Liebhaber.

... aber Kargheit herrscht

Bei einem kurzen Blick aus der Vogelschau auf die gegebenen Voraussetzungen der türkischen Wirtschaft kann man eine gewisse, in vielen andern Staaten durchaus nicht selbstverständliche Harmonie feststellen. Da ist die Chance einer relativ großen Autarkie, insbesondere, was die Ernährung der Bevölkerung anbelangt. Dann die Möglichkeit, schon ohne größere Ausdehnung und Intensivierung der Industrie beachtliche Exportgüter hervorzubringen, womit wiederum die wirtschaftliche Voraussetzung für die Einfuhr industrieller Investitionsgüter, die Grundlagen eines zeitgemäßen Entwicklungsstandards, geschaffen werden könnte.

Ferner ist die Zahl der Bevölkerung bemerkenswert. Sie ist nicht zu klein, um das Land voll zu erschließen, und — noch! — nicht zu groß, um entweder Not und Katastrophen oder aber die dringende Notwendigkeit, zusätzliche, schwer zu lösende Probleme in kürzester Frist erledigen zu müssen, im Gefolge zu führen. – Die Türkei ist an sich ein reiches Land, stellt aber kein Paradies dar. Der Schatz, den die wirtschaftlichen Möglichkeiten der Türkei bedeuten, ist bei weitem noch nicht voll gehoben und seine Auswertung mit vielerlei ungelösten Fragen verbunden.

Die Türken zu Stadt und zu Land, der „Reiche" wie der „Arme", wirken auf den westlichen Beobachter meist ärmlich. Es gibt steinreiche Türken; aber ihrer sind wenige. Nur gelegentlich erreichen „bessere" Leute im visuell Faßbaren wie Haus, Wohnung, Möbel, Kleider, Fahrzeuge, Vergnügen und kulturellem Aufwand einen Standard, der über einen kleinbürgerlich-europäischen hinausginge.

Gerade die Anlehnung an westliche Ausstattung, die infolge der kulturellen Umorientierung und der Beschränkung des Imports selten erste Qualität erreicht, läßt relativ moderne Einrichtungen dürftiger erscheinen als diejenigen altmodischer Potentaten in kleineren Landstädtchen. Eine enge Betonwohnung anstelle eines geräumigen Fachwerkhauses, veraltete kubistische Möbel anstatt der mit weißen Stickereien und Häkelarbeiten bedeckten Diwane.

Was nun die ärmere Stadtbevölkerung in Istanbul, Izmir, Ankara und den kleinen Landstädten betrifft oder auch die Bauern in den abgelegeneren Dörfern der anatolischen Hochebene, so wäre es wirklich ein Kinderspiel, dies und jenes zu einem Bild von „unbeschreiblichem Schmutz und Elend" zusammenzufügen und sich über die

Tiefe des Lebensstandards aufzuhalten. Da gibt es Unzählige, deren Kleider verwahrlost sind, und zahllose kleine, einräumige, oft fensterlose Häuser, die ganzen Familien Obdach bieten.

Doch darf bei solchen Beobachtungen nicht vergessen werden, daß in Ländern, wo es für eine längere Zeit des Jahres wirklich warm ist, die Wohnverhältnisse eine geringere Rolle als bei uns spielen, weil man viel mehr im Freien lebt. Ferner kann bei der jetzigen Form der Landwirtschaft — der „Monokultur" — in den Hochebenen Zentralanatoliens zwangsläufig nur wenige Monate des Jahres gearbeitet werden. Die übrigen werden mit einer Gelassenheit verbracht, die sich sehr, sehr wenig „reiche" Europäer und Amerikaner leisten können. Es ist nicht ganz dasselbe, ob man bei reichlich Muße oder bei intensiver Arbeitsleistung sich ab und zu ein wenig durchfriert und durchhungert.

Wie dem auch sei, es schiene mir falsch, hier von Elend zu sprechen — abgesehen von extremen Fällen infolge Krankheit, Alter oder großer Kinderzahl.

Denn gerade diese verbreiteten türkischen Lebensverhältnisse illustrieren wie die geistige Haltung der Betroffenen selbst entscheidet, ob ein bestimmter Lebensstandard als Elend wirkt oder als selbstverständlicher Rahmen eines Lebens, in dem man ja doch nicht alles bekommt, was man begehrt.

Die Armut der armen Türken, die Bescheidenheit der bescheidenen, scheinen im Gegensatz zu westlicher Armut und Ärmlichkeit ohne Anklage zu sein. Und in der Tat: Wer sollte eigentlich angeklagt werden? Überhaupt fehlt den Türken jeder masochistische Zug. Sie überströmen nun einmal nicht kollektiv vor Selbstmitleid — mit einem bösen Seitenblick auf das Geld anderer Kollektive, das man lieber im eigenen Sack sähe, wie es in einzelnen westlichen Ländern Schule gemacht hat. Sie sind dazu zu gottergeben — Gott gibt kein untragbares Los —, aber auch zu stolz.

Dieser Stolz steckt in den meisten Türken. Besonders anschaulich zeigt das Verhalten von Krüppeln und Bettlern die türkische Art, mit Kummer und Mangel nicht hausieren zu gehen. Von Gejammer und Klagen findet sich keine Spur. Nirgends sind Krüppel und Bettler so diskret; gleichmütig-unaufdringlich, sind sie keineswegs mürrisch. Ganz im Gegensatz zu Bettlern anderer Länder, die sich mit Vorliebe auf Fremde stürzen, wenden sich die türkischen an ihre eigenen Mitbürger. Sollte doch einmal einer an einen Touristen gelangen, so tritt unverzüglich ein anderer Türke dazwischen und gibt dem Bettler ein Almosen, damit dieser den Touristen unbehelligt läßt und er selber ein gottgefälliges Werk getan hat.

Was den Schmutz betrifft, so fehlt es nach unserem Maßstab allenthalben nicht daran.

Nimmt man das Problem aber unter die Lupe, so sieht man, daß es sich im Zusammenhang mit Häusern und Straßen weniger um Schmutz handelt als um großzügigen Schlendrian, der auch seine guten Seiten hat. Ähnliches gilt für die äußere Erscheinung. Wenig Leute sind wirklich sorgfältig gekleidet. Die westlichen Moden werden oft merkwürdig zerstreut und verständnislos getragen. Auch scheint niemand Flicken sachkundig einsetzen zu können, obgleich Millionen Geflicktes tragen. Unter die Löcher wird ein Tuchstück gelegt und die Kanten des Lochs werden kurzerhand darauf gesäumt. Richtig Zerlumpte jedoch habe ich nie angetroffen.

Was die Reinlichkeit betrifft, ist eines sicher: Sowohl die weltbekannte Institution des traditionellen „Türkischen Bades“ als auch die religiösen Vorschriften, sich Füße, Hände, Gesicht, Ohren, Nase und Mund vor dem Gebet, also mehrmals täglich, zu waschen, weisen deutlich darauf hin, daß ihre Pflege zu den Erbstücken türkischer Kultur gehört. Die Vermutung, die Türken seien noch vor hundert, zweihundert Jahren unvergleichlich sauberer als Mitteleuropäer gewesen, kann kaum fehlgehen. Wie aber steht es heute? Man möchte meinen, die ohnehin schon sauberen Türken wären im Kontakt mit der westlichen Zivilisation, hier mit Badewanne, Dusche und Boiler, noch sauberer geworden. Doch trifft das Gegenteil zu. Und zum Teil gerade bei den relativ gut Situierten. Während viele Türken der bescheideneren und frömmeren Schichten noch heute ihre Füße reichlich waschen und der Zustand ihrer Finger- und Zehennägel oft musterhaft ist, so nehmen es die einen und anderen fortschrittlicheren Türken nicht mehr so genau.

In welch bescheidenen Verhältnissen viele Türken auch leben mögen, so zeigen allein schon Stolz und körperliche Reinlichkeit, daß sie sich durchaus nicht „verelendet" oder „proletarisch" fühlen. Jene beiden Eigenschaften sind nicht die einzigen, die guten Stil beweisen. Bemerkenswert ist auch die Erscheinung, daß Höflichkeit und gute Manieren im persönlichen Verkehr anders als im Westen, wo sie in den untersten Schichten sich oft verlieren, relativ unabhängig von der sozialen Einstufung beobachtet werden können. Viele Arme besitzen ausgesprochen vornehmes Gehaben. Allerdings begegnete ich auch in der Türkei vereinzelten Fuhrknechten, deren Umgangsformen zu wünschen übrigließen, aber so taten es ausnahmsweise auch jene von Professoren.

Die wesentlichste Distanzierung der armen Türken von Elend und Proletarisierung zeigt sich darin, daß sie genau wie ihre begüterten Mitbürger die besonderen türkischen Tugenden üben: Großmut und Freigebigkeit. Eine Bevölkerung, wo selbst Arme sich den Reichen gegenüber mitunter als Gebende fühlen, kann nicht als „im Elend lebend" angesprochen werden. Knaben in noch so seltsam zusammengeflickten Kleidern, die lieber als Freund einem Fremden den gesuchten Weg zeigen, anstatt den kleinen Dienst in der Hoffnung auf ein Trinkgeld zu erweisen, und das angebotene ausschlagen, gehören nicht zu einer verelendeten Bevölkerung.

Nichtsdestoweniger leben viele Türken am westlichen Standard gemessen in Dürftigkeit. Warum wird nun der potentielle Reichtum dieses wohldotierten Landes, um den mancher europäische Staat es beneiden könnte, nicht voll realisiert?

Im Vordergrund stehen selbstverständlich mehrere Hauptprobleme mit zahlreichen praktischen Einzelfragen, die weder leicht noch rasch zu lösen, aber durchaus nicht unüberwindlich sind.

Hauptprobleme sind einerseits die volle Auswertung der landwirtschaftlichen Produktion sowie ihre Steigerung in quantitativer und qualitativer Hinsicht und andererseits die Hebung und Auswertung der Bodenschätze — beide mit dem Doppelziel, den Eigenbedarf weitgehend zu decken und durch die Produktion von Ausfuhrgütern zu bewirken, daß ein Maximum notwendiger und erwünschter Ware, die das eigene Land nicht bietet, vom Ausland bezogen werden kann.

Allein schon die volle Auswertung der tatsächlichen landwirtschaftlichen Produktion ist nicht leicht. Obwohl Straßen, Bahnen und Silos gebaut worden sind, so reichen die vorhandenen Transport- und Konservierungsmöglichkeiten noch immer nicht aus. Mitunter gehen beachtliche Teile der eingebrachten Ernten zugrunde.

Zur Steigerung und Verbesserung der landwirtschaftlichen Produktion sind, wie erwähnt, nicht genug Staudämme, vor allem aber zu wenig Verteilungskanäle und Drainagen vorhanden; es fehlt an umfassender Bekämpfung der Bodenerosion, an systematischer Düngung, erstklassigem Saatgut und Schädlingsbekämpfung, aber auch an rationellen Arbeits- und Planungsweisen, landwirtschaftlichen Fachkenntnissen und klaren Eigentumsverhältnissen. Überdies legt die verbreitete Monokultur, die mit einer monatelangen Unterbeschäftigung der Bauern verbunden ist, die Frage nahe, wie diese brachliegenden Arbeitskräfte wirtschaftlich ersprießlich eingesetzt werden können. Soweit dem Problem nicht mit Änderungen im Anbau beizukommen ist, geht es in jenes der Aktivierung der neun Millionen Unterbeschäftigten, welche die Türkei heute zählt, über.

Selbstredend sind in mancherlei Richtungen Schritte unternommen worden, aber bei der Gesamtplanung und den einzelnen Versuchen unterliefen auch folgenschwere Fehler.

Zu den Mißgriffen in der Landwirtschaft zählt auch der Versuch, die Landwirtschaft abrupt zu modernisieren. Das führte zu kostspieligen Maschinenfriedhöfen und bot nebenbei der ständig lauernden Bodenerosion auf ganz unerwartete Weise eine neue Angriffsfläche. Die auf den ersten Blick so einleuchtende vermehrte Verwendung des Eisenpflugs war mancherorts unzweckmäßiger als jene des jahrtausendealten Holzpfluges. Denn anders als dieser lockert der Eisenpflug die Erde so stark, daß sie austrocknet und Wind und Wasser sie mancherorts davontragen. Wo bewässert wurde, hatte man oft der Versalzung nicht vorgebeugt, so daß der Boden verdarb.

Auf industriellem Gebiet fehlte es mitunter an Übersicht und an der Koordinierung der verschiedenen Projekte. Als abschreckendes Musterbeispiel hat das Eisen- und Stahlwerk von Karabük Schule gemacht. Auch wurde der Aufbau von kleinen und mittleren Betrieben zugunsten von Großbetrieben hintangesetzt, ohne daß deren Kapazität später voll ausgenützt hätte werden können.

Aber hinter diesen Fachfragen steht die Hauptfrage. Sie lautet immer gleich, ob nun das einzelne Problem mehr Staudämme, mehr Verteilungskanäle, mehr Transportmöglichkeiten oder mehr Fremdenverkehr, mehr exportintensive Abbau- und Produktionsbetriebe heißen mag: die Finanzierung, die Kapitalbeschaffung, das Geld.

Geld, Kapital für Investierungen, ist nun genau das, was die Türkei nicht hat und schon im Laufe des 19. Jahrhunderts durch die unzweckmäßig gewordenen Steuerpachten und „Kapitulationen“ in so katastrophaler Weise mangelte, daß sie schließlich „der kranke Mann am Bosporus“ geworden war. Sie machte 1876 in aller Form Bankrott und verlor nach dem kostspieligen Krieg gegen Rußland (1877/78) praktisch die Finanzhoheit an europäische Großmächte, welche nun in Gestalt der „Dette Publique Ottomane“ die bedeutendsten staatlichen Einnahmequellen verwalteten. Selbst als Atatürk die Finanzhoheit zurückgewann, die Schuld teils den Nachfolgerstaaten des alten Reiches zuschob und den Rest dank der Entwertung des türkischen Geldes günstig abzahlen konnte, kränkelte „der Mann am Bosporus“ noch immer. Er wurde erst gesund — zum ersten Mal seit einem Jahrhundert — seit er den Gürtel enger schnallte, das heißt, mit einem Schutzzollsystem, Devisenbewirtschaftung und direkter Beschränkung der Einfuhr mit Verboten und Kontingenten die Handelsbilanz aktiv gestaltete. Auf Grund der bekannten „eisernen Sparsamkeit“, praktisch einer Unterkonsumtion, und dem russischen Industriekredit (1933) begann der wirtschaftliche Aufbau der modernen Türkei. Im Laufe der Jahre wurde das Kontingentierungssystem zu einem System von Gegenseitigkeitsgeschäften mit einzelnen ausländischen Staaten umgestaltet und schließlich durch Kompensations- und Clearing-Abkommen abgelöst. So ging es mühsam, aber solid langsam vorwärts.

Doch ein Rückfall stellte sich ein. Die Menderes-Regierung hatte versucht, aus dem Circulus vitiosus — wenig Investierungen und daher spärliche Realisierung des türkischen Reichtums, die wiederum nur spärlich Mittel für weitere Investierungen brachte, so daß die Schätze großenteils verborgen blieben —, durch die Forcierung eines üppigen Investitionsprogrammes, die selbstverständlich von einer bedeutenden Steigerung der Einfuhr begleitet war, der kein entsprechender Export gegenüberstand, herauszukommen. Die Revolution stieß auf leere Kassen. Der Rekonvaleszent am Bosporus war einer Ohnmacht nahe. Doch die langfristige Konsolidierung der Schulden und zahlreiche Anleihen — so von Deutschland, Großbritannien, der Weltbank, der Fordstiftung, der AID und der NATO sowie zur Währungsstützung vom Internationalen Währungsfonds und der OECD — versuchten ihn auf die Beine zu stellen. Als Stütze wurde auf gesetzlicher Basis eine besondere staatliche Planungsorganisation, der unmittelbar dem Ministerpräsidenten unterstehende Hohe Planungsrat, eine Art Staat im Staate, geschaffen, die ihm mit einem dreifachen Fünfjahresplan von 1963—1978 unter die Arme greift.

Betrachtet man die großen Züge der wirtschaftlichen Entwicklung in der modernen Türkei, so kann man den Gedanken nicht von sich weisen, daß, so heikel es ist, verschiedene Staaten miteinander zu vergleichen, die wirtschaftlichen Probleme, denen die Türkei in den letzten 40 Jahren gegenüberstand, in vielem nicht schwieriger und in manchem vielleicht auch leichter zu lösen gewesen wären als in dem einen und andern westlichen Staat. — Hält man sich die wirtschaftliche Wirksamkeit des Einzelnen vor Augen, so fällt vielleicht auf, wie wenig Anstrengungen von kleineren Gemeinschaften unternommen worden sind, wie wenig von den Gemeinden, Verbänden und dem einzelnen Bürger. Es liegt auf der Hand, auf das straffe Atatürk-Regime hinzuweisen sowie auf die entsprechende Hinterlassenschaft und die Durchdringung — und mitunter wohl auch

Durchkreuzung — aller wirtschaftlichen Aktivität seitens der folgenden Regierungen, insbesondere jener von Menderes.

Allein, wie immer die Einzelinitiative gelähmt wurde, welche Gegebenheiten sich einer bedeutenden Realisierung des Reichtums entgegengestellt haben, welche Investierungsirrtümer von der Regierung oder ihren Vertretern gemacht worden sein mochten, je länger ich die türkischen Menschen beobachtete, um so weniger konnte ich mich des Eindrucks erwehren, daß hinter alldem — hinter dem Kein-Geld-Haben und Kein-Geld-Bekommen — auch zwei psychologische Voraussetzungen liegen.

Die eine ist nach unserem Maßstab ein edler Zug, die andere ein unschöner. Selbstverständlich sind diese beiden Züge wie so oft beim Menschen miteinander in seltsamer Weise verkoppelt. Der edle Zug ist die relative Freiheit des türkischen Menschen vom Gelddenken. Sie gehört — trotz des türkischen Sprichworts „Ein voller Geldsack ist der beste Gesellschafter" — zum Wesen des Türken. Sie läßt einen, wenn sie sich mit Hilfsbereitschaft und Großmut verbindet, oft Tag für Tag Schönheiten der menschlichen Seele erblicken, die sich bei andern Völkern seltener zeigen, ja an deren Stelle oft Häßliches wahrzunehmen ist.

Zu den weniger schönen Zügen gehört der Yok-Geist:

In der Auslage einer Papierwarenhandlung des Atatürk-Boulevards in Ankara sehen Sie eine der wenigen großformatigen Ansichtskarten der Türkei; es ist jene von Ephesos, die Sie schon lange gesucht haben. Sie treten ein und äußern den Wunsch, die Karte zu kaufen. — „Yok", wird Ihnen geantwortet. — „Aber sie ist doch im Schaufenster; bitte, verkaufen Sie mir diese Karte." — „Yok. Wir können die Karte nicht verkaufen, weil wir sie aus dem Schaufenster nehmen müßten."

Sie erwarten eine vom Absender angekündigte, dringende Sendung. Auf der Post heißt es „Yok!". Sie verschieben Ihre Abreise und sprechen täglich auf der Post vor. Gerade wird wieder ein eintreffender Sack geöffnet. Der Angestellte sortiert, Sie stehen dabei. — „Yok!" — Sie gehen in Anwesenheit der Postangestellten ans

Telephon und verlangen ein Ferngespräch mit dem Absender. Sie verbringen drei trübselige Wartestunden in der Schalterhalle, bis es endlich klingelt: Der Absender ist sicher, den Brief vor fünf Tagen abgeschickt zu haben. Er gibt eine genaue Beschreibung des auffälligen Umschlags. Sie beschreiben diesen sämtlichen Postangestellten — vielleicht ist dem einen oder andern so etwas in die Hände gekommen. — „Yok!" — Sie suchen persönlich verschiedene Adressen auf, an die der Brief vielleicht irrtümlich hätte gelangen können. — „Yok!" — Ermattet lassen Sie sich im Büro eines Freundes nieder, um ihm die Schattenseiten seines Volkes zu schildern. Er bietet Ihnen Kaffee an und, obgleich er mit der Post nichts zu tun hat, meint er vorwurfsvoll, Sie hätten sich von Anfang an vertrauensvoll an ihn wenden sollen. Da öffnet sich die Tür; es erscheint jemand, der auf dem Postbüro vorbeigegangen ist und dort gehört hat, daß der seit Tagen von einer Touristin gesuchte Brief eingetroffen ist. Sie lassen den Kaffee stehen und eilen auf die Post, wo man Ihnen den Brief überreicht. Ist er soeben gekommen? — „Yok!" — Er lag schon gute drei Tage im Postfach, das seiner Adresse entspricht. — „Wer hat ihn hineingetan?" — „Ich." — „Und haben Sie nicht gewußt, daß der Brief nun in jenem Postfach lag?" — „Yok!"

„Yok" wird häufig nicht einmal mehr ausgesprochen. Die Gebärde allein hat schon den vollen Effekt: Kinn nach vorne hoch, Augenlider herunter und leises Schnalzen. Das Wort bedeutet nein. Mehr als nein: „Nicht vorhanden und nichts zu machen!" „Absolut nicht!" „Der Fall ist abgeschlossen!" „Strich darunter!" „Schwamm drüber!" „Scheren Sie sich zum Teufel mit Ihrem blöden Ansinnen!" „Blasen Sir mir in die Schuhe und rutschen Sie mir den Buckel hinunter!"

Keine Miene und kein Wort bringen Europäer mehr auf. Denn „Yok" — Wort und Geste — wird gerne genau dort gebraucht, wo nach unserer Auffassung „Nein keine Antwort ist", wo sich noch sehr viel machen ließe, wo die Lösung nicht fern wäre, wenn man sich ein wenig bemühen, ein wenig nachdenken wollte.

Gerne sagen Türken auch „Yok“, wenn sie Anforderungen an sich selbst stellen sollten, praktisch, wenn es richtig anpacken heißt. Beileibe nicht alle, und jene, die es tun, nicht immer. Aber doch genug, um von einem verbreiteten Yok-Geist zu reden.

Türken und Angehörige des westlichen Kulturkreises begegnen in verschiedener Weise Hindernissen, Gegebenheiten, die sich einem entgegenstellen. Im Kopf des Türken ist der Gedanke, mit ihnen in irgendeiner Weise fertig zu werden. In unserem eigenen, mit ihnen so fertig zu werden, wie wir es uns vorgestellt haben. Der Türke geht darauf los, überwindet entweder die Hindernisse oder bleibt vor ihnen stehen. Der Europäer rast ihnen mit geballter Kraft entgegen. Sind sie zu groß, so prallt er ab und tut sich dabei weh. Das entsprechende Jammern und Aufbegehren hört sich in türkischen Ohren wie das Geschrei eines Kindes an, das den Mond nicht bekommen kann, erscheint als ein Mangel an Lebensweisheit. — Das Arbeitsethos, der Arbeitsernst und der Wille zu ganzer Arbeit scheint manchem Türken fern zu sein. Die Arbeit interessiert ihn nur, soweit sie die Zeit vertreibt. Geliebt wird die Arbeit schon gar nicht. Das Arbeitsresultat ist nicht selten von unglaublicher Nachlässigkeit.

In Adana wollte ich mir die Schuhe besohlen lassen. Im Bazar einigte ich mich mit einem Schuhmacher — einem unter Dutzenden — auf einen Preis, der dieser Arbeit in Europa entspricht. Nach zwei Tagen holte ich die Schuhe und nahm sie in der Eile ahnungslos unter den Arm, um erst beim Anziehen festzustellen, wie die Sohlen vorn an der Spitze so schlecht befestigt waren, daß jeder Schuh das Maul aufriß. Um so größer waren die verwendeten Nägel, sie ragten innen einen halben Zentimeter heraus. Ich ging zu meinem Schuhmacher zurück und ließ von weitem schon die Mäuler der Schuhe — ich hatte je einen in die Hand genommen — auf- und zuklappen. Weit davon entfernt, sich getroffen zu fühlen, erkundigte sich der Schuhmacher freundlich, was an den Schuhen nicht recht sei. Noch einmal wiederholte ich das Auf- und Zuklappmanöver. Jetzt erfaßte er es — langsam. Dienstbereit holte er noch weitere zentimeterlange Nägel herbei. — „Diese Nägel sind ein wenig zu groß", wandte ich ein. Niemand merkte, daß dies sarkastisch gemeint war. Nur nach längerem Grübeln kamen die Schuhmacher — weitere waren hinzugetreten — 20 Mann stark überein, daß vielleicht kleinere Nägel angezeigt wären. Man brachte kleinere, aber noch immer zu lange. Schließlich las ich die kleinsten selber heraus. Vorsichtshalber jedoch legte ich dem Schuhmacher nahe, von innen her eventuelle Spitzen zu krümmen. Aber schon nach wenigen Schritten erwiesen sie sich als buchstäblich untragbar.

Diese kleinen Begebenheiten — sie wirken wie erdacht und faustdick übertrieben — haben sich wortwörtlich so zugetragen. Weit entfernt davon, extrem zu sein, sind ihrer Dutzende.

Schludrigkeit ist nicht nur eine Sache von Einzelfällen. Es soll vorkommen, daß einzelne Kollektive selbst bei den alltäglichsten und traditionellsten Aufgaben versagen. Makal, ein Autor, von dem ich im Zusammenhang mit dem türkischen Januskopf noch mehr berichten werde, erzählt, wie die Frauen aus den ihm bekannten Dörfern mitunter kaum Brot backen können; sei es, daß sie es verlernt oder überhaupt noch nie richtig gelernt haben. Während man an ihren Karton-Laiben kaue, zögen sie sich wie Gummi. Oder man backe nur alle paar Wochen Brot in einer Weise, die eigentlich für den Frischkonsum gedacht sei. Vor dem Genuß müsse man es mit nassen Umschlägen aufweichen. Auch hätten sich die Dorfgenossen — in Gegenden, wo man seit Jahrhunderten in materieller Hinsicht beinahe „von Brot allein" lebt — oft noch nicht einmal zu einem gemeinsamen Backofen organisieren können.

In den gehobenen Stellungen ist eine gewisse Abneigung gegen die Leistung ganzer Arbeit so wenig selten wie in den unteren. Sie kommt in Gedankenlosigkeit und Leerlauf zum Ausdruck.

Die verbreitete innerliche Distanzierung von der Arbeit hat in der Lust am Fummeln eine tückische Ergänzung. Ihre harmloseste Form ist eine Vorliebe für das Umständliche — seine Vielfalt scheint das Leben reich zu machen. Mit der Kirche — in diesem Fall mit der Moschee — ums Dorf zu gehn, ist eine große Versuchung.

Eine andere Form des Fummelns — die geistige — ist das fleißige Wischen vor der Tür des andern, wobei sich von selbst versteht, daß jenes vor der eigenen etwas summarisch geschieht.

Diese Bereitschaft, die Erfüllung der eigenen Aufgaben zurückzustellen, um sich als Dilettant mit denjenigen eines andern zu beschäftigen, der seinerseits bei einem Dritten den Ratgeber spielt, gibt türkischen Arbeitsleistungen oft etwas Verworrenes.

Häufig wird das Fummeln von einer eigentümlichen manuellen Ungeschicklichkeit unterstrichen, die auch nur darin bestehen kann, in die Finger zu nehmen, was nun einmal nicht in diese Finger gehört. Die Spielerei mit den Dingen ist nicht ungefährlich. Nicht vor Dieben muß man in der Türkei seine Sachen hüten — sie gefährden das Eigentum des Touristen weniger als im einen und andern westlichen Land —, sondern vor Freunden und scheinbar vertrauenerweckenden Handwerkern. Sie zerstören vieles.

In den Reparaturwerkstätten verschwindet allerlei — auf die harmloseste Weise. Wo mir der den Wagen putzende Bursche im Triumph ein winziges Miniaturbecherlein aus Silberfiligran überreichte, das einem Kind Jahre zuvor zwischen die Polster geraten war, verschwanden Taschenlampe und Teepakete. In einer andern gingen die Toilettenartikel unter, in einer dritten und vierten verloren sich ganze Polsterteile, doch gelang es mir, sie wieder einzufangen. Die Sachen werden während der Arbeit weggestellt, irgendwo verstaut, durcheinandergebracht, mit Lumpen bedeckt, und erst nach vielen Stunden, die ihn schon weit weg geführt haben, bemerkt der Tourist den Verlust, während man in der Werkstatt auf kleine Hinterlassenschaften stößt.

Als ich am Ende meiner Reise in Istanbul den nach meiner Meinung leeren Wagen aus der Reparatur holte, überreichte mir der Mechaniker mit sehr ernstem Gesicht eine Satteltasche, die ich als Sitzpolster — das ursprüngliche war längst zerrissen, zerbrochen, zerbröckelt — benutzt hatte: „Sehen Sie, wir haben alle Ihre Sachen hier versorgt, damit nichts verlorengeht.“ „Ihre Sachen“ hatte er gesagt für Sachen, die ich als „nichts“ betrachtete: alte Landkarten, ein zerbrochenes Taschenmesser, einen schmutzigen Papierblock. Aber als fremdes Eigentum waren sie ihm Sachen und daher wichtig genug, um mit Sorgfalt aufbewahrt und zurückgegeben zu werden. Sofort war mir klar, daß ein Türke dafür kaum den Sinn gehabt hätte. Der Mechaniker war denn auch Grieche.

Kismet hatte mir eine lehrreiche Gegenüberstellung en miniature vorbehalten. — Auf dem „Flohmarkt" hatte ein Händler seine kleine geschlossene Vitrine flach auf ein nahe dem Rinnstein stehendes Kistchen gelegt. Durch die Glasplatte waren zerrissene Börsen, alte Geldstücke und auch ein Schälchen zu sehen, in welchem sich unter kümmerlicheren Steinchen ein schöner Karneol befand. Ich bat den Händler, die Vitrine zu öffnen.

Aber nein! Ich solle ein wenig warten, er müsse erst dem Freund die Füllfeder füllen. In der Tat stand auf der Glasscheibe ein Fläschchen Tinte, und er manipulierte in rätselhafter Weise mit einer großen Zange an der Füllfeder herum. Endlich schien die Prozedur erledigt zu sein.

Er öffnete die Vitrine, nahm das Schälchen heraus und stellte es aufs Glas des wieder hinuntergeklappten Deckels. Kaum hatte er mir den Karneol in die Hand gegeben, als — man frage nicht wie! — die Zange, die der Freund beiseite geschoben hatte, auf die Vitrine plumpste und Wertloses und Wertvolles aus dem Schälchen in den Straßengraben kollerte. Da es bereits dunkelte, wußten wir kaum, wo und wie nach den Steinen tasten. Ich rückte mit meinem Schemel etwas seitwärts; aber der Händler erhob Einspruch: „Nicht nötig, lassen Sie sich nicht stören!" Während die einen — wie jeder Türke, war selbstverständlich auch dieser von einem halben Dutzend Kameraden belagert — im Dunkeln auf dem Boden umherfingerten, kamen andere auf den seltsamen Einfall, ein Stück Papier anzuzünden, um mit dem brennenden Fetzen zu leuchten. Innerhalb von Sekunden hatte das Tuch, welches zwischen Vitrine und Kistchen lag, Feuer gefangen und die Verkaufsauslage in einen Flammenherd verwandelt. Zwei Männer rissen es herunter und drei andere stampften darauf herum. Neue kamen hinzu. Schließlich lag alles, Halbedelsteine und Schund, verbrannte Zeitungen und glimmende Lumpen, gleichmäßig zertreten im Schmutz. Vom verschwundenen Inhalt des Schälchens sprach niemand. Der Krämer war zu erhaben über das Schicksal seines Krams, um irgendwem Vorwürfe zu machen.

Nur in der Türkei kann ich mir eine so friedliche und großzügige Regelung der Unannehmlichkeit vorstellen, die andernorts Geschrei, Schimpfen und Zanken hervorgerufen hätte; in ihr allein aber auch eine solche Häufung linkischen Handanlegens von unberufenen Köchen, die den Brei verderben.

Jene Neigung, Arbeit und Spielerei ineinandergehen zu lassen, hat den gewaltigen Nach- und Vorteil zugleich, Arbeitsleistung und Selbstbewußtsein vollständig zu trennen. Leistungsfähigkeit und Selbstbewußtsein werden nicht wie bei uns miteinander verkoppelt. Für Türken ist die Arbeit weniger Bühne des persönlichen Erfolgs und Versagens.

Es versteht sich von selbst, daß dort, wo wie in Europa und den USA Leistungsfähigkeit und Selbstachtung miteinander verbunden werden, der Arbeitserfolg Ehrensache ist, Anstrengung und damit Erfolgsaussicht größer sind als bei den Türken, wo der hohe Einsatz des Selbstbewußtseins oft fehlt. Der Europäer und der Amerikaner sind tüchtiger als der durchschnittliche Türke, weil sie zur Selbstachtung den positiven Arbeitserfolg nötig haben und die Überwindung der Hindernisse, die sich dem Erreichen des Ziels entgegenstellen, zur Selbstbetätigung.

Ganz anders ist die türkische Arbeitsauffassung. Die Schwierigkeiten, die sich dem Erreichen des Zieles entgegenstellen, sind weniger Aufforderung zur Bewährung als freundliche Erlaubnis des Schicksals, die Anstrengungen einstellen zu dürfen. „Yok“ erspart den Türken den Aufprall.

„Yok“ wirkt auf den Europäer so unverschämt, weil es gesprochen wird, wenn er seinerseits die Verpflichtung empfände, sich anzustrengen, wenn er bereit wäre, sein Selbstgefühl in die Waagschale zu werfen, um das Ziel dennoch zu erreichen. Mancher Türke hingegen zieht sich mit „Yok“ gemütlich in das Schneckenhaus seines Selbstbewußtseins zurück und wartet dort, bis sich die Sache von selbst erledigt hat.

Der dürftigen Arbeitsleistung mancher Türken steht eine große Schonung des Selbstbewußtseins gegenüber, weil sie sich nicht in ihrer Arbeit zu bestätigen brauchen. Die Ehre hat mit dem Arbeitserfolg wenig zu tun. Ein Türke ist er und besitzt schon so Würde – Leistungen oder auch keine. Minderwertigkeitsgefühle sind ihm fremd. Kümmerliche Arbeitsleistung kann gemütlichem Wohnen im Hause seines Ichs nichts anhaben.

Mehr noch: Selbst aus mäßiger Leistung kann ein Türke Freude an sich selbst ziehen. Der entsprechende Trick besteht darin, die Leistung nicht mit der optimalen Möglichkeit zu vergleichen, sondern mit der schlechtesten oder gar keiner. Während es an einem Europäer nagt, anstatt der maximalen Leistung nur eine mittelmäßige erreicht zu haben, befriedigt einen Türken bereits die mittelmäßige Leistung; denn macht es manch einer nicht schlechter?

Diese Einstellung hat gegenüber der westlichen natürlich auch ihre guten Seiten, beziehungsweise das westliche Arbeitsethos seine schlechten — zum mindesten in den Generationen und Kreisen, wo Selbstkasteiung durch Arbeit als höchste aller Tugenden galt und gilt. Heute übrigens weniger Mode als gestern und vorgestern.

Ein dem westlichen Geist verschriebener Mensch, der sich mit der Giftpille des Sichbewährenmüssens — „Nicht gut, sondern besser“, „Jeder ist seines Glückes Schmied“ — ständig zur Höchstleistung aufpeitscht, wobei gelegentliche Rückschläge, die wiederum aufgeholt werden müssen, unvermeidlich sind, bezahlt leicht mit Minderwertigkeitsgefühlen und den entsprechenden für die Mitmenschen so lästigen Leistungsmanifestationen, um sie auszugleichen. Ein gegenseitiges Ausstechen, das die Kontaktfreudigkeit vergiftet.

Demgegenüber ist in der Türkei wie noch da und dort in Südeuropa die mündliche Unterhaltung in gewissem Sinne wirklicher und damit oft fesselnder als diejenige noch so gebildeter westlicher Menschen, die weniger ausdrückt, was die Worte scheinbar bedeuten, sondern ein Turnier darstellt, aus dem ein einziger als intelligenter Kopf überleben soll. Auch sprechen Türken meist mit einer Aufgeräumtheit, die selbst eine anspruchslose Plauderei dadurch gehaltvoll macht, daß die Gesprächspartner eben ganz dabei sind. Aufgeräumt aber ist nur, wer nicht in einem Spannungsfeld von Anforderungen steht, wie sie echte Arbeit immer stellt, geschweige denn überfordert wird.

So bedeutet die schöne Kehrseite des Yok, daß im Wesen vieler Türken Raum genug bleibt zur ausgedehnten und täglichen Pflege der Freundschaft und — besonders wichtig für den Besucher — zum Schließen neuer Bekanntschaften. Unter anderem verdankt er ihm, daß er trotz der Unkenntnis der Landessprache auf so angenehme Art bald mitten im Leben ist, anstatt wie häufig bei einem besonders arbeitsamen westlichen Volk vor den Fenstern stehenzubleiben.

Rein persönlich gesehen, hat der Yok-Geist so sein Gutes. Unter dem Gesichtswinkel des Fortschritts dagegen hat er große Nachteile, und zwar sowohl für jene Türken, die ihr Land am westlichen Leben seinen vollen Anteil nehmen lassen möchten, als auch für den westlichen Menschen, wenn er sein Geld auf den Tisch legt, privat oder als Bürger eines Staatswesens, das einer „Entwicklungsbevölkerung" helfen will. Er möchte einen vollen Gegenwert bekommen oder sehen. Beiden steht der Yok-Geist entgegen, der den Besucher wie eine besondere Art Zynismus berühren kann.

Da ist das Hotelwesen. — Man verspricht sich in der Türkei viel vom Fremdenverkehr, nichts weniger als einen bedeutenden Beitrag an den Ausgleich der passiven Zahlungsbilanz. Die Hotels jedoch, die für die Unterkunft der Devisen bringenden Besucher bereitstehen, stellen, mit Ausnahme eigentlicher Luxushotels, häufig Gebilde voll bizarrer Überraschungen dar.

Nicht selten sind bereits das Gebäude und seine Einrichtungen bizarr, da sie unter Einsparung des Architekten gedankenlos von einem Baumeister erstellt worden sind.

Am Anfang meiner Reise kam ich nicht darum herum, mich bestürzt umzusehen, wenn ich mich zur Ruhe legen wollte. Die Wand gegen den Korridor bestand gerne aus jenen Milchglasscheiben, die auch einen unscharfen Beobachter die sich im schwach erleuchteten Zimmer — für Lektüre im Bett hätte man Hellseher sein müssen — abwickelnden Vorgänge deutlich wie in einem Schattenspieltheater hätten erblicken lassen. Was ließ sich da machen? Meine Augen blieben erst an dem Kleiderschrank hängen, der sich, wenn man ein Kleid herausnahm, bedrohlich zu neigen begann. Zudem gab es keine andere theoretische Möglichkeit, sich unbeobachtet umzukleiden, als in den Schrank hineinzukriechen und dabei noch zu entdekken, wie eine Schranktür von innen verschlossen wird — wenn es überhaupt Schränke gab, was keineswegs selbstverständlich war.

Welch seltsame Anlagen in einem Land, wo manche Frau vermummter als eine Nonne einhergeht. Sie wirken allerdings weniger paradox, wenn man sich vor Augen hält, daß die Hotels — von wenigen internationalen abgesehen — Männerreservate sind, was die Benutzung für Europäerinnen anfangs seltsam macht. Diese männlichen Gäste verhalten sich mehr oder weniger wie zu Hause. Und so erblickt denn die Fremde schon in wenigen Tagen mehr mit Pyjamas oder auch lediglich mit Unterwäsche bekleidete Männer als vorher und nachher in ihrem ganzen Leben. Immerhin muß betont werden, daß einer Frau bei diesem Betrieb nie unanständig begegnet wird. Sie wird als Luft behandelt, was angenehme und unangenehme Seiten hat.

Die unangenehmen Seiten treten hervor, wenn sich kein fließendes Wasser im Zimmer befindet. Dann ist man auf das einzige Waschbecken, nahe den Toiletten, angewiesen, ohne daß die männlichen Gäste dies berücksichtigen. Mitunter braucht es dreiviertel Stunden, viel List und ein mit Akrobatik vermischtes Versteckspiel, bis sich eine Touristin gewaschen hat. Doch auch das fließende Wasser im Zimmer ist nicht problemlos. Vielleicht fließt es nicht, nicht warm, nur in Tröpfchen oder in Strömen und dann immer. Ein Badezimmer, das ich betrat, stand einen Fuß tief unter Wasser, auch zwölf Stunden später noch. Nachdem ich um halb zwölf zu Bett gegangen war, klopfte es um Mitternacht an die Tür. Ein Hausbursche erschien, um den Schaden gründlich ins Auge zu fassen. Selbstverständlich blieb der Tümpel. Waschbecken, die bei sanftester Berührung einem zu Füßen kollerten, sind kaum erwähnenswert. Es gab interessantere Spezialitäten.

In einem kleinen Café-Hotel verlangte ich einen Zimmerschlüssel, um nicht gestört zu werden. „Wozu?“ meinte der Wirt. „Wo Sie doch einfach die Klinke auf der Außenseite abschrauben und mitnehmen können.“

Ein anderes Kolumbus-Ei ist jene Methode, Zimmer vor Kälte zu schützen, auf die ich in einem Hotelzimmer in Mittelanatolien stieß: Kommt der Herbst, so nagelt man das Fenster kurzerhand zu. Wer frische Luft will, soll auf den Frühling warten.

Was Betten und Wäsche betrifft, kann das Mitführen einer kleinen Aussteuer nur dienlich sein. Denn obwohl wir im Lande der „turkish towels“ sind, fehlt in der Regel auch das gewöhnlichste Handtuch. Es steht dem Touristen offenbar frei, sich an den Decken oder Laken und, wenn diese fehlen, an der Matratze zu trocknen, es sei denn, man habe ein Bad genommen und ein Bademantel hänge noch feucht vom vorhergehenden Benützer des Badezimmers an einem Haken. Mangel an Leintüchern gibt es in allen Abstufungen: keine frischen, keine zwei, kein einziges Leintuch.

Nicht selten fehlt ein Platz für das Gepäck des Gastes. — Mein Gepäck war vom Portier in einem als gut, ja distinguiert geltenden Hotel zur Aufbewahrung in Empfang genommen worden, konnte aber bei meiner Rückkehr nicht mehr gefunden werden. Man suchte und suchte, bis der Kellner sich an den idealen Platz erinnerte, den man für es gefunden hatte: die Bar! Hinter der Theke lag alles, tropfnaß; der Schlafsack aufgeweicht, einen faulen Geruch ausströmend. Die Nässe hatte nichts mit den Getränken der übrigens unbenutzten Bar zu tun, sondern mit der Gewohnheit der Negerinnen, welche den Boden aufwuschen, die Kübel hinter der Bar auszuleeren, wenn die Toiletten überquollen.

Die Hotels besitzen europäische oder türkische Badezimmer. Nur in den Luxus- und Erste-Klasse-Hotels füllt sich die Badewanne meist nach Wunsch zur gewünschten Zeit mit warmem Wasser, wenn auch nicht unfehlbar. In den andern erinnert sich niemand an den vereinbarten Zeitpunkt, und das Wasser kommt bestenfalls lauwarm. Man hält sich besser an das türkische Hotelbad in altmodischen Hotels. — Ich war gespannt auf mein erstes türkisches Bad. Der Wirt führte mich in eine dunkle Kammer. Im Boden befand sich ein Abzugloch. Ein kleiner Schemel stand in der einen Ecke, in der anderen ein marmornes Becken mit kaltem Wasser. Wo aber war denn das Bad? Das Bad war ein Kupferkessel voll heißen Wassers, direkt vom Herd. Eine kleine Schale lag daneben, ebenfalls auf dem Boden. Da saß ich auf dem Schemel vor meiner Denksportaufgabe: Hier standen drei Gefäße vor mir, das eine mit kaltem Wasser, das andere mit heißem, das dritte leer. Wie wäscht man nun die Haare handwarm und spült sie dreimal? Das Marmorbecken besaß keinen Abfluß, ließ sich aber auch nicht heben; anderes kaltes Wasser war nirgends, und das leere Becken war nicht größer als eine tiefe Untertasse.

Später einmal wandte ich mich damit an einen Professor der Mathematik: „Wie nur verteilen Sie sieben Liter kaltes Wasser und drei Liter heißes Wasser in einem vier Deziliter fassenden Schälchen, um die Oberfläche eines menschlichen Körpers wirklich zu reinigen?"

Anstatt mir zu antworten, klagte mir der Professor jedoch, daß er seinerseits sich nicht vorstellen könne, wie die Europäer in ihren westlichen Badewannen sauber würden.

Er habe anläßlich eines Kongresses in London drei Wannen-Vollbäder bestellen müssen. Denn so viele habe es gebraucht, bis das Wasser klar von ihm abgelaufen sei. Ob es keine Dusche gehabt habe? Nein, das nicht. Das gehörte nun genaugenommen zum letzten Schliff, meinte ich. Manchen Europäern genüge es allerdings, sich, nachdem sie das warme Seifenwasser verlassen hätten, gründlich abzutrocknen. Der Professor verschwieg taktvoll, was er dachte, denn: Drei Vollbäder hin oder her — ein Türke spricht nicht von Sauberkeit, wenn er nicht aus fließendem Wasser ersteht.

Während das private türkische Bad fragmentarisch wirkt, läßt das öffentliche Bad keinen Zweifel, daß man rabiat gesäubert wird. Hier traf ich Frauen auf warmen Marmorfliesen, genau so, wie sie Ingres gemalt hat, wenn auch mit dem Unterschied, daß ein Trubel wie auf einem von Stare überfallenen Kirschbaum herrschte.

In den türkischen Luxushotels arbeiten viele Meister ihres Fachs neben mittelmäßigen Kräften, während in den Hotels erster Klasse die vielen mittelmäßigen nur durch etliche Meister und zahlreiche untermittelmäßige ergänzt werden. Dann sind in der Regel nur noch mittelmäßige, untermittelmäßige und unteruntermittelmäßige anzutreffen. Auf der letzten Stufe bessert es sich wieder; hier ist oft ein bescheidener, aber in seiner Art rechter Patron an der Arbeit. Problematisch dagegen sind die Gruppen jüngerer, meist unqualifizierter Angestellten, die der Besitzer eines „besseren" Hotels oft mir nichts, dir nichts mit Funktionen betraut, da er es weder der Mühe wert findet, auf Eignung des Personals zu achten, noch das Hotel persönlich zu leiten — er hat irgendeinen andern Beruf.

Eigentümer und Angestellte sind häufig auf ihre Aufgaben unvorbereitet. Letztere wissen oft überhaupt nicht, daß es solche gibt. Sie stehen unter der Tür, und der „Direktor" verlangt den Paß, der Portier sieht sich den Wagen des Gastes an und trägt bestenfalls zwei Gepäckstücke ins Zimmer. Der dritte manipuliert am Radio, der vierte ist ein Vetter, Neffe oder Sohn des Inhabers, der für vierzehn Tage ein Auge auf der Sache hat. Alle miteinander sprechen meist keine Fremdsprachen.

Die weiblichen Hotelangestellten bilden eine Frage für sich. Sie übernachten nicht am Arbeitsplatz — aus sittlichen Gründen. Das kann zu kuriosen Komplikationen führen, um so mehr als der Tourist durch die direkt aus dem Französischen übernommene Bezeichnung „Fammdöschamber" einige Hoffnungen an ihr Erscheinen knüpft.

Ein Gast wollte abends ein Hemd waschen lassen. „Selbstverständlich wird die Sache im Hotel besorgt", hatte der junge Mann vor dem Radio gesagt. Ahnungslos verlangte der Gast es am folgenden Morgen zurück. Erstaunt blickte man ihn an. Hatte er das

Hemd gestern nicht erst um drei Uhr gebracht? So habe man es den Frauen erst heute morgen übergeben können. Sie könnten sich nicht vor heute abend an die Arbeit machen, da sie das Hemd zum Waschen heimnehmen müßten. Am folgenden Morgen suchte der Gast wiederum sein Hemd. Es sei da, wurde ihm eifrig versichert. — Wohl war es da, sogar gewaschen, aber noch nicht geplättet. — Das verrichte man im Hotel, hieß es, da die Frauen daheim kein Bügeleisen hätten. Als der Gast abends sechs Uhr ins Hotel zurückkam, glaubte er sicher zu sein, das Hemd frisch geplättet auf dem Bett zu finden. Fehlgeraten! Man bemerkte, da der Gast um die Mittagszeit, vor dem Aufbruch der Frauen nach Hause, nicht mehr im Hotel gewesen sei, hätten sie nicht abliefern und einkassieren können und deshalb das Hemd wieder mit sich nach Hause genommen. — Es erschien dann doch noch zu früh, nämlich im Morgengrauen des vierten Tages; der Gast wurde eigens zur Übergabe des großen Werks geweckt.

Auch ich fragte einmal die „Fammdöschamber", ob sie einen Waschauftrag übernehmen wolle und erkundigte mich zugleich nach dem Preis. Sie nannte einen doppelt- und dreifachen. Ich lachte nur. Der „Fammdöschamber" gab das zu denken und sie glaubte mir eine Erklärung schuldig zu sein. Als ich sie das nächste Mal auf der Treppe traf, schob sie unvermittelt an ihren vielen Tüchern herum, streckte den mit der bunten Pluderhose bedeckten Bauch etwas hervor und wies mit dem Zeigefinger darauf. Was sagt man auf solche Fingerzeige? Vielleicht nach amerikanischer Sitte: „Oh, that's just wonderful!" Doch das Geheimnis wurde noch geheimnisvoller; denn zu meiner Verblüffung schienen meine Blusen dabei eine Rolle zu spielen. Wie, zeigte sich bald. Die Frau streckte ihre Hand flach aus, zuerst tief, dann höher und höher. Das ist ein Zeichen für eine entsprechende Kinderschar, große und kleine und viele dazwischen. Schließlich streckte sie so viele Finger aus, als sie Kinder besaß oder mindestens vorgeben wollte zu besitzen. Und alles zusammen sollte die Überforderung erklären, zeigen, wie sie eine übermäßige Kinderschar zu übermäßigen Preisen dränge.

Eines allerdings läßt sich zugunsten der anatolischen Hotels sagen: sie sind nicht teuer. Dagegen bewahrt vor ungetrübter Freude am mäßigen Preis eine Spezialität, mit der man den allein reisenden Touristen plagt.

Ein richtiges türkisches Hotel besitzt kaum Einzelzimmer, aber um so mehr Zweier-, Dreier-, ja Viererzimmer, in die sich auch einander unbekannte Leute teilen. Entsprechend bezahlt man nach türkischem Brauch nicht die Miete des Zimmers, sondern des Bettes. Beim westlichen Gast macht man auch in schlecht besetzten Hotels gern die Ausnahme, ihm kurzerhand sämtliche Betten des Zimmers zu berechnen. Ein weiblicher Gast kann in der Diskussion nicht einmal einwenden, er sei gerne bereit, das Zimmer mit jedem, der des Weges käme, zu teilen; denn es kommen keine türkischen Frauen.

Ein dem Tourismus zugewandter junger Mann strich mir die türkischen Chancen im Fremdenverkehr mit Schwung heraus. „Betrachten Sie unsere entzückende alte Stadt, die prachtvollen Berge, den weiten Sandstrand, die Sonne und die Palmen. Wenn die Europäer nur eine Ahnung hätten, welche Herrlichkeiten ihrer warten! Wir könnten zahlreiche mitteleuropäische Ferienorte spielend ausstechen. Jüngst kam mir ein Prospekt irgendeines deutschen Hotels an irgendeinem See vor Augen. Wer sitzt schon in diesem Hotelchen neben einem Tümpel, wenn man hier das ganze blaue Meer und ein Dutzend klassische Ruinen in der Nachbarschaft haben kann."

Das klang bestechend, und impulsiv stimmte ich ihm bei. Je länger ich aber nachsann, um so sympathischer wurde mir das kleine Hotel. Denn wahrscheinlich hat es genau das, was die türkischen Hotels an diesem begnadeten Ort nun einmal nicht haben: Regelmäßig gemachte Betten mit genügend langen, frischen Laken, gutes Licht zum Lesen, Personal, das morgens zu jeder Stunde freundlich ein Frühstück bringt, sei es ins Zimmer oder in den Garten, wo Liegestühle, teils in der Sonne, teils im Schatten, warten. Kurz, nichts von dieser dämonischen Unbehaglichkeit! Und auch keine naiv übersetzten Preise für den gewöhnlichsten Komfort.

Immerhin gibt es eine beneidenswerte türkische Art zu übernachten, wie sie oft Bauern und Hirten im Sommer genießen. Es sind vier in den Boden geschlagene Stangen, zwischen denen etwa in der Höhe von zwei Metern eine mit Steppdecken versehene Plattform befestigt ist, die von einem Dach aus dürren Ästen beschattet wird. Vor Schlangen, Skorpionen und auch vor bösen Mitmenschen sicher — denn ein Hund wacht unter der Plattform — schlummern von erfrischenden Lüftchen umfächelt auf diese Weise ganze türkische Familien oder auch nur einige Männer, vor allem im Süden.

Damit soll nicht gesagt sein, daß Touristen gerade in der Luft übernachten möchten, aber daß die Formen erwünschter Unterkunft eigentlich in der Tradition des Landes liegen. Mit andern Worten: Campingplätze, Zeltdörfer und auf Sommergäste zugeschnittene Motels an schönen Punkten in herrlicher Landschaft sind gerade für die türkische Fremdenindustrie ungewöhnlich naheliegende und aussichtsreiche Lösungen. Sie wären den Touristen unvergleichlich willkommener — und nicht nur im Sommer, sondern auch im Frühling und Herbst — als chaotische Hotels an lärmenden Straßen, und für die Türken wirtschaftlicher als verhältnismäßig kostspielige, fürs ganze Jahr gedachte Bauten auf teurem Stadtboden. Glücklicherweise sind in den letzten Jahren einige Campingplätze erstellt worden und an historisch und landschaftlich besonders ansprechenden Orten wie der Umgebung des Marmara-Meers und den klassischen Stätten Westanatoliens auch eine Reihe von Motels und neuzeitlichen Hotels, vorab durch die Tusan. Der Tourismus findet in den drei Fünfjahresplänen einen breiten Platz, und seit 1962 ist für seinen Aufgabenkreis ein besonderes Ministerium geschaffen worden, dem vielleicht das Beseitigen des Yok-Geistes in den Hotels gelingen wird. Allerdings spukt er nicht dort allein herum.

Da sind die Bahnhöfe. Sie machen samt und sonders einen auffallend europäischen Eindruck. Prätentiöse Klötze oder aber bescheiden-melancholische Gebäude — ganz wie bei uns. Einiges jedoch ist anders.

Wo ist der Fahrplan angeschlagen? Bei der Eingangstür? Nein! Neben dem Fahrkartenschalter? Nein! Auf dem Bahnsteig? Nein!

Ob Ankara oder Ercinçan — man muß intensiv suchen. Dienstbereite schließen sich an: „Suchen Sie etwas? Aha, den Fahrplan!" Alle Hilfsbereiten suchen nun den Fahrplan. Man weiht einen Bahnbeamten in die Verlegenheit ein. Er wendet sich an einen andern Bahnbeamten. Intensive Sucharbeit fördert schließlich keinen Fahrplan zutage, aber einen Kopf, der die Abfahrtszeiten auswendig weiß.

Auch der Erwerb von Fahrkarten ist nicht immer einfach. In Ankara stellte ich mich — von Wohlmeinenden beraten — zwei Stunden vor Abfahrt des Zuges an den geschlossenen Schalter. Bereits warteten fünfzig Personen. Dieses eine Mal gab es für Frauen keine Stühle und keine Schemelchen in der Türkei. Als ich sechs lange Viertelstunden später vor dem Schalter stand, verlangte ich eine einfache Fahrkarte nach Kayseri und wies zum ersten Mal die Blaue Karte vor, die mir in entgegenkommender Weise vom Ministerium für Presse, Rundfunk und Fremdenverkehr ausgestellt worden war und zur Benutzung der Transportanstalten zum halben Preis berechtigte. Worauf mir — zum halben Preis — ein Abonnement für sechs Fahrten Ankara - Kayseri, hin und zurück, angeboten wurde. — „Bitte, nur eine gewöhnliche Fahrkarte!" — „Nein", hieß es, „hier haben Sie ein Abonnement." — Fünf hilfsbereite Dolmetscher trugen nicht zur Abklärung bei — ich blieb vorläufig in Ankara.

Auch für die Reise von Ercinçan nach Sivas gab es auf die Bitte nach einer Fahrkarte zum halben Preis nur ein Abonnement mit seinen sechs Rückfahrkarten. Diesmal aber gab es nichts zu reden; ich mußte froh sein, dem Zug noch aufspringen zu können.

In Kayseri erstand das Problem zum dritten Mal, aber jetzt glaubte ich ihm gewachsen zu sein. Am Vortag der Abreise stattete ich dem Schalterpersonal einen feierlichen Besuch ab, um es mit meinem Ausweis vertraut zu machen und auf mein morgiges Begehren vorzubereiten. Meine Ankündigung, der man mit höflichen Fragen nach dem weiteren Woher und Wohin begegnete, wurde von einer kleinen Männergruppe und ihrem Mittelpunkt, einem an einem Strumpfe strickenden Fräulein, freundlich zur Kenntnis genommen. Mit einem Hinweis auf unser baldiges Wiedersehen verabschiedete ich mich dankbar mit der Gewißheit, dem Yok-Teufel ein Schnippchen geschlagen zu haben.

Anderntags begleiteten mich mein Freund Yavuz und sein Bruder auf den Bahnhof. Zuversichtlich trat ich zum Schalter, in dessen Guckloch sich der Kopf des strickenden Fräuleins von gestern zeigte. — „Sage, du wünschest eine Fahrkarte nach Ankara!" bemerkte Yavuz hinter mir. — „Ich danke dir für deinen unbezahlbaren Ratschlag; auf diesen originellen Gedanken wäre ich nie von selbst gekommen!" rief ich zurück und verlangte zuversichtlich die Fahrkarte. Doch das Fräulein wollte nichts verstehen und nichts geben. Sie redete und redete auf türkisch; ich sagte dazu: „Ankara, Ankara", und schob meine blaue Ausweiskarte hin und her, wobei ich den normalen Preis auf einem Zettel durch zwei teilte. Vergebliche Mühe! Das Fräulein machte Yok und warf den Schalter zu.

Suchend wandte ich mich nach Yavuz um. Er war nirgends mehr zu sehen; hingegen fuhr mein Zug soeben ein. Es ging um Minuten. Ratlos sah ich mich vor dem Stationsgebäude um. Weit, weit weg unter einer Akazie standen Yavuz und sein Bruder abgewandt bei meinem Gepäck. — „Hast du die Fahrkarte?" fragte mich Yavuz besorgt-vorwurfsvoll, als ich sie erreicht hatte. — „Yok!" — „Wieso nicht?" — Ich sagte gar nichts mehr, zuckte die Achseln, hob das Kinn, ließ die Augenlider niederfallen und schnalzte mit der Zunge. Mochte der Zug eben wegfahren. Was hatte das angesichts der ewigen Sterne zu besagen?

Betont langsam ging Yavuz mit meinem Ausweis zum Schalter, der sich inzwischen wieder geöffnet hatte. Alsbald sollte mich ein seltsames Schauspiel bannen:

Gehören Freunde verschiedenen Kulturen an, so wird die Scheidewand zwischen ihnen durch die Vertrautheit aufgehoben, um urplötzlich, auf ein einziges Wort, eine einzige Geste hin, neu zu erstehen. Der vertraut Geglaubte ist wieder und nur mehr Angehöriger einer fremden, unverständlichen Welt. Yavuz verwandelte sich unter meinen Augen. Er streckte seinen Kopf in Richtung Fräulein stark nach unten vor und zuckte ihn zweimal hin und her. Das Fräulein im andern Lager, aber von derselben Welt, antwortete in gleicher Weise; ihr gespannter Hals rüttelte den Kopf hinter dem Guckloch. Mit gereckten Hälsen und zitternden Köpfen verkehrten sie in der Sprache unbekannter Vögel. Yavuz sprach drei Worte. Das Fräulein murrte. Neuerdings beidseitiges Kopfzittern, und plötzlich lag meine Fahrkarte auf dem Tisch – für eine einzige Fahrt. Das Wunder war vollbracht.

Da junge Staaten — im Sinne einer modernen Republik zählt die Türkei, obgleich sie jahrhundertelang ein Großreich gewesen ist, zu ihnen — oft das Bedürfnis haben, forschenden Fremden ihr Wesen, ihre Bestrebungen und ihre Taten zu erläutern, wollte ich nicht verfehlt haben, neben all dem Wissen, das ich mir auf eigene Faust verschaffen konnte, ebenfalls das ins Auge zu fassen, was von offizieller Seite besonders gerne betont wird. Und das ist in der modernen, durch Atatürk neuorientierten Türkei mit ihrer Entwicklungsfreudigkeit und weitgehenden direkten oder indirekten Verstaatlichung von Bankwesen, Verkehr und Industrie eine Menge. Insbesondere hoffte ich, durch Kontakt mit den Behörden methodisch ein Bild von der Türkei zu gewinnen.

Daher wandte ich mich um Ratschläge und Empfehlungen an die Türkische Botschaft, die mich dem Ministerium für Presse, Rundfunk und Fremdenverkehr empfahl.

Nicht unfreundlich ließ man sich die Bitte um Anregungen, Adressen und Empfehlungsbriefe, welche zu Einblicken in Handel und Wandel der einzelnen Gegenden führen sollten, vortragen. Am übernächsten Tag wurde mir ein fünfzeiliger Brief überreicht, der mit „To whom it may concern“ überschrieben war und der Bitte Ausdruck gab, mir bei der Orientierung über Land und Leute Hand zu bieten. „Wäre es Ihnen nicht möglich, direkt an einige in Betracht kommende Persönlichkeiten zu schreiben oder, wenn dies zu viel Arbeit verursachen sollte, mir zum mindesten einige Namen und Adressen zu nennen?“ fragte ich. — „Durchaus nicht nötig. Dieser To-whom-it-may-concern-Brief ist an alle Menschen gerichtet." — „An alle und niemand", gab ich zu bedenken. „Einige feste Punkte wären doch nützlicher." — Aber milde wiederholte man: „Sie zeigen diesen Brief. Wem Sie wollen, dem Gouverneur ..."

So ausgestattet, trat ich an meine erste Aufgabe: Izmir. Ich bat um Audienz beim Gouverneur, wurde jedoch vom Gouverneurstellvertreter abgefangen. Nun, warum nicht. — „Ich bin erst seit vorgestern im Amt", erklärte der Stellvertreter, „aber selbstverständlich wird man Ihnen helfen; man wird Sie in Verbindung setzen ... selbstverständlich die Handelskammer ... selbstverständlich!" — Auch die gediegenen Herren seiner Umgebung nickten gediegen. Denn ob man beim Gouverneur oder Lumpensammler vorspricht, jeder an seinem Arbeitsplatz sitzende Türke ist ja ein Himmelskörper, der von andern Himmelskörpern umkreist wird. Verbindlich griff er zum Hörer; nach einem kurzen Telephongespräch kam die Eröffnung: „Ihre Sache wird in beste Hände gelegt. Der Leiter der lokalen Direktion für Presse, Rundfunk und Fremdenverkehr wird sich freuen, Ihnen zu helfen."

Dort faltete ich das Papier aufs neue auseinander und äußerte meine Wünsche: „Izmir ist der bedeutendste Exporthafen der Türkei. Die Produkte der Umgebung sind Tabak, Weinbeeren, Oliven, Baumwolle. Bitte, machen Sie mich mit Produzenten und Kaufleuten bekannt, die mir von diesen Dingen etwas erzählen können." — Der Herr antwortete mir mit der zuvorkommenden Frage, ob ich den „mayor" kennenzulernen wünschte. Da wir Englisch sprachen, verstand ich unter „mayor" selbstredend den Bürgermeister und bejahte, angenehm berührt. Wir betraten einen benachbarten Raum, an dessen großem leerem Schreibtisch anstatt eines „mayor" ein Major in eleganter Uniform thronte. Das hätte ich mir eigentlich denken können, hatte man doch für das Provisorium nach der Revolution den wichtigeren Zivilfunktionären jeweils einen Offizier beigegeben. Leider sah der Major nicht aus, als ob er Weinbeeren, Tabak und Baumwolle im Kopf hätte. Aber ich glaubte an seinen guten Willen und trank dankbar seinen Kaffee. Die beiden Herren sprachen inzwischen eine Zigarette lang miteinander auf türkisch, worauf mir der Direktor eröffnete: „Der Major hat einen vorzüglichen Gedanken. Er wird die Ausarbeitung eines reichhaltigen Programms veranlassen, das Sie hoch befriedigen wird. Wenn Sie diese Karte hier dem Direktor des Verkehrsbüros übergeben wollten."

Bei dieser Eröffnung hatten der Direktor und der Major Mienen aufgesetzt, als ob auf dem Verkehrsbüro ein wallender roter Plüschvorhang zur Seite rauschen werde, um in kunstvoller Beleuchtung meinen Augen alles Wissenswerte über die Stadt darzubieten. Tatsache aber blieb, daß ich bis jetzt, obgleich von Büro zu Büro geleitet, noch niemand getroffen hatte, der das mindeste mit Weinbeeren, Tabak, Öl und Feigen zu tun hatte, noch einen einzigen Namen in solchem Zusammenhang gehört hatte. Es ließ sich nicht verhehlen, ich schlitterte so bloß die Leiter der Verwaltungshierarchie Sprosse um Sprosse hinunter.

Das Verkehrsbüro war leicht zu finden. Es sah aus wie alle Verkehrsbüros. Einer freundlichen Dame hinter dem Tisch zeigte ich die Karte an einen Herrn, der nicht da war und in absehbarer Zeit auch nicht kommen sollte, dann, wie überall, das Schreiben „An denjenigen, den es angeht" und alle möglichen Ausweise. Und was tat die Dame? Sie trat mit freudigem Elan auf mich zu und überreichte mir strahlend — einen Prospekt von Izmir. Einen Prospekt, wie er zu Hause in den Reisebüros aufliegt und von dem ich irgendwo im Wagenpolster ein Exemplar aus der Heimat mitgeschleppt hatte. — Eine kalte Dusche! — Aber unentwegt, mit einladenden Gebärden, als überschütte sie mich mit zusätzlichen herrlichen Gaben, wies sie auf einen Kaffee trinkenden Herrn. — „Darf ich Ihnen den Direktor unseres Museums vorstellen; er kann Ihnen sicher viel Interessantes berichten." — Ich begrüßte ihn — leider ohne Begeisterung. Das Museum hatte ich bereits zweimal besucht, desgleichen je drei in Ankara und Istanbul. — „Gewiß, gewiß, sehr liebenswürdig", erwiderte ich daher ernüchtert, „aber ins Museum kann ich ja immer gehen. Hingegen wäre ich Ihnen sehr dankbar, wenn Sie mir helfen könnten, bei den Repräsentanten des Baumwoll-, Tabak-..."

Doch jetzt fiel die Patina beschwingter Gastlichkeit von der Beamtin ab. — „Sie können nicht immer ins Museum, sondern nur zu den Öffnungszeiten", bemerkte sie schnippisch, „Oliven und Trauben sind nicht reif und Tabak und Baumwolle ..." — „Aber die Leute, die sich mit diesen Produkten beschäftigen, müssen doch irgendwo sein", wandte ich ein, „vielleicht könnte man sich bei der Handelskammer erkundigen." — „Nein", warf nun ihr hinzugetretener Gatte ein, „die ist, soviel ich weiß, aufgelöst worden." — „Aber doch nicht die Firmen und Persönlichkeiten dieser Branchen; aus dem Telephonbuch ließe sich leicht ersehen ..." — Der Vorschlag wurde von dem Herrn mit den Worten abgeschnitten: „Gut, ich begleite Sie morgen zehn Uhr in die Zigaretten-Fabrik. Das weitere wird sich geben."

Die Führung durch die Zigarettenfabrik gab sich. Weiteres jedoch nicht, denn vor dem Tor der Fabrik nahmen wir den naheliegenden Abschied.

Hingegen hatte ich den türkischen Abwimmelungs-Trick kennengelernt. Dazu gehört, daß die zuständige Persönlichkeit nichts in der Sache tut, sondern einen dem nächst unteren Dienstzweig zuschiebt, der seinerseits nichts tut als weiterschieben – immer mit dem Hinweis, der Weg führe zur wirklich kompetenten Stelle. Auf solche Weise hat jeder seine Pflicht und doch wieder gar nichts getan. Dieses System ist — natürlich — nicht der Türkei vorbehalten; aber nie sah ich so prompten Leerlauf und schon gar nicht sein paradoxes Finale. Denn jener, der mit seinem Anliegen so reibungslos an der Nase herumgeführt worden ist, sieht sich schließlich gezwungen, anstatt mit Reklamationen mit überschwenglichem Dank zusammenzupacken! Ganz einfach so: Bald oben, bald weiter unten in der Hierarchie wird unter dem Vorwand, einen Dolmetscher zu stellen, eine Privatperson oder auch nur Beamter aus einem ganz andern Ressort zugezogen, der nun irgend etwas unternimmt oder bietet, aber nicht eigentlich das Gesuchte. Aber er tut es freiwillig, schuldet einem nicht das mindeste, ist ein edelmütiger Helfer, der Zeit und Kraft unentgeltlich opfert. Anstandshalber verabschiedet sich daher der so Bedachte und Enttäuschte, als wäre ihm ganz unverdient ein Stipendium zugefallen.

Unzählige Sachen müssen sich bei dieser höflich stilisierten Yok-Methode „von selbst erledigt“ haben. Nicht einmal Atatürk soll dem Leerlauf des osmanischen Amtsschimmels beigekommen sein.

Nach acht Tagen Antichambrieren in Ankara und Izmir – mit einem geschenkten Zigarettenpäckchen ratlos auf der Straße stehend – empfand ich das Bedürfnis, mir die anstrengende Dankbarkeit für nichts und wieder nichts von der Haut zu waschen.

Und dann ging es, wie es in der Türkei immer geht. Als ich am Strand gedankenlos Steinchen um Steinchen ins Meer warf, entstieg ihm ein Herr in mittleren Jahren und begann nicht weitab, ebenfalls Steinchen um Steinchen ins Wasser zu werfen. Wir kamen ins Gespräch, und ich erzählte ihm, wie es den hilfreichen Bemühungen von Magistraten und Beamten jeder Stufe schlechterdings unmöglich gewesen sei, mir auch nur einen einzigen Namen aus der Feigen-, Weinbeeren- und Baumwollwelt zu nennen, geschweige denn einen Kopf dieser Sparten zu zeigen. — „Wenn Sie mich ansehen, so haben Sie einen erblickt; was kann ich für Sie tun?“, versetzte er stolz und ein wenig verschämt. Und ehe die Sonne sank, hatte sich dem Baumwollmann ein Weinbeerenmann beigesellt. Aber „bald fehlt uns der Becher, bald fehlt uns der Wein“. Diesmal fehlte mir der Becher; mein Interesse an diesem Landstrich war in den letzten Tagen zu sehr strapaziert worden.

Eine Portion Yok und Fummeln im Hotel, eine Portion Yok und Fummeln in der Verwaltung. Aber nirgends geht sie dem Besucher so nahe wie bei den Autoreparaturwerkstätten. In diesen fand ich mich bei der ständig zunehmenden Reparaturbedürftigkeit meines Fahrzeuges mehr und mehr ein.

In den ersten Wochen meiner Reise kam ich mit einem Landsmann auf Autoprobleme zu sprechen. Sogleich brach er in einen Monolog bitterer Klagen aus: „Die Mechaniker haben mir meinen Wagen kaputtgemacht, meinen Wagen haben sie mir kaputtgemacht.“ — „Wer — doch nicht die Mechaniker?“ — „Das ist es ja, was ich

Ihnen erzähle, die Mechaniker." — Ich dachte, der Kummer über seinen Wagen hätte sein Urteilsvermögen etwas getrübt, und ahnte nicht, einem Omen für das Geschick meines eigenen begegnet zu sein.

Der Tourist macht oft die Entdeckung, daß sein Wagen gerade in der Reparaturwerkstatt neuerdings reparaturbedürftig wird. Das einfachste Beispiel: Ein Mechaniker klaubte, während wir noch die Arbeit besprachen, wie närrisch am Türknopf. Er drehte und drückte, bis er den Knopf abgebrochen und auf Nimmerwiedersehen im Spalt der Türwand versinken lassen hatte. Die Tür ließ sich monatelang kaum mehr öffnen. Andere wieder machen, wenn sie infolge mangelnder Hebeeinrichtungen Mühe haben, die schadhafte Stelle zu fassen, sich nichts daraus, einen Weg durch die Polster zu wühlen. Stück um Stück wird herausgerissen und fliegt in eine Ecke der Werkstatt. Hoffentlich denkt der Besitzer rechtzeitig daran, sie wieder einzubauen. Jemand anderem kommt das gar nicht in den Sinn. Denn Schrauben, Stifte und kleine Zwischenstücke läßt man davonrollen.

Es gibt nicht nur Reparatur-Werkstätten, wo man Schäden repariert und nebenbei neue verursacht, sondern auch vereinzelte, wo in erster Linie geschadet und nebenbei wieder etwas ausgebessert wird.

Herr Süleyman war ein edler Helfer. Er anerbot sich spontan, die Autosorgen der unberatenen Touristin in seine Hände zu nehmen, und verschob die eigene Arbeit auf morgen. Der Gedanke, ein sicherer Hafen im Trubel meiner Reise zu sein, nahm derart von ihm Besitz, daß er während einer Kontrollfahrt so diktatorisch automobilistische Befehle zu erteilen begann, wie sie bei uns Ehemänner ihren Frauen geben, in der Türkei aber vor allem des Lenkens unkundige Männer Frauen, in deren Wagen sie sitzen dürfen. — „Sie vergessen, daß ich Kapitän dieses schwankenden Kahnes bin", erlaubte ich mir zu bemerken. — „Sie vergessen", erwiderte er, „daß ich ein Türke bin und kommandiere." — „Wenn dem so ist, so laßt uns schleunigst in die Reparaturwerkstatt fahren. Dort kommandieren Sie drauflos und machen den Mechanikern Beine."

Wir suchten die Werkstatt seines Vertrauens auf. Ein winkliges und holpriges Gäßchen führte zu ihr. Sie bestand aus altem Gemäuer, einem Schuppen und einem Herrn. Dieser begrüßte meinen Begleiter würdig-demütig und bemühte sich eifrig, unsern Durst mit lauem Wasser aus einer Flasche zu löschen, die er ständig in der Hand behielt. Auch Zigaretten bot er uns an; nur für den Wagen schien sich niemand zu interessieren. Kein Mechaniker ließ sich blikken. Daß der Inhaber der Werkstatt nicht als Mechaniker anzusprechen war, lag auf der Hand; er war eben „Kapitalist", er finanzierte den Laden und die Arbeitskräfte, wobei er jedoch — wie nicht selten in der Türkei — dem Metier eigentlich fernstand. Erst nach einer vollen Stunde, zeigte sich der Arbeiter, der diese Werkstatt zur Werkstatt machte. Er begann dies und das an meinem Wagen anzufassen, wobei ihm zwei zehnjährige Jungen in öligen Anzügen Gesellschaft leisteten. Sie hoben den Wagen an der vorderen Stoßstange. — „Die Sache gefällt mir nicht", wandte ich mich an Herrn Süleyman. Doch er regte sich nicht. — „Die Stange bricht ihnen noch ab", rief ich ihm in das mir in der Türkei schon sattsam bekannte taube Ohr. Nachdem sein Gesicht von steinerner Gelassenheit endlich mit einem Blick sich aufnahmebereit zeigte, bat ich eindringlich: „Sagen Sie, man solle sofort aufhören, den Wagen an der Stoßstange zu heben; das ist ja blödsinnig!" — „Regen Sie sich nicht auf", kam es aus Herrn Süleymans Tiefen, „alles ist in bester Ordnung, ich schaue schon zu." — Es begann zu knirschen und knacken. — „Halt!" schrie ich. Aber bereits war es geschehen. Wie ein zerbrochener Zahn wackelte die Stoßstange an der Wagenfront und fiel bald hinunter. „Da wäre die Bescherung", wandte ich mich an Herrn Süleyman, der nun nicht mehr gelassen, sondern gefühllos wie ein Ausgestopfter wirkte. — „Sie schauen schon zu — in der Tat! Die Lust zum Kommandieren hat Sie im falschen Augenblick verlassen. Aus der Reparatur ist ein zusätzlicher Schaden entstanden." Herr Süleyman jedoch mahnte milde: „Nur Ruhe, Ruhe!" — „Ruhe, fürwahr, wenn mein Wagen in Stücke geht. Übrigens habe ich eine Abmachung um fünf Uhr. Wird die Sache bis dann erledigt sein?"

Jetzt war es bereits vier Uhr — das Wassertrinken und Abbrechen der Stoßstange hatten zwei volle Stunden beansprucht —, und ich konnte mir nicht vorstellen, wie ich in einer Stunde zum Besuch bereit sein sollte. Doch die Belegschaft der Werkstatt war durch das Abbrechen der Stoßstange ein wenig aufgerüttelt worden und machte sich mit geweckteren Lebensgeistern an deren Befestigung. Der Inhaber erschien erneut mit einer Flasche lauen Wassers und bot mir mit aufreizender Ruhe ein Glas an. Als die Stoßstange endlich nebst neuen Beulen und Kratzern wieder am Wagen war, zeigte sich, daß man das Nummernschild vergessen hatte und es — aus unerfindlichen Gründen — nicht mehr am alten Platz befestigt werden konnte. Es war bereits sieben Uhr, als der eigentliche Mangel in Augenschein genommen wurde, wobei sich sogleich herausstellte, daß die Werkstatt außerstande war, ihn zu beheben. So lotste ich den Wagen reparaturbedürftig wie fünf Stunden vorher, aber in seinem Äußern bedeutend reduzierter, durch die schmale Gasse in die Stadt zurück.

Es blieb noch übrig, mich schleunigst für den ausgefallenen Besuch zu entschuldigen. Herr Süleyman war von dieser Absicht nicht begeistert. Er meinte, wir bedürften dringend eines soliden Nachtessens.

Ich ließ den Wagen mit Herrn Süleyman vor dem Hause der beiden Studentinnen, die mich eingeladen hatten, stehen und eilte hinein, nicht ohne versprochen zu haben, nur drei Minuten zu verweilen. Wie ich mir vorgestellt hatte, war die Familie vollständig beisammen, und der Vater hieß mich in aller Form willkommen. Ich war durch die zeremonielle Begrüßung gerührt. Gerade die konventionellen Formen werden von Türken oft mit Ernst und Sorgfalt eingehalten, wodurch jene nie leer wirken und dem Kontakt ein solides Gerüst menschlicher Würde geben. Allerdings sah ich auch, daß keine Rede davon sein konnte, mich geschwind zu entschuldigen. Wenn ich schon Zeit hatte, mich zu entschuldigen, hatte ich wohl auch Zeit, mit ihnen einen Likör zu trinken. Und da es zur türkischen Gastfreundschaft gehört, nicht unverzüglich etwas anzubieten, da der Gast daraus entnehmen könnte, man wolle ihn los sein, ließ auch der Likör noch ein Weilchen auf sich warten.

Während wir höflich und mühselig mit Hilfe verschiedener Sprachbrocken plauderten, ertönte mit einem Mal wildes Hupen. Nicht nur Aufregung, auch Ruhe ist ansteckend. So plauderte ich ruhig weiter. Aber neues Hupen hob an, wilder und wilder, erst in Abständen und dann unaufhörlich.

Schließlich kam ich, um nach dem Rechten zu sehen. Der Wagen ging in einem Haufen Halbwüchsiger unter. Ich bahnte mir einen Weg zu ihm und fand darin als Kern des Auflaufs Herrn Süleyman, den Berg unerschütterlicher Ruhe, puterrot und schweißgebadet — die Hand auf der Hupe. „Los!" keuchte Herr Süleyman, „los! Entsetzlich! Sie fragten mich, ob ich Ihr Ehemann sei."

Diesmal war es an mir, unbeeindruckt zu sagen: „Immer mit der Ruhe. Erholen wir uns bei einem soliden Nachtessen. Sie von dieser teilnehmenden Frage, ich von der Begegnung mit der typischen Reparaturwerkstatt."

Die einen und anderen meiner türkischen Bekannten fanden die Mechaniker nicht so schlecht wie ich. „Wir haben keine Schwierigkeiten", hieß es. Ich zweifelte nicht daran, denn pointiert ließe sich dazu sagen: Erstens hat man kein Auto [Taxi inbegriffen, nur 46 000 Personenwagen (1961), also weniger als Lastwagen und nur viermal mehr als Autobusse]. Wer doch eines haben sollte, fährt damit nicht. Und wer doch fahren sollte, hat seinen Chauffeur. Wer aber keinen hat, hat einen Vertrauensmann zur Hand, der Chauffeur des Wagens eines anderen ist oder sonst ein besonders heller Kopf, dessen Personalien man auch den besten Freunden nicht verrät.

So entgehen die türkischen Autobesitzer den Yokeleien in den Reparaturwerkstätten. Glücklicherweise übrigens auch die meisten Touristen, da ihr meist nur auf Wochen befristeter Besuch sie nicht allzu abhängig von ihnen werden läßt.

Lichtpunkte: die originellen Köpfe

Nicht nur das „Unglück“ des Besuchers, auch das „Unglück“ der einheimischen Bevölkerung scheint mir zum guten Teil von Yokeleien und Fummeln herzurühren. Es besteht darin, daß im kleinen wie im großen zu vieles nicht so recht klappt. Auf der andern Seite ist ja „Glück im Unglück“ in der Türkei etwas, auf das man sich beinahe verlassen kann — wiederum nicht der Tourist allein, auch die Türken, ja die Türkei selbst.

Glück im Unglück hatte die Türkei zum Beispiel nach dem Ersten Weltkrieg, als sie kurz vor dem totalen Zusammenbruch in Mustafa Kemal einen Führer erhielt, der sie innerhalb kürzester Frist zwar nicht gerade wie einen Phönix aus der Asche, aber doch als konsolidierten und respektierten Nationalstaat erstehen ließ.

Diese seltsame türkische Regel des Glücks im Unglück geht nicht auf Geheimnis zurück, sondern zu einem gut Teil auf ganz bestimmte Tatsachen, deren wesentlichste die unbeirrte Tätigkeit zahlreicher origineller Köpfe ist. Diese haben sich ihre Ziele selbst gesetzt und verfolgen sie unerschütterlich. Ihre geistige Selbständigkeit ist außergewöhnlich. Welche berufliche Bildung sie jeweils gehabt haben mögen, bei der Vorbereitung auf ihre eigentliche Leistung sind sie meist auch ihre eigenen Lehrmeister gewesen. Sie blicken weder nach links noch rechts, sondern bauen auf, was ihnen vorschwebt. Ihre Vision mag sich auf Teile oder das Ganze ihrer Lebensgestaltung, auf kleine oder große Aufgaben beziehen. Sie können sich ein kleines Reich oder auch eine Welt erschaffen. Es gibt sie auf jeder sozialen Stufe.

Unnötig zu sagen, daß ich einen der repräsentativsten originellen Türken selbstverständlich durch einen anderen originellen Türken kennenlernte — und ebenso selbstverständlich nicht auf dem „Dienstweg“, sondern auf einem der in der Türkei so hurtig zum Ziel führenden Umwege Kismets.

In Konya entschloß ich mich, krank zu sein. Grund war ein einladendes Hotel. In der Türkei kann der Tourist nicht etwa krank sein, wenn er es ist, sondern nur dann, wenn er ein dazu passendes Hotel gefunden hat. In Konya also glaubte ich, mich erholen zu können, nahm nach dem Mittagessen Aspirin, legte mich ins Bett, schloß die Augen und wartete auf Heilung. Nicht lange. Nach fünf Minuten schrillte das Telephon. Und auf amerikanisch vernahm ich: „Entschuldigen Sie die Störung. Aber als Redakteur von ‚Yeni Konya' erkundige ich mich hier und da bei der Hoteldirektion, ob ein Ausländer abgestiegen ist. So habe ich denn von Ihrer Ankunft gehört und bitte Sie um ein kleines Interview für meine Zeitung." — Ein Wort gab das andere. — „Ich zeige Ihnen alles, was Sie hier sehen wollen. Wir machen einen Plan! Auf Wiedersehen in zehn Minuten!"

Es wäre nun schön zu sagen, mein Katarrh hätte sich wie durch Handauflegen verflüchtigt. Das war leider nicht der Fall. So schleppte ich mich in die Halle zu dem jungen Cicerone. Dieser hatte aus seiner Studienreise in den USA nun wirklich das Bestmögliche gemacht und vielerlei Nützliches für seine Arbeit zusammengesucht und nach Hause getragen. Ohne Umschweife schlug er vor: „Wir sehen uns alles an. Es gibt hier Mühlen, Silos, alte Karawansereien, landwirtschaftliche Mustergüter, eine Teppichindustrie, das weltberühmte Mevlâna-Kloster, welches nach der Aufhebung des Ordens der Tanzenden Derwische mit seinen Schätzen und Mausoleen ein Museum geworden ist, und last not least unsere Zeitung und Druckerei."

Unverzüglich machten wir uns an die Ausführung des Planes. Es ging wie am Schnürchen, bis der junge Redakteur kritisch ein hinteres Rad betrachtete, als ich den Wagen im jahrhundertealten, ehrwürdigen Schutt von Sille wendete: „Es streift ständig den Kotflügel." — In der Tat, das war jenes Geräusch, welches ich in den letzten Tagen erfolgreich in die Tiefen des Unterbewußtseins gestopft hatte. Er nahm sich der Sache an, und wir fuhren zur Garage anstatt zum Silo. „Es wird eine oder zwei Stunden gehen", meinte der Mechaniker und ließ uns Kaffee servieren. Man telephonierte dem Teppichindustriellen, bei dem wir auf vier Uhr angemeldet waren, um unseren Besuch vorsorglicherweise etwas zu verschieben. Nachdem wir den Kaffee ausgetrunken hatten, schien die Zeit stillezustehen. Eine Stunde verging. Zwei Stunden vergingen. Drei Stunden waren verflossen. Immer noch war der Wagen nicht fertig. Man hatte in die Stadt geschickt, um ein annäherndes Ersatzstück zu finden. Warten ist schlimm, warten in der Hitze noch schlimmer. Selbst die Munterkeit meines Begleiters war erschöpft, nachdem er dem Industriellen noch einmal telephoniert und den Bescheid erhalten hatte, wir sollten einfach kommen, wenn die Reparatur fertig sei. Vier Stunden waren inzwischen vergangen; die Sonne ging unter.

Als die Reparatur beendigt war, zog bereits die Dämmerung über die Wüste heran. Wollten wir wirklich noch die Teppichmanufaktur aufsuchen? Würden wir überhaupt noch erwartet? Vor lauter Müdigkeit entschlossen wir uns, eisern am Programm festzuhalten. — Ein Hund an der Pforte des Fabrikareals bellte uns an; sonst war es totenstill. Endlich erschien der Pförtner. Sein Chef sei längst heimgegangen. Nichtsdestoweniger telephonierte er sogleich, und wir erhielten den Bescheid, man komme. Ich hatte mich beim Wunsch ertappt, der Fabrikbesitzer möge gar nicht mehr erscheinen. Als ob er meine Gedanken erraten hätte, sagte mein Führer unvermittelt: „Selbstverständlich reden dann Sie mit ihm." — „Nein, Sie", erwiderte ich, „ich falle um vor Erschöpfung." — „Er zeigt den Betrieb Ihnen, nicht mir." — „Aber Sie kennen ihn persönlich. Sie lassen ihn reden und sagen ab und zu ein Wort; ich lehne mich an die Wand und sage nichts." — Noch hatten wir uns nicht geeinigt, da erblickten wir die nahenden Scheinwerfer.

Kemal Seli, ein ungemein jung wirkender Mann, entstieg dem Wagen und schritt auf uns zu — „cool as a cucumber". So kerzengerade schritt er einher, daß man an die Luftsäule denken mußte, die in unendliche Höhen führend auf seinem Kopf stand. Wir gingen durch die Beton-Hallen — oder waren sie aus Backstein? — Ich war schläfrig und müde und hörte seine Stimme nur von ferne.

„Zur Zeit der Gründung hatte ich keine Erfahrung in der Teppichindustrie. Aber sie bot besonders gute Aussichten, mit einem Minimum an Aufwand, Schwierigkeiten und Zeit ein Maximum an gut verteiltem Einkommen zu bieten." — Diese Worte weckten mich. „Wolle ist ja reichlich im Land. Wolle, von welcher der Produzent nicht einmal weiß, ob er sie überhaupt absetzen kann. Arbeitskräfte haben wir ebenfalls reichlich, und die Technik des Knüpfens ist noch vielen vertraut. Was liegt daher näher, als durch eine arbeitsintensive Veredelung, wie sie das Teppichknüpfen ist, den Wert dieser Wolle zu vervielfachen. — Kaum war das Unternehmen gegründet, so wurde uns ein besonders interessanter Auftrag zuteil: die Ausstattung des neuerbauten Hilton-Hotels in Istanbul mit Teppichen." — In seinen schönen, großen Räumen wandelt man auf einer weichen grünen Wiese — diese Wiese also war Selis Meisterstück. „Die eigentliche Aufgabe meines Werkes ist jedoch nicht, dafür zu sorgen, daß es soundso viel mehr Teppiche auf der Welt gibt, sondern möglichst vielen meiner Landsleute Vertrauen in die eigene Arbeit zu geben, ihnen zu zeigen, wie sie in der Lage sind, ihren Lebensstandard aus eigener Kraft, mit eigenem Können zu heben."

Gebannt hörte ich zu und vergaß die Müdigkeit. Ich traute meinen Ohren nicht. Da stand vor mir ein Türke, der anders als so viele den Finger auf den entscheidenden Punkt in der Entwicklung der Türkei gelegt, der erkannt hatte, daß es den Türken zur Prosperität nicht in erster Linie an repräsentativen Fabrikkomplexen und hypermoderner Mechanisierung gebricht, sondern am Arbeitsethos, am Vertrauen in den Wert der eigenen Anstrengung und der Ausnützung der besonders naheliegenden Chancen, die das Land bietet. Er besaß diese Erkenntnis und darüber hinaus: den Geist und die Energie, um im Handumdrehen praktische Schlüsse zu ziehen, welche als Probe aufs Exempel die Richtigkeit seiner Erkenntnis glänzend bewiesen.

Besonders faszinierte mich sein Gang vom idealistischen Theoretiker zum materiell und schließlich sogar ideell erfolgreichen Praktiker. Seiner Arbeit, der Schaffung von Arbeit für andere, folgte im

Wirkungsradius seines Werkes jene in der Türkei so erstrebte wie schwer zu verwirklichende Modernisierung der Arbeitenden — logischerweise — auf dem Fuß. Ich bin noch niemandem begegnet, der durch ein so klares Erfassen der wirtschaftlichen Grundfragen und zugleich durch eine so richtige Beantwortung derselben bis in die äußersten praktischen Konsequenzen — im Rahmen der ihm persönlich zur Verfügung stehenden Mittel — sich seinen beruflichen Wirkungskreis geschaffen hätte.

Kemal Seli arbeitete nach Studien in Deutschland und den USA im Bankbetrieb der Wall Street. Ein Grundproblem der westlichen Zivilisation, das Eindämmen des Kommunismus durch die Verbesserung der chaotischen Verhältnisse allenthalben, beschäftigte ihn wie eine persönliche Frage. Er zog sich von den Geschäften aufs Land zurück, dachte nach und legte seine Antwort in einem Werk „The New Aera“ nieder. Als die Herausgabe zur Disskussion stand, erschien Kemal Seli praktisches Handeln unvergleichlich dringender als Worte und nochmals Worte. Dabei dachte er besonders an die Entwicklungsländer. Er gehörte zu den wenigen, die klar sahen, daß die Unsummen, die für moderne Werkzeuge und Fabriken, Elektrizitätswerke und Straßen aufgebracht werden, vertan wären, wenn übersehen würde, daß es gleichzeitig gilt, in den Menschen den Willen zu einem höheren Lebensstandard, zur Selbsthilfe und zu jener Leistungsqualität, die der höhere Lebensstandard eben erfordert, zu wecken.

Der Tod seines Vaters rief ihn in die Türkei zurück, wo er unvermittelt in einem Rahmen stand, der die Möglichkeit bot, seine Ideen über die wirtschaftliche Entwicklung unterentwickelter Zonen in die Tat umzusetzen und sich bewähren zu lassen. Welches Gebiet man auch ins Auge faßte, theoretisch mußte die Lösung auf den einen Nenner zu bringen sein: Veredelung eines im Lande vorhandenen, nicht besonders gefragten Rohmaterials durch einheimische Arbeitskräfte zu einem Endprodukt, das ein Vielfaches des aufgewendeten Wertes darstellt. Unerläßlich schien ihm dabei, daß die mit der Veredelung des Rohmaterials, mit der Industrie verbundene Aufnahme der Arbeit nicht eine desorganisierte Massenansammlung von Menschen an einzelnen Orten mit sich bringen durfte, sondern so zu disponieren war, daß keine Entwurzelung stattfand.

Kemal Seli erwog verschiedene Möglichkeiten, um sich schließlich für die Teppichindustrie zu entscheiden. So gründete er das beste und mit seinen rund zweitausend Arbeitskräften bedeutendste Teppichunternehmen der Türkei — ohne jede persönliche Erfahrung in dieser Branche, aber von richtigen Grundsätzen ausgehend und die praktischen Gegebenheiten richtig einschätzend. Organisatorisch sieht sein Werk folgendermaßen aus: Nahe seiner Vaterstadt Konya errichtete er die Zentrale, wo wir zu Gast waren. Hier wird die Wolle gewaschen, sortiert, gefärbt und gesponnen. Musterzeichnen, Scheren und Waschen der Teppiche wird ebenfalls hier ausgeführt. Die eigentliche Knüpf- und Web-Arbeit jedoch wird in weit auseinanderliegenden Arbeitskreisen besorgt, in der Umgebung von Konya, Izmir und Trabzon.

Ursprünglich hatten sich die Webstühle in den Häusern von Bauernfamilien, die man mit Arbeit und Material versorgte, befunden. Da jedoch die Kontrolle der Qualität und Produktion durch Zentralisierung der Webstühle erleichtert wird, wurden sie allmählich Dorf für Dorf in besonderen Räumlichkeiten aufgestellt. Zur Arbeit an den einzelnen Webstühlen wird jeweils eine Familie verpflichtet. Die Konya-Zentrale führt über Leistungen jedes Webstuhles wöchentlich Buch, so daß mit einem einzigen Blick auf die entsprechende graphische Darstellung der Produktionsstand abgelesen werden kann. Parallel zu diesem Ausbau wurden Arbeitskräfte angeworben und eingearbeitet. Gerade hier bestehen Schwierigkeiten, von denen man sich im Westen keine Vorstellung macht. Es gilt nicht nur, den Stolz auf die gute Leistung, sondern sogar die Freude an ihrem materiellen Lohn — keine Selbstverständlichkeit bei Türken — zu wecken. Dabei war die weitgehende Heranziehung weiblicher Arbeitskräfte und ihre Eingliederung auf der Basis der Gleichberechtigung eine harte Pionierarbeit, wenn man in Betracht zieht, daß in der Türkei noch heute die Neigung herrscht, der arbeitenden Frau — der unteren Schichten wohlverstanden — unverblümt lockeren Lebenswandel nachzureden, gerade weil sie arbeitet.

Mit der Weckung und Förderung des Arbeitsethos steht Kemal Seli nicht allein. Ohne auch nur zu suchen, habe ich auf den verschiedensten Ebenen fortschrittliche Türken immer wieder angetroffen. Da ist zum Beispiel auch Ayşei Abla, „Ältere Schwester", eine einzigartige Pädagogin.

Als ich im Autobus auf dem Weg zu ihr den Zettel mit dem Namen der Autobusstation las, stutzte ich. Hatte man mir eine ungenügende Auskunft gegeben? Hatte ich nicht richtig hingehört oder mich verschrieben? Denn Autobusstation und Name der Pädagogin schienen genau gleich zu lauten. Hieß sie oder die Bus-Station Ayşei Abla? Wie dem auch war, der Bus-Schaffner wußte sofort Bescheid und zeigte mir, wo ich aussteigen mußte. Da stand ich also an der Haltestelle „Ältere Schwester" und mußte sie nun noch leibhaftig finden. Ich wandte mich an eine Passantin: „Ayşei Abla?" Sie wies auf ein größeres Gebäude, eine Schule. Sollte auch diese noch „Ältere Schwester" heißen? Was eigentlich hieß hier nicht so?

Ein Strom von Kindern stürzte die Treppe herunter. Ich trat auf eine der modern gekleideten, jungen Lehrerinnen zu: „Ältere Schwester?" Als kurz darauf eine lebhafte Fünfzigerin auf mich zutrat, wußte ich mich am Ziel: Das war die eigentliche Ayşei Abla.

Beim Kaffee bot sich Gelegenheit, mit der naheliegenden Frage herauszurücken. „Lösen Sie mir das Rätsel! Sie heißen Ayşei Abla, die Schule heißt Ayşei Abla und selbst die Bus-Station." — Ayşei Abla lachte. „Eigentlich war ‚Ältere Schwester' das Pseudonym, unter dem ich meine Radio-Vorträge hielt, die Kinderstunde und die Beratungen in Erziehungsfragen. Es blieb an mir hängen, und als ich meine Schule gründete, übertrug sich die Bezeichnung auch auf diese. Da die Schule nun einmal so genannt wird — sie heißt nicht so, denn wir haben ja nicht einmal ein Namensschild am Gebäude —, wurde Ältere Schwester auch noch die Bezeichnung für die Haltestelle."

„Aber beginnen wir am Anfang. Schon während meiner pädagogischen Studien in den Vereinigten Staaten schien mir, die erste Stufe der Kinder-Erziehung sei Eltern-Erziehung. Als Lehrerin der englischen Sprache wieder daheim, ließ es mir keine Ruhe. Ich übernahm die Kinderstunde am Radio unter der Bedingung, daß man mir zugleich eine Stunde für Erziehungsberatung gestatte — eben als ‚Ältere Schwester'. Bei diesen Beratungen gingen wir jeweils vom Hintergrund einer fingierten Familie aus. In ihrem Schoß ließen wir alle Fragen, die sich in einer Familie immer stellen mögen, auftauchen und behandelten sie. Damit auch ja kein Problem durch die Maschen fallen sollte, hatten wir unsere Familie — immer im Rahmen der Sendungen — sogar auf Zwillinge, ein Nesthäkchen und Schwiegereltern in Hausgemeinschaft erweitert. Ausgehend von einer größeren oder kleineren Tagesaktualität, stießen wir zu den eigentlichen pädagogischen Fragen vor."

Ayşei Abla hatte mit ihren Plaudereien ins Schwarze getroffen. Wo immer eine Familie Hunderte und Tausende von Kilometern entfernt ihren Worten lauschte, sah man sich erfreut, verwundert oder auch betroffen an. Wie kam die „Ältere Schwester" dazu, genau das Thema aufzugreifen, das man hier in den eigenen vier Wänden soeben besprochen hatte? Wie war es möglich, daß sie die verschiedenen Standpunkte der einzelnen Familienmitglieder Wort für Wort kannte? Man begann, sich an sie um Rat zu wenden. Man diskutierte an besonderen Zusammenkünften in ihrem Geiste die Probleme der Kinder-Eltern-Beziehung. In den Städten, den Dörfern bildeten sich Clubs der „Älteren Schwester". Ayşei Abla war ein Begriff, eine allgegenwärtige Autorität in Erziehungsfragen geworden — zugleich aber auch Mutter eines Sohnes.

Sie hätte nicht Ayşei Abla sein müssen, um nicht einen Kindergarten um ihn erstehen zu lassen. Nach wie vor Englischlehrerin, finanzierte sie ihre Gründung aus den Einkünften ihres Unterrichts. Der Kindergarten wurde bald ein so lebendiger Organismus, daß er mit der fällig gewordenen Schulpflicht des Sohnes sich im Hinblick auf die älteren Kinder fast von selbst in eine erste Klasse der Elementarschule wandelte. Nichtsdestoweniger wurde der Kindergarten weitergeführt, denn zahlreiche Eltern hatten sich darauf verlassen, auch die jüngeren Geschwister der bisherigen Kindergarten-Besucherlein schicken zu können. Als zu gegebener Zeit der Sohn und seine Schulkameraden in die zweite Klasse befördert wurden, ging es mit der ersten Klasse wie vorher mit dem Kindergarten. Sie blieb, denn auf sie warteten die ältesten der einst jüngsten Kindergartenkinder, und wie zuvor blieb auch der Kindergarten. So wurden eine Elementarschule und eine Mittelschule aufgebaut. Mit dem herangewachsenen Sohn war schließlich eine komplette Schule entstanden.

Die besondere Bedeutung Ayşei Ablas liegt neben ihren psychologischen und pädagogischen Talenten, die sich mit großer Redner- und Unterhaltungsgabe verbinden, wie bei Kemal Seli — wie bei den originellen Türken überhaupt — darin, daß Wurzel und Prinzip dieser „Unternehmen" ein einziger, autonom wirkender, unbeirrbarer Geist ist, der sein Ziel, das andern in unerreichbarer Ferne zu liegen scheinen mag, auf einem einfachen und unerwarteten Weg in kurzer Frist erreicht. Die Zahl dieser schöpferischen türkischen Realisatoren — der Oasen in der Yok-Wüste — ist vielleicht so groß, daß sie die Wüste einmal in einen blühenden Garten verwandeln könnte.

Ein Reichtum an seltenen Tugenden

Wer die Reise in ein fremdes Land plant, denkt gerne viel an das Land und wenig an seine Bewohner. Bei Staaten, mit denen sich bestimmte Begriffe verbinden, wie etwa mit der Schweiz und Griechenland — hier die mit Marmorsäulen verzierte „Wiege europäischer Kultur" an sonnigen Gestaden, dort die von etwas regnerischen Winden geschaukelte „Wiege der Freiheit" inmitten der Berge und Gletscher —, übersieht der eine und andere gerne die charakteristischen Eigenheiten ihrer Bevölkerung.

Ist man heimgekehrt, so hat sich das Blatt gewendet: In der Erinnerung sind Kulturdenkmäler und Landschaften in den Hintergrund getreten, die unerwarteten „Einheimischen“ mit ihren Eigentümlichkeiten aber sind die echte Erfrischung. Das andere — was immer es sei — gehörte zu unserem Reisegepäck; wir hatten es selbst mitgebracht, um es in der vermeintlich richtigen Szenerie aufzustellen.

Daher sind in der Türkei trotz der Riesenauswahl an Sehenswürdigkeiten die eindrucksvollsten: Höflichkeit, Freigebigkeit, Großmut und Gastfreundschaft der türkischen Bevölkerung. — So recht fühlbar wird die türkische Höflichkeit erst, wenn man wieder zum Land hinaus ist. Dann vermißt man unversehens etwas, das selbstverständlich wie die Luft geworden ist. Das Heimweh danach beginnt bereits an der Grenze.

Die türkische Höflichkeit ist so unaufdringlich, daß es sogar eine Weile geht, bis man sie wahrnimmt. Denn wir verbinden mit Höflichkeit die Vorstellung eines regen Mienenspiels, das dem türkischen Antlitz fehlt. Es ist im allgemeinen weniger beweglich als das europäische; es wird viel weniger gelächelt. Die Ausdrucksskala scheint geringer zu sein. Während es auf der einen Seite befremdet, mitunter Gesichter zu sehen, auf denen jeder Ausdruck fehlt, die wie eine hölzerne Larve wirken, so ist es hinwiederum angenehm, Gegenüber mit ruhigen Gesichtern zu haben. Wenn gestikuliert wird, so immer mit streng stilisierten Gebärden. In der Türkei habe ich die ersten und letzten sanften Gesichter gesehen. Sanftheit ist wirklich nicht das, was man von Türken erwartet; nichtsdestoweniger ist der friedliche, vollständig entspannte Gesichtsausdruck ein typisch türkischer Habitus.

Ich kann mich auch nicht an einen einzigen aufgeregten Türken erinnern. Eine Feststellung, die allerdings nicht nur Lob bedeutet; denn manchmal wird die Seelenruhe zur dicken Haut. So selten Türken die Gründe des europäischen Aufgebrachtseins von Fall zu Fall erfassen, sowenig nehmen sie es übel und lassen sich davon anstecken. Das heißt nicht, daß Türken nicht zornig werden können. Zwar wird nach meiner Beobachtung weniger als in jedem westlichen Kulturstaat gekeift, gefuchtelt und gebrüllt, aber es kann vorkommen, daß zwei ineinander verbissene Streiter einem als Knäuel vor die Füße rollen — oder auch vor die Räder. Auf dem Atatürk-Boulevard in Istanbul mußte ich vor einem solchen Paar bremsen, es achtete nicht einmal mehr auf den Verkehr. Unbekümmert, nur vom Gedanken beherrscht, den Gegner zu überwältigen, überquerten die beiden, vor und zwischen den Kolonnen der stillgelegten Fahrzeuge ringend, die Straße und kollerten auf der anderen Seite in unasphaltiertes Dunkel.

Solche Zweikämpfe sind nicht selten und enden meist damit, daß der eine, knockout, wie ein Kartoffelsack in eines jener zu heiteren Zwecken bestimmten kleinen Kütschchen, die in keinem türkischen Stadtbild fehlen, verfrachtet und in munterem Trab heimspediert wird. Selbst bei diesen Wutkatastrophen geht es merkwürdig lautlos und gesittet zu.

Überhaupt wickeln sich Auseinandersetzungen geordnet ab. Jeder bringt seine Sache vor, ohne daß er unterbrochen wird, der Aufmerksamkeit des Gegners und der Umstehenden gewiß. Erst wenn er ausgeredet hat, ergreift der andere das Wort. Eine Art privates Gericht scheint bei Disputen abgehalten zu werden.

Dieser eigentümlichen formellen Sachlichkeit — die materielle Sachlichkeit bezweifle ich, denn Türken bemühen sich in Disputen oft weniger als Europäer von gleicher Bildung um das Wesentliche — eignet etwas Militärisches, wie Türken überhaupt von militärischem Geist durchdrungen sind. Gerne wird daher bei einer Rechenschaft der sozial oder altersmäßig übergeordneten Person gegenüber eine Art von Achtungstellung angenommen. In Äußerlichkeiten wird genau auf Rangordnung gehalten, wobei zugleich eine für uns verwirrende Vertraulichkeit zwischen „Herr“ und „Diener“ besteht. So selbstverständlich der „Diener“ dem „Herrn“ selbst ein leichtes Gepäckstück trägt, so selbstverständlich mischt er sich beim Auftragen der Speisen gelegentlich ins Tischgespräch.

Auch im Verhältnis von Erwachsenen und Kindern wird Wert

auf Respekt gelegt. Ein Kind hat dem Erwachsenen, selbst irgendeinem Erwachsenen, zu gehorchen. Das zurechtweisende Wort des alten Schuhputzers wird von den Gassenbuben eingesteckt. Angesichts der relativen Beschäftigungslosigkeit der Jugendlichen und des intensiven Gruppenlebens auf der Straße scheint es wenig Halbstarke zu geben.

Die türkische Höflichkeit besteht zum Teil darin, daß sich der zwischenmenschliche Verkehr – übrigens in allen Schichten – viel stärker als im europäischen Westen unter Beobachtung feststehender Formen abspielt. Dabei wird das, was mir als eindrucksvolles solides Formengerüst erschien, gegenüber den alten Verhältnissen, jenen vor dem Ersten Weltkrieg, wohl schon halbwegs Auflösung sein. — Sosehr im direkten persönlichen Kontakt auf gute Formen gegeben wird, sowenig aber in der äußeren Erscheinung. Männer der unteren Schichten kratzen sich ungeniert an allen möglichen Orten. Sie spucken mit einer Häufigkeit und Virtuosität nach links und rechts und einem vor die Füße, die ein intensives Training voraussetzt. Rülpsen ist durchaus nicht *mal vu* — auch in den gehobeneren Schichten nicht. Und die Neigung zum Fummeln bringt es mit sich, daß die Finger sich zu sehr mit der eigenen Person beschäftigen.

Die türkische Höflichkeit bleibt nicht in Gesten und Worten stecken, sondern geht weit darüber hinaus bis zu angemessenen Empfindungen — eine gewaltige Kulturleistung. Ist es menschenmöglich, daß die Türken keine Schadenfreude verspüren? Haben sie so viel Selbstbeherrschung, um sie zu verbergen, oder vermag ihre Auffassung, daß Edelmut zur Menschenwürde gehört, dieses Urgefühl abzudrosseln? Wie dem auch sei, ich habe unter Tausenden vielleicht nur bei zwei, drei Personen je Schadenfreude bemerkt. Dabei gibt ein Tourist mit einem gefährdeten Fahrzeug unerschöpflich Anlaß dazu. Aber nein! Eher weinen sie mit den Weinenden.

Da man die instinkthafte Schadenfreude nicht aufkommen läßt, ist das türkische Leben so gut wie frei von hämischer Freude. Während im Westen nicht nur witzige und zugleich verletzende Bemerkungen für geistreich gehalten werden, sondern oft schon bloß verletzende, gerade weil sie verletzen, stehen die Türken über solchen Freuden. So versteht es sich von selbst, daß, wie bizarr sich auch ein der türkischen Sprache Unkundiger ausdrücken mag, niemand sich das geringste anmerken läßt. Niemand benutzt seine sprachlichen Schwierigkeiten zu billigem Witzeln.

Die Weigerung, der Schadenfreude nachzugeben, ist nicht die einzige gute Form, die den Türken zur zweiten Natur geworden ist. Eine andere ist der Grundsatz, in Frieden miteinander zu leben. Sie nähen die kleinen Risse eines Streites im guten Einvernehmen so rasch wie möglich zu, damit die Differenz nicht weiter einreißen kann. Wo zwei aneinandergeraten sind und sich die Meinung gesagt haben, reichen sie sich nachher wie zwei Champions nach dem Wettstreit die Hand. Es wird Frieden geschlossen. Nicht nur unter den Augen der Freunde, sondern selbst unter den Auspizien des Amtsschimmels.

Auf der Post überschüttete ein aufgebrachter junger Mann einen Schalterbeamten mit Vorwürfen. Scharfe Worte fielen, aber allmählich schien sich der Zorn des empörten Bürgers zu legen. Ich traute meinen Augen nicht. Wahrhaftig, er tätschelte dem Beamten liebevoll die Wange, zur Entschuldigung für seine — wahrscheinlich berechtigten — Vorwürfe und zur Versöhnung. Und dieser faßte durch den Schalter hindurch mit beiden Händen den Arm des Gegners. Für das Auge jedenfalls schieden sie als Brüder.

Wie die Höflichkeit gehört für Türken auch die Freigebigkeit zur Menschenwürde. Ihr liegt unter anderem eine Ablehnung des Gelddenkens zugrunde. Dieses wird als ein alles vergiftender Charakterzug betrachtet. Warum eine menschliche Beziehung durch finanzielle Transaktionen, hätten sie auch nur den Charakter eines kleinen Trinkgeldes, erniedrigen? Warum eine freundschaftliche Beziehung durch Geld zur geschäftlichen werden lassen?

Das Geld ist nicht das erste, sondern immer das letzte, an das ein Türke bei seiner Beziehung zu den Mitmenschen denkt. Aber leider hat die Begabung mit so viel Edelmut selbstverständlich auch ihre Schattenseiten. Ob geldgierig oder nicht, auch ein Türke ist natürlich lieber reich als arm. Da ihm aber anders als dem westlichen Menschen die Liebe zur Arbeit abgeht, wird oft recht grobschlächtig dreingefahren, wenn er einmal glaubt, sich umstellen zu müssen. Er überfordert, und zwar plump. Oder er glaubt, man könne der Geldgier frönen, ohne ihr sein Opfer zu bringen. Türken kommt oft lange nicht in den Sinn, daß der einfachste, wenn auch nicht immer unfehlbare und lohnende Weg zu Geld noch immer der harte, mit guten Leistungen gepflasterte ist.

Mit dieser Arbeitsunlust und jener Plumpheit mag auch zusammenhängen, daß die Türkei, wo Arme wie selten in einem anderen Land immer und immer wieder kleine Belohnungen für erwiesene Dienste ablehnen, zugleich der Staat ist, wo „Prinz Bakschisch" derart regierte, daß ein verästeltes Bestechungs- und Trinkgeldersystem auf breitester Basis das Normale war. So normal, daß sich ihm auch der Rechtlichste nicht entzog. Oft wurden Beamte, selbst hohe, auf Jahre hinaus nicht bezahlt — wenn sie je bezahlt wurden; um so zuverlässiger flossen nach altem Brauch die anderen Quellen.

Eine andere Schattenseite der türkischen Gleichgültigkeit gegenüber dem Geld ist die unrichtige Beurteilung der westlichen Geldgier. Türken übersehen leicht, daß Geld nicht nur errafft, sondern sehr häufig vor allem erarbeitet ist. Oft haben sie kein Auge für die dazu aufgewandte Intelligenz, Anstrengung und Disziplin. Auch der Sinn für Sparsamkeit und die Opfer, welche sie verlangt, das Verständnis für diszipliniertes Wirtschaften, gehen Türken oft ab — auch dies im schlechten und guten Sinn zugleich.

„Die Europäer lieben ihr Geld mehr als ihre Kinder", sagte mir ein alter Gelehrter immer und immer wieder. Er selber war nie aus der Türkei herausgekommen und kannte Westeuropäer nur als Touristen. Aber die sparsame Art, wie viele jugendliche Europäer reisen, ließ ihn zu diesem Schluße kommen.

Entsprechend der relativen Freiheit vom Gelddenken ist auch die Einstellung zum Eigentum anders. Mir scheint, man halte sowohl im unerfreulichen wie im erfreulichen Sinn weniger daran fest. So läßt man in der Türkei seinem Besitz unvergleichlich weniger Liebe angedeihen als in Europa. Daß sich Reparaturen nicht lohnen, scheint ein Axiom zu sein. Entsprechend trägt man dem fremden Eigentum sowenig Sorge wie dem eigenen. Daher kann man, wenn irgendwo, in der Türkei sagen: die Freunde meiner Freunde sind die Feinde meines Autos.

Die Leidenschaft des Europäers, auf seinen Siebensachen zu sitzen und in „klein, aber mein" eine unerschöpfliche Quelle bescheidener Freuden zu finden, ist Türken fremd. Alles gehört allen, wäre selbstverständlich zuviel gesagt. Aber sie machen aus kleineren Beschädigungen ihres Eigentums keine Tragödien, und vor allem teilen und verschenken sie lieber als Europäer. Sie haben eine „offene Hand": Geschenke fügen sich wie von selbst in den Alltag. Zwar braucht man keine Angst zu haben, daß einem alles Bewunderte gleich überreicht würde. Trotzdem empfiehlt es sich, türkische Gebefreudigkeit nicht mit allzuviel Lob zu entfachen; denn es gibt leise Anklänge an jene märchenhafte Sitte.

In Korkuteli hatte mich der Redakteur des Lokal-Blattes — es war wie viele seiner Art ein bis vier kleine Seiten stark und von Hand gesetzt — zum Übernachten eingeladen. Wir stiegen auf Socken in das obere Stockwerk und ließen uns in einem Zimmer nieder, dessen Diwane weiß bezogen und mit netten Häkelspitzen verziert waren. Da mir scheint, es gehöre sich, bei der Aufnahme in eine Häuslichkeit rasch etwas Freundliches und zugleich Wahres zu sagen, anstatt sich stumm und intensiv umzusehen, was immer etwas Hinterhältiges hat, so machte ich meinem Gastgeber ein Kompliment zu der alten Handarbeit. Zu meinem Entsetzen wollte er sie mir als Geschenk in die Hand drücken. — „Aber nein!" rief ich, „sie ist ein Erbstück; man sieht es von weitem! Wer hat sie gemacht? Sicher Ihre Großmutter. Auf keinen Fall dürfen Sie sich davon trennen." — Der Gastgeber zögerte und gab zu, daß es so war. Glücklicherweise ging unser Gespräch bald auf ein anderes Thema über.

Mittlerweile hatte seine Frau eine Truhe geöffnet und schien in der Tiefe etwas zu suchen. Das Gesuchte war ein kleines gehäkeltes Untersätzchen. Mit einigen freundlichen Worten legte sie es vor mich hin. Da seit unserer Spitzendiskussion bereits eine Stunde verflossen war, merkte ich zuerst den Zusammenhang mit jener nicht. Auch hatte ich ihre türkische Erklärung nicht verstanden und glaubte, sie wolle mir die kleine Handarbeit zeigen. Doch jetzt nahm die Gastgeberin einen Lehrgang der deutschen Sprache zur Hand und blätterte lange darin. Wiederum nach einer halben Stunde wies sie mit dem Bleistift auf verschiedene Stellen des deutschen Textes. Sie reimten sich wahrhaftig zu „gerne — kleines Geschenk“ zusammen. Man wollte mir die Spitze also doch noch, wenn auch in symbolischer Form geben. — Einer besonderen, zum Ritus der Gastfreundschaft gehörenden Gabe war ich nicht gewachsen: der Parfümgabe.

Erstmals begegnete sie mir in Izmir. Ich nahm in jener seltsam anspannenden Weise, wie es die Unmöglichkeit, sich in irgendeiner Sprache miteinander zu verständigen, mit sich bringt, von dem alten Kapitän, der eine kleine Wirtschaft am Kai führte, Abschied. Da langte er plötzlich aufs Gestell nach einer großen Flasche Kölnisch Wasser und drängte mir freundlich einen gehörigen Guß der „Goldenen Tropfen“ auf. Bald merkte ich, daß das Einhüllen des Gastes in Duftwolken kein seltsamer Einfall des alten Mannes gewesen war, sondern ein landauf, landab geübter Brauch, der mich nicht wenig in Verlegenheit brachte. Denn ich kannte das Wort nicht, um dem Segen Einhalt zu gebieten, das sicher dazu gehörte. Wenn der Gastgeber jeweils mit der wohlbekannten Flasche erschien, dachte ich bedrückt an das Märchen vom überkochenden Brei. Denn alsbald sprudelten Wohlgerüche in meine hohle Hand, die hinzuhalten ich gebeten worden war. Was sollte daraus werden? Ich konnte doch die Hand weder wegziehen noch schließen. Oft blieb nichts anderes übrig, als auch noch die andere Hand unter den Strom der Düfte zu halten. Erst als beide Hände überzufließen drohten, hielt der Gastgeber inne. Aber wohin mit der Fülle? Es durfte doch kein Tropfen auf den Boden fallen. Also Kopf voran mit den Haaren in diesen See von Duft tauchen. So blieb mir auch der Blick in das erstaunte Gesicht des Spenders erspart.

Das Meisterstück türkischer Freigebigkeit ist das Freihalten. „Wissen Sie, wie man ‚zahlen' auf türkisch sagt?" fragte mich ein junger Amerikaner. „Ich bin kein einziges Mal in den Fall gekommen, das Wort verwenden zu müssen, denn immer und immer wieder haben meine türkischen Freunde für mich bezahlt." Ich ebensowenig.

Man möchte meinen, daß wir das Wort zum mindesten von den türkischen Freunden, die uns so häufig freigehalten hatten, aufgeschnappt hätten. Das ist gar nicht so leicht. Denn die türkische Freigebigkeit und mit ihr das Freihalten sind so subtil aufgebaut, daß jedenfalls der ausländische Gast kaum merkt, daß überhaupt, geschweige denn wie bezahlt wird.

Welchen Türken man immer seiner Bewunderung für die türkische Freigebigkeit versichert, die Antwort bleibt dieselbe: „Geben ist seliger als nehmen." Auf die Gefahr hin, wie ein Traktätchen zu reden, muß ich sagen, sie geben — oder bezahlen — in der Tat aus freudigem Herzen.

So wundervoll türkische Höflichkeit und Freigebigkeit auch sind, sie werden übertroffen von der überraschendsten der türkischen Kardinaltugenden: der Großmut. Mitunter ist es schwierig, sie gegen Höflichkeit, Freigebigkeit und Gastfreundschaft abzugrenzen. Sie verbindet sich in vielen Handlungen mit der einen oder andern dieser Tugenden. Nicht selten kommt sie darin zum Ausdruck, daß Höflichkeit, Freigebigkeit oder Gastfreundschaft in einem Zusammenhang erwiesen werden, wo dies nach westlichem Ermessen alles andere als selbstverständlich ist.

Jedenfalls zeigt sich türkische Großmut in der großen Toleranz fremden Besuchern gegenüber. Ein handgreifliches Beispiel ist die Kleidung des Touristen in der Kirche, beziehungsweise in der Moschee. Ausgerechnet in den türkischen Moscheen hat man mit Sommerkleidern oder touristischer Aufmachung weniger Scherereien als in vielen christlichen Kirchen. Ob die Ärmel lang, kurz oder gar nicht vorhanden sind, ob man Strümpfe trägt oder keine, ob der

Kopf bedeckt oder unbedeckt ist, ob man sich mit Hosen oder Rökken kleidet — unter der Bedingung, daß man die Schuhe ausgezogen hat und keine Shorts trägt, kann man jede Moschee in aller Ruhe und sogar während des Gottesdienstes besuchen. Trägt man Slacks, so verwehrt einem kein Küster wie in Italien den Eintritt, und niemand drängt einem ein auf den Kopf zu legendes Taschentuch auf wie etwa in Spanien. Kein Dorfpfarrer kommt herbeigeeilt, wie in abgelegenen Schweizer Gegenden, um die Schäflein von den Böcken zu trennen und Frauen- und Männerrevier auseinanderzuhalten. Kein Betender beachtet den fremden Besucher auch nur. Man hat in den türkischen Moscheen nie das Gefühl, das einen bisweilen bei der Besichtigung einer europäischen Kirche beschleicht, daß die fromm gesenkten Augen des einen und andern Betenden darauf warten, dem Besucher tadelnd in den Rücken zu stechen.

Neben der Toleranz hat die türkische Großmut noch viele andere schöne Seiten: den Edelmut, auch in kleinen und kleinsten Dingen. Man begegnet ihm Tag für Tag. Wenn dem Europäer die Geduld ausgeht, wird er immer und immer wieder durch kleine Dosen türkischen Edelmuts versöhnt. Für beides bieten die türkischen Hotels reichlich Gelegenheit. Zwei, drei Wochen lang hat der Tourist genügend Reserven, um die kleinen tückischen Überraschungen der Hotels als bunte Unterhaltung zu betrachten. Dann aber wird die Bereitschaft, sein havariertes nächtliches Wohlbefinden als den amüsanten Zwischenfall des Tages zu betrachten, etwas matter.

Es war ein strapaziöser Tag gewesen, und ihm war eine nicht weniger strapaziöse Nacht vorausgegangen. Das Verlangen nach neuen Dingen und Menschen hatte einen Dämpfer erhalten. Mein einziger Gedanke galt der Hoffnung auf ein komfortables Hotel, wo ich den Staub nicht nur von meinen Füßen, sondern vor allem von meinen Haaren schütteln konnte und ein frisch bezogenes Bett auf mich wartete.

Spät erreichte ich das schlafende Aydin. Ich fand eine Straße mit einigen Hotels und betrat das schönste, wenn man in diesem Zusammenhang von Schönheit reden könnte. „Ich wünsche ein Zimmer mit einem Bett; haben Sie fließendes Wasser im Zimmer?" — „Ja, aber es läuft nicht", entgegnete der Portier. — „Kann ich das Zimmer sehen?" — Der Portier stieg mit mir in den zweiten Stock hinauf. Wir betraten ein Zimmer mit zwei Betten, in dem nur eines herrlich war: das Fenster, welches weit geöffnet war und die Nachtluft hereinströmen ließ. Auf jedem Bett ringelte sich ein Gewurstel von Leintüchern und Decken, und aus unerfindlichen Gründen durchzogen zwei Ketten Klosettpapier das Zimmer kreuz und quer. Außerdem standen zwei höfliche, junge Männer da; es blieb mir überlassen anzunehmen, daß sie sich offenbar auf der Abreise befanden, da man mir das Zimmer als das meinige gezeigt hatte. Eine unrichtige Annahme, wie sich herausstellte — man hatte mir das Zimmer nur als Muster zeigen wollen. Ich bestand darauf, das meine zu sehen. Es lag weiter oben und sah dem untern ähnlich genug, mit dem Unterschied allerdings, daß keine kühle Nachtluft durch ein weit offenes Fenster hereinflutete, sondern lediglich muffiger Geruch aus einem Luftschacht. Sowohl Klosettpapier wie Insassen fehlten; ebenso fehlten die Leintücher; an ein Handtuch war nicht mehr zu denken. Wohl war ein Waschbecken vorhanden, dafür keine Wasserhähne und folglich auch kein Wasser. Meine Geduld war erschöpft.

„Geben Sie mir ein Zimmer mit einem richtigen Fenster, einem Bett mit zwei frischen Leintüchern und einem Handtuch! Geben Sie mir ferner in irgendeiner Form je drei Liter warmes und kaltes Wasser!" — „Yok", erwiderte der Concierge. Ich seufzte: „Lieber übernachte ich auf der Straße, auf dem nackten Asphalt, als in diesem Bunker." — „Dann gehen Sie eben auf den Asphalt schlafen." — „Nur zu gerne, aber leider hätte ich Schwierigkeiten mit den Nachtwächtern. Was kostet das Zimmer übrigens? — Was, acht Pfund! Für das Verlies! Ohne Wasser, ohne Handtuch und ohne ein einziges oder halbes Leintuch. Und warum zeigen Sie ein anderes Zimmer, als Sie geben wollen?" Wir waren wieder vor dem Musterzimmer angelangt. Die beiden jungen Männer aus dem schmutzigen, aber gut ventilierbaren Zimmer hatten aufmerksam unsern Disput verfolgt. Eine Tür nach der andern begann sich jetzt zu öffnen.

Plötzlich trat ein Herr im Pyjama aus dem Nachbarzimmer des Mustergemachs. Sein gutes Englisch fuhr erfrischend in unsere Sprachverwirrung. „Entschuldigen Sie meinen Aufzug", begann er mit einer gewandten Geste auf seinen Pyjama. Ich nickte: „Selbstredend das türkische Nationalkostüm. Sie brauchen sich nicht zu entschuldigen. Die Kleidung des türkischen Herrn für abendliche Mußestunden im häuslichen Kreise schockiert mich nicht mehr!" Nach seiner Einleitung erwartete ich nur Gutes. Er verneigte sich noch einmal und fuhr mit heiterer Würde fort: „Ich bin Türke. Diese jungen Männer sind Türken. Wir sind alle Türken. Dies ist ein türkisches Hotel. Wir wissen, daß die türkischen Hotels zu wünschen übriglassen. Aber wir wollen versuchen, Ihnen den Aufenthalt hier so angenehm wie möglich zu machen; die beiden jungen Männer hier sind gerne bereit, Ihnen ihr Zimmer abzutreten und in jenes Zimmer zu gehen, das Sie nicht mögen. Die Hauptsache ist ihnen, daß Sie sich einigermaßen wohl befinden." Der Deus ex machina verneigte sich zum dritten Mal und zog sich dann zurück.

Türken versöhnen nicht nur mit Großmut, sie beschämen auch gerne damit. Ein kleines Meisterwerk türkischen Großmuts schuf mein Freund Seref.

In der schmucklosen Halle des Rosen-Palastes — ein schlichtes Betongebäude — hatte sich eine für keinen der Beteiligten alltägliche Gesellschaft eingefunden. Wir waren hier halbwegs im Osten der Türkei schon so weit abseits, daß Europäer gewissermaßen im Geiste von „Mr. Livingstone, wenn ich nicht irre?" sich jeweils zu einer geselligen Runde zusammenfanden, wenn sie sich zufällig begegneten.

Sie bestand aus dem belgischen Experten, mit dem ich an dem einen und andern seiner frauenlosen Abende — „ich betrachte Sie als ‚copain' nicht als Frau" — zusammengetroffen war, einem italienischen Filmfachmann mit strohblondem Bart und amerikanischer Lebensgefährtin für die Strecke Türkei, sowie Seref, der mit dem belgischen Experten in gelinde Spannung geraten war — „ständig schickt man uns alle möglichen Kontrollorgane, die mitunter kaum wissen, was sie kontrollieren sollen, kein Wort Türkisch reden und nicht einmal mehrere europäische Sprachen" —, und mir, die das sprachliche Verbindungsglied zwischen den Fremden und dem Einheimischen bildete. Der belgische Experte hatte gerne Wein im Mund und Weib auf der Zunge. So auch diesmal. Er eröffnete den Abend mit munterem Zusammenrücken der Tischchen — nur Seref und ich waren, der närrischen Aufstellung der Clubsessel gemäß, je in eine gegenüberliegende Ecke verbannt. Der Experte klopfte gutgelaunt mit beiden Fäusten auf den Tisch: „Hat man hier schon etwas von Wein gehört?" — „Gibt es überhaupt türkischen Wein?" wunderte sich der Strohblonde. — „Griechen und Römer kultivierten ihn jedenfalls; aber inzwischen sind die Türken gekommen, die ihn als Moslems nicht trinken dürfen, weil er Teufelswerk ist. Was man da wohl gewärtigen muß?"

Der Kellner war auf den stürmischen Ruf nach Getränken herbeigeeilt und brachte zur Auswahl gleich drei Flaschen mit. Sie wanderten von Hand zu Hand. Man schnupperte an der Etikette und am Korken, mutmaßte über den Inhalt. „Von wo kommt er denn eigentlich?" fragte der Experte und schwang eine der Flaschen über dem Kopf. — „Seref, von wo kommt dieser Wein?", rief ich aus meiner Ecke zu Seref hinüber, der dem Gespräch gefolgt war, ohne es jedoch zu verstehen, da er nur Türkisch und ein wenig Deutsch sprach. — „Aus einer Fabrik bei Ankara." — Wir sahen einander belustigt an: „Offenbar wachsen die Reben an der Fabrikmauer hinauf?" (Tatsächlich kommt der türkische Wein aus staatlichen Unternehmen; seine Herstellung ist weitgehend Staatsmonopol.)

„Los! Laßt uns den türkischen Fabrikwein trinken", ermunterte der Experte und bestellte drei Flaschen. Man schenkte ein, man nippte, trank sich zu und fand ihn nicht übel — nein, eigentlich recht gut; und mit der Zeit besser und besser. Mehr wurde bestellt und getrunken. Einzig Seref hielt ein gleichmäßig halbgefülltes Glas in der Hand. Die Köpfe rückten näher zusammen. „Stellen Sie sich vor, was uns hier passiert ist", holte der Italiener aus. — „Ich bestellte ein Doppelzimmer, und als wir, meine Freundin und ich, die Pässe abgaben, da zeigte der junge Bursche beim Empfang erstaunt mit dem Finger auf den Paß meiner Freundin und sagte: ‚Entschuldigen Sie! — Danke! — Aber ich möchte daran festgehalten haben! — Danke! — Bitte: Sie hat nicht Ihren Namen. Wenn sie aber nicht Ihre Frau ist, so darf sie auch nicht mit Ihnen im selben Zimmer schlafen! Bitte! — Danke! — Entschuldigung! Ich möchte daran festgehalten haben. — Vielen Dank!' — ‚Wir haben nie Schwierigkeiten gehabt, auch in Ankara nicht', wandte ich ein. — ‚Danke, bitte, vielleicht! Aber in unserer Provinz ist das anders. Es bestehen Vorschriften, welche das Vermieten eines Zimmers an ein nicht verheiratetes Paar verbieten, und entsprechende Strafandrohungen. Danke! Entschuldigung!' — Darauf schlug ich ihm vor, uns zwei Einzelzimmer zu geben. Aber neuerdings erhob der Bursche abwehrend die Hand: ‚Unmöglich, das Hotel besitzt keine Einzelzimmer. Bitte, ich möchte daran festgehalten haben!' — ‚Gibt es denn gar keine vernünftige Lösung', fragte ich. Lange sann der Bursche nach, dann meinte er: ‚Ich kann Ihnen je ein Zweierzimmer vermieten. Entschuldigen Sie! Bitte! Danke!' — Gegenwärtig bezahlen wir also für vier Personen."

„Es ist sagenhaft", seufzte der Experte, „auch ich habe ein Zweierzimmer, aber selbstverständlich ohne Frau darin. Hingegen wird die Hotelwäsche in meinem privaten Badezimmer besorgt. Eines Vormittags komme ich zurück, um einen vergessenen Apparat zu holen, und was sehe ich! Ein großer Korb Wäsche steht in meinem Zimmer, und zwei Frauen plantschen mit ihr im Waschbecken und in der Badewanne herum. Welch ein Land! — Und keine Frauen! Gesellschaftlich lernt man keine kennen, und sonst ist auch nicht viel zu machen. In Ankara gibt es Call-girls wie überall. Aber hier! Man ist verloren, begraben. Es sei denn ... Diese Geschichte muß ich Ihnen erzählen!"

„Erst wohnte ich im gleichen Hotel wie Sie und schlug mich ebenfalls mit dem ‚Danke-Bitte-Ich bestehe darauf-Jüngling' herum. Er ist der einzige, der sich dort Mühe gibt. An ihn also wandte ich mich: ‚Wo gibt es Frauen?' —, Vielen Dank! Bitte: nirgends!' — ‚Aber irgendwo muß es doch geben!' — Der Jüngling sann lange nach: ‚Danke! Ich möchte daran festgehalten haben, bitte, wenn es so ist, vielen Dank! Es ist ein Platz da!' — ‚Wo?' — ‚Bitte, ich komme gleich mit! Danke schön!' Wir betraten eine Art Hof, ein trauriges, häßliches Gebäude. Reihum führten Zimmer auf ihn hinaus. In jedem, das offenstand, saß eine Prostituierte, ohne aufzusehen, an irgendeiner Hausarbeit. Ich glaube fast, eine flickte Strümpfe. Die Kunden warteten in einem Empfangsraum, gesammelt, ernst, in sich gekehrt, so wie man bei uns im Wartezimmer des Zahnarztes sitzt. Die Leiterin hatte für mich eine dicke Person herangeschoben, deren Anblick einen Betrunkenen sogleich stocknüchtern gemacht hätte. Ich erhob Einspruch; doch der junge Mann war bereits in einen Disput über den Preis verwickelt. — ‚Danke! Entschuldigung. Die Frau verlangt zehn Pfund von Türken, aber fünfzig von Europäern. Das lasse ich nicht zu. Sie sind unser Gast; zehn Pfund also wie ein Türke. Ich möchte festgehalten haben, bitte!' ‚Nicht fünfzig, nicht zehn und nicht einmal geschenkt! Gehn wir um Himmels willen!' — Ich drängte zum Aufbruch. Aber sowenig der redliche junge Mann mich überfordert haben wollte, sowenig brachte er es übers Herz, die Leiterin und ihren Schreck erregenden Schützling zu enttäuschen. — ‚Danke! Entschuldigung! Ich möchte daran festgehalten haben, daß Sie unbedingt jetzt schon für ein anderes Mal eine Vereinbarung treffen. Danke schön!' — Meine Freunde zu Hause werden ihren Ohren nicht trauen!"

Ich übersetzte diese Geschichten und Stoßseufzer Seref. — Als wir später einmal auf den Abend zu sprechen kamen, sagte er: „Ich mochte diese Leute nicht, sie waren unseriös. Wie kann man schon bei einer ersten Fühlungnahme mit Fremden solche Themen erörtern. Es ist unanständig, man sage mir, was man will. Übrigens glaube ich kein Wort von dieser filmischen Geschäftsreise. Die beiden machen doch einfach eine Lustreise miteinander. Um ungestörter zu sein, wählen sie ein abgelegenes Land wie die Türkei, wo sie keine Bekannten antreffen."

Mit dieser Annahme irrte er allerdings. Die Türkei ist alles andere als ein Eldorado für Liebespaare, unbesehen ist ihnen die prüdeste westliche Heimat günstiger. Am Abend selbst ließ sich Seref aber nichts von seiner Mißbilligung anmerken, sondern verharrte als freundliches Lokalkolorit im Hintergrund. Das immer lebhafter werdende Gespräch, von dem er nichts verstand, hatte ihn allmählich in die Rolle eines Statisten gedrängt.

Es wurde spät. Als der Kellner wieder einmal vorbeihuschte, wandte sich der rosig gewordene Experte an ihn: „Was soll die Sache kosten?" Dabei ließ er beide Hände über den Flaschen schweben. Der Kellner machte eine abschließende Gebärde. — „Wie, was? Ich möchte zahlen, alles zahlen." — Wieder die Gebärde: alles in Ordnung. War es möglich? Ich schaute Seref fragend an. Er lächelte. — „Unser türkischer Freund hat uns alle eingeladen", übermittelte ich. Der Experte schnappte nach Luft und gab dann heuchlerische Laute schaumschlägerischer Entrüstung von sich. Auch der Blonde schüttelte in gespielter Verwirrung den Kopf. Seref hatte den heutigen Abend zu einer Glanzvorstellung türkischer Großmut benutzt; gibt es eine edlere Art, fremde Wichtigtuer und Spötter zu beschämen?

Die vierte türkische Kardinaltugend ist die Gastfreundschaft. Doch sie ist anders, als man sie sich gerne vorstellt. Einmal hat sie, so wie sie Touristinnen geboten wird, kaum etwas von „orientalischer Gastfreundschaft" an sich — übrigens als summarischer bereits ein fragwürdiger Begriff. Ich habe darin keine große Erfahrung, aber schon innerhalb der ersten Tage in Syrien fiel mir der entscheidende Unterschied zwischen der syrischen und der türkischen Gastfreundschaft auf.

Die syrische zeichnet sich durch weltmännischen Schwung aus. Da eine Touristin offenbar da ist, um etwas vom Land zu sehen, so tragen gebildete Syrer umsichtig das Ihre bei. Da ist nichts von der Ängstlichkeit, „etwas zu zeigen", die manchen Türken in den Knochen zu sitzen scheint. Der Freund des Freundes, der Vetter des Freundes vom Bruder in Homs, der Vetter des Schwagers in Damaskus, der Teilhaber des Freundes des Onkels in Aleppo — jeder gehörte zu dem liebenswürdigen Kreis der Gastfreundschaft.

Der türkischen Gastfreundschaft, wie sie mir begegnet ist, fehlt diese Freiheit. Ebensowenig läßt sie sich mit westlichem Maßstab messen. Da ist nichts von übermütigen Parties, wie man sie bereits im Laufe der ersten Woche in den Vereinigten Staaten erleben kann, nichts von der angelsächsischen Einladung fürs Wochenende, nichts von der impulsiven wochenlangen Beherbergung wie in Schweden, und wenig von den gepflegten häuslichen Diners, wie sie in unseren Zonen gebräuchlich sind, zu merken.

Die Gastfreundschaft hat schon einen anderen Charakter, weil die Geselligkeit sich mehr als bei uns unter Einhaltung einer teilweisen Trennung der Geschlechter abwickelt. Natürlich gibt es viele moderne junge Ehepaare, die gelegentlich zusammenkommen, und in den größeren Städten Diners und Cocktail-Parties mit Herren und Damen. Auch bei den Familienfesten soll man sich mehr oder weniger munter mischen, obgleich gerade hier die Tradition den Geschlechtern verschiedenerlei Riten vorzeichnet. Aber alles in allem ist die Trennung der Geschlechter doch so scharf, daß die Geselligkeit und damit auch die Gastfreundschaft in breiten Schichten nicht mit jener in westlichen Ländern zu vergleichen ist.

Wie ihre Freigebigkeit hat auch die Gastfreundschaft der Türken biblischen Atem. Sie läßt mich an das bekannte fromme Bild denken, auf dem der Heiland an eine Tür klopft. Eigentlich um Gott zu dienen, öffnen Türken Fremden ihre Tür. Die Barmherzigkeit gehört zum Wesen ihrer Gastfreundschaft. Ohne Glanz, aber auch ohne Prätention scheint sie dem schlichten menschlichen Gefühl zu entspringen: Der Fremde hat weder Haus noch Herd, und da wir beides besitzen, soll er unter unserm Dach schlafen und an unserem Tisch essen. Wird es Abend, und befindet man sich noch immer in einem Dorf, so erfolgt fast sicher von der einen und anderen Haushaltung die Einladung zum Übernachten. Ist man kurz vor dem Mittag- oder Abendessen mit jemandem in ein längeres Gespräch verwickelt, so lädt er einen — genau dann, wenn es der Anstand nun wirklich nicht verlangt — fast unfehlbar zur Mahlzeit ein. Die türkische Gastfreundschaft schenkt einem den Glauben, in der Türkei um das bitten zu können, worum in einem andern Land zu bitten man sich schämen müßte. Man hat den Eindruck, abends an eine Tür klopfen zu können, um mit Achtung und Freundlichkeit empfangen zu werden. Diese Aussicht gibt dem Besucher der Türkei das Gefühl, in dem ihm so wildfremden Land eine Heimat gefunden zu haben. Darin bestärken ihn die Angehörigen sämtlicher Schichten, wenn ihm auch von den obersten und untersten Grenzen gesetzt werden. In den obersten, wo man schon viele westliche Menschen gesehen hat, fehlt oft die Freude an ihrem Erscheinen. Und in so ländlichen Verhältnissen, wo sogar das jedem (mit Ausnahme einheimischer Frauen) zugängliche Café fehlt und damit auch die „Öffentlichkeit", verliert der Fremde den Boden unter den Füßen.

Die Sorge um die leibliche Wohlfahrt des Fremden ist die eine Seite türkischer Gastfreundschaft; eine andere ist seine häufige Privilegierung und Ehrung. Ich traf gerade im Städtchen Sivas ein, als das jährlich wiederkehrende Sivas-Fest zur Feier des für die moderne Türkei entscheidenden Kongresses vom 4. September 1919 abgehalten wurde. — Um die Sänger und Tänzer, die vor dem Regierungsgebäude eine Vorstellung gaben, hatten sich über tausend Menschen gedrängt. Von hinten hinzugetreten, stand ich zu meinem Erstaunen innerhalb kurzem wie von selbst in der vordersten Reihe, wo man sich auf den Boden setzen konnte. Bald nahm das Drängen zu, und andere Leute rückten vor die vorderste Reihe; niemand jedoch setzte sich vor mich hin. Versuchte es jemand, so wurde er gleich von meinen Nachbarn abgewehrt.

Vermeiden Türken ohnehin kleinliches Rechten und Hadern, so noch viel mehr gegenüber einem Besucher. Sie lassen ihm mehr als einem der Ihrigen durch und privilegieren ihn auch so. Ein kleines Beispiel: In vielen türkischen Städten stößt der Tourist ab und zu auf ein besonders einladendes Garten-Restaurant. „Endlich eine gepflegte Gaststätte", stellt er befriedigt fest, geht hinein und bestellt. Niemand läßt ihn merken, daß er dazu kein Recht hat; denn das

Restaurant gehört einem Club und ist dessen Mitgliedern vorbehalten. Einen Fremden aber setzt man nicht vor die Tür des Clublokals.

Wie es in der Türkei Tage gibt, da Yok-elei auf Yok-elei erfolgt, so auch solche, welche Begegnungen mit den türkischen Kardinaltugenden in wahren Glückssträhnen bringen. Eine peinliche Überraschung — soeben hatte ich beim Tanken entdeckt, daß ich überhaupt kein türkisches Geld mehr bei mir hatte — sollte einen Sprühregen türkischer Tugenden auslösen. Es war bereits dunkel. Aber warum in Eskişehir übernachten, wenn der Benzinvorrat noch bis Bursa reichte, wo ich ebenfalls anderntags Geld wechseln konnte, was früh genug gewesen wäre, da das Hotel erst am Morgen zu bezahlen war. Und für das Abendessen konnte ich ein Pfand hinterlegen. Da auf diese Weise alles schön aufzugehen schien, fuhr ich getrost in die Nacht hinein. Allmählich aber fiel mir auf, daß die Ortsnamen anders lauteten, als mir vom Festlegen der Route her in Erinnerung geblieben war. In der Tat — ich hatte mich verirrt. Offenbar hatte der Lastwagen, der ein Weilchen vor mir her gerumpelt war, den entscheidenden Wegweiser verdeckt. Nichts Einfacheres, als umzukehren und bei der Abzweigung den richtigen Weg zu nehmen. Einfach, wenn man Geld für Benzin hat! Schwierig, wenn keines da ist; denn Bezahlung in fremder Währung kam nicht in Frage, da damals beim Verlassen des Landes über den Wechsel des eingeführten Geldes genau Rechenschaft abgelegt werden mußte.

Eines war klar: Bis Bursa reichte das Benzin jetzt nicht mehr. Vielleicht mochte die kleine Stadt, die ich vor einer Viertelstunde durchfahren hatte, eine Bank besitzen, obgleich ich ahnte, daß diese kaum Dollars wechseln würde. Ich fuhr zurück und erkundigte mich, ob eine Bank in der Stadt sei. Lebhaft wurde dies bejaht, selbstverständlich. Ich atmete auf und suchte mir eine Herberge. Der junge Inhaber saß in der Halle an einer Art Schreibtisch. Daneben stand eine Pritsche, auf der er schlummerte, wenn ihm die Gäste Ruhe ließen, deren Zimmer ringsum nebst Waschraum und Toilette angelegt waren, aus welcher sich der Uringeruch über das ganze Gebäude ausgebreitet hatte. Ich ging gleich wieder hinaus, um mir unter Hinterlegung einer Dollarnote irgendein Essen zu verschaffen. Es war erst 10 Uhr, doch sämtliche Restaurants, Kebabereien und Cafés waren schon geschlossen. Überhaupt war es menschenleer. Dagegen traten unfehlbar die Nachtwächter auf, ein Paar, das durch zwei Polizisten ergänzt wurde. Es schien in diesem Städtchen nur Polizisten zu geben. Sie alle versicherten mir: „Essen? — Yok!" — Hungrig kehrte ich ins Hotel zurück.

Dort erwartete mich die bekannte Schwerarbeit, den umfangreichen, ausschließlich türkisch abgefaßten Fragebogen pedantisch auszufüllen. Der Wirt ließ nicht locker und wurde dabei noch von einem der hinzutretenden Polizisten unterstützt. Dieser war nicht mit leeren Händen gekommen. Zu meiner Überraschung breitete er vor mir — neben Paß, Tintenfaß und Anmeldeformular — eine Serviette aus, auf welcher er Brot, Oliven und Quitten-Paste hübsch anordnete und mit einer appetitlich zerschnittenen Melone krönte. So ermuntert, machte ich mich wieder an das Anmeldeformular. Es war zur Hälfte ausgefüllt, als der Polizist Verstärkung erhielt. Der zweite Polizist war beladen wie ein Weihnachtsmann. Er enthüllte Tomaten, Gurken, Käse und — ich traute meinen Augen nicht — ein kaltes Huhn. Mein Mahl nahm so stattlichen Umfang an, daß die Anmeldeformular-Angelegenheit schließlich vom Tisch gewischt wurde. Inzwischen hatte sich das Polizeikorps nochmals verstärkt; ein dritter Polizist, der Sprachkundige des Ortes, war erschienen, um bei der Ausfüllung des Anmeldeformulars als Dolmetscher zu wirken. Seine Englischkenntnisse umfaßten in erster Linie die Redensart: „just a minute". Er begrüßte mich mit „just a minute", wünschte mir guten Appetit mit „just a minute" und erläuterte mir das Anmeldeformular mit „just a minute". Mit „just a minute" wurde mir jeder Bissen gewürzt.

Anderntags erklärte ich dem Hotelier, ich müßte erst mein Geld auf der Bank wechseln, um ihn zu bezahlen, worauf er gleich mitkam. Als das Bankgebäude in unser Gesichtsfeld trat, war ich angenehm überrascht. Auf seinen Eingang war reichlich Marmor und Messing verwandt worden, was in mir die trügerische Hoffnung weckte, die Bank sei kosmopolitisch genug, um einige Dollars zu wechseln. Wir traten ein. Aber an jedem Schalter hieß es Yok. Ich konnte also nicht bezahlen. Der Hotelier ließ sich nichts anmerken. Wie er zu seinem Geld kommen würde, schien ihn überhaupt nicht zu beschäftigen, wohl aber, wie ich zu Benzin auf Kredit kommen sollte. Ich bat ihn, mich zur Tankstelle zu begleiten, um erklären zu helfen. Er jedoch schlug den Weg zur Verkehrspolizei ein, welche uns als Bindeglied an der Tankstelle beistehen sollte. Der Verkehrspolizist war niemand anderer als „Just a minute". Aber anstatt mit uns zusammen zur Tankstelle zu kommen, rief er begeistert „just a minute!" — und öffnete seinen Geldsack. „Reichen Ihnen 20 Pfund, um nach Bursa zu kommen?" Ohne die Antwort abzuwarten, drückte er freudig Banknoten in meine Hand.

Überhaupt fehlt es nie an edlen Rittern, unzähligen falschen, vielen halbechten und einigen waschechten. In den ärgsten Patschen erscheinen die edelsten. Zum vierten Mal hatte ich die Reise nach Sivas angetreten. Seit vierzehn Tagen pendelte ich zwischen Kayseri und Sivas und zwischen den entsprechenden Reparaturwerkstätten hin und her. Jetzt war ich zum achten Mal mit „tamam" verabschiedet worden. Mochte dem so sein, es war schwer, daran zu glauben.

Kurz vor Sivas hatte das Unheil mich schon wieder eingeholt — in Gestalt eines infernalischen Alarmlichtes. „Tamam" — jawohl! Mit den Gefühlen eines vom Tode zum Leben Erweckten, der gerade beide Füße zum Grab hinausgeschwungen hat, und nun, neuerdings vom Tod errafft, in die Grube zurücksinkt, wandte ich den Wagen, um ihn dem Mechaniker wieder hinzustellen. Die Hitze drückte; überall nur Sonne und Steine. Versunken in Kummer fuhr ich ziemlich schnell über die Schotterstraße. Da! Was war das? Kaum merklich, aber hartnäckig wurde ein tückisches Geräusch deutlicher und deutlicher und dann überlaut. Aus dem Getriebe kamen Töne, die nur Unheil bedeuten konnten. Schon ging das Schalten schwerer. Kein Zweifel, zum chronisch gewordenen Kummer der sich sachte ankündenden Irreparabilität des Wagens gesellte sich die Drohung einer unmittelbaren Katastrophe. Das Geräusch wurde zum Lärm. Wollte ich nach Kayseri zurückkommen, so galt es, mit dem Schalten sparsam umzugehen. Sparsam? — es gab plötzlich nur noch Baustellen. Eine nach der andern und einmal nach dem andern wurde geschaltet — mit schauerlichem Knirschen. Jetzt schaltete ich überhaupt nicht mehr. Vergeblich! Der Lärm schwoll zum Getöse an — dann ein trockenes Krachen! Mit einer Endgültigkeit, die den Ton eines Schicksalsschlages hatte — der Wagen machte einen Sprung, drehte sich um 90 Grad, stellte sich quer auf die Fahrbahn und stand still; auch die Räder waren blockiert. So also sah das Ende meiner Reise aus!

Was nun geschehen sollte, war rasch auszumachen. Im Laufe einiger Stunden würden sich genügend an ihrer Weiterfahrt verhinderte Lastwagen eingefunden haben, deren Besatzungen im eigenen Interesse insgesamt meinen Wagen heben und an den Straßenrand stellen mußten. Ich setzte mich an den Straßenrand und wartete auf weiteres Unglück. Wie einsam es ringsum war! Weit und breit kein Haus. Überall trockene Erde und am Horizont die Wüste – eine kleine Salzwüste. Nur der Staub bewegte sich im Wind. Allmählich aber wurde es da und dort lebendig. Der erste kahlgeschorene Bub tauchte auf, ein zweiter, ein dritter. In der Türkei sprießen die Menschen wie Gras hervor. Schon hatte sich ein ganzer Trupp kleiner Burschen eingefunden und betrachtete meinen Wagen wie einen toten Bären. Eine böse, alte Frau in blumigen Pluderhosen kam mir wütend entgegen. Sie schnatterte auf mich ein, verstummte aber jäh, als ich ihr Geschnatter in Kauderwelsch parodierte. Dann kam ein Jeep, aus dem, von meiner Wagenbarriere gestellt, drei junge Männer heraussprangen. Der eine setzte sich gleich in meinen Wagen hinter das Lenkrad und riß an allen erreichbaren Hebeln und Knöpfen.

Je und je hatte ich die zahlreichen Leute, die sich in Krisen unaufgefordert und meist ohne Kenntnisse an mein Lenkrad gesetzt hatten, freundlich behandelt. Jetzt aber war meine Geduld vorbei. Ich trat auf den Burschen zu: „Gehen Sie aus meinem Wagen hinaus!“ Da er kein Englisch verstand, gab ich meinen Worten handgreiflich Nachdruck und zog ihn von hinten kräftig am Gürtel. Aber anstatt herauszukommen, lachte er, und je mehr ich an ihm rüttelte, um so mehr Gelächter kollerte aus ihm heraus.

Inzwischen wandte sich ein zweiter an mich: „Wir möchten Ihnen nur helfen. Gestatten Sie . . ." — „Helfen? Sie sind nun bereits der fünfte oder, was weiß ich, der sechste oder siebente reizende, junge Mann, der mir innerhalb der letzten drei Tage seine Hilfe angeboten hat. Ich kenne diese Hilfe und habe genug von ihr."

Eines hatten mich die Wallfahrten der letzten Woche von Werkstatt zu Werkstatt gelehrt: nur keine Helfer aus eigener Berufung sich einschalten lassen. Es sind Fata-Morgana-Produzenten, die früher oder später still aus dem Bild verschwinden. Ihre Ritterdienste lassen sie meist rasch außer Atem geraten.

Nachdem inzwischen auch ein mit Männern beladener Lastwagen aufgetaucht war — der erste und der letzte innerhalb der nächsten vier Stunden —, dessen Insassen nun wohl oder übel den Wagen an den Straßenrand gehoben hatten, begann er noch einmal: „Gestatten Sie doch meinem Chauffeur nachzusehen; vielleicht muß man die Räder deblockieren, was allerdings einige Stunden in Anspruch nähme. Nachher könnten wir Sie abschleppen."

Das Angebot zur Hilfe war ohne jede Wichtigtuerei, und das Wort Chauffeur hat für Autobesitzer in der Türkei einen wundervollen Klang: Es bedeutet Kapazität. Daher war ich schließlich einverstanden: „Gut! Unter der Voraussetzung, daß die Räder nicht nur abgeschraubt, sondern auch wieder befestigt werden — ich möchte nicht gleich noch ohne Räder zurückgelassen werden." Und der Chauffeur packte die Arbeit an. Mir ging plötzlich der Gedanke ans Mittagessen durch den Kopf. Ich hatte es mir seit langem abgewöhnt; aber meine Helfer wohl kaum. Wenn die Arbeit unterbrochen werden müßte, um eine Mahlzeit einzunehmen, so würde die Nacht schneller kommen als die Räder wieder an den Wagen.

So erkundigte ich mich bei meinem Retter, ob er schon gegessen hätte. Er nahm keine Notiz von meinen Worten, sprach aber kurz mit dem dritten Begleiter, der seinerseits kurz mit einem Jungen sprach und darauf im Jeep verschwand. Zehn Minuten später wies mein Retter in Richtung des Jeeps: „Es ist alles für Sie bereit." Ich wandte mich um und stand gegenüber einem Tischleindeckdich. Brot, Tomaten, Gurken und blaue Trauben hatte man scheinbar aus dem Boden gestampft.

Wieder war ein türkisches Wunder geschehen. Denn noch bevor ich mir über das Ausmaß der Katastrophe, die über mich hereingebrochen war, klar werden konnte, hatte mir Kismet prompt einen Jeep vorbeigeschickt, aus dem die Güte in Person entstiegen war. „Wer sind Sie und was machen Sie in der Türkei?" begann nun der Deus ex machina seinerseits ein Gespräch. Ich konnte der Bizarrerie nicht widerstehen, aus dem untersten Koffer meines nachgerade räderlosen Autowracks, aus dem Chars des Trümmerhaufens meiner Reise, eine Visitenkarte hervorzufischen, um diese als Tüpfchen auf ein nicht vorhandenes i, dem Deus ex machina förmlich zu überreichen. „Und Sie?" erkundigte ich mich darauf. „Seref!" — „Und was bedeutet Ihr Name?" In der Türkei haben viele Vornamen und auch einige der selbstgewählten Geschlechtsnamen recht hochsinnige Bedeutung. Männer heißen da Held, Weiser, Prinz, Majestät, Reinheit, Gerechtigkeit, Tag und Licht; Frauen Rosengarten, Morgenröte, Himmel oder auch Glück und Erfolg — in dem allerdings sehr besonderen Sinn, als Sklavin Aussicht zu besitzen, des Sultans Konkubine zu werden. Er lachte und meinte: „Mein Name bedeutet Guter Mann." — „In welchem Sinn?" — „Einfach ein guter Mann." — Und in der Tat, er wollte ein Beschützer von Witwen und Waisen sein, ein Gastfreund umherirrender Ausländer; ich war für ihn das alles zugleich: halb Witwe, halb Waise und beides ausländisch.

Als die Sonne am Horizont stand, drehten sich die Räder meines Wagens wieder. Er wurde ins Schlepptau genommen. Endlich ging es stadtwärts. Alle fünf Kilometer hielt der Jeep, der Chauffeur streckte den Kopf heraus und rief: „Alles in Ordnung?" Immer war alles in Ordnung. Ich hatte das Gefühl, anstatt in meinem havarierten Fahrzeug wie im orientalischen Märchen auf einem wundervollen Teppich durch die Luft zu reisen. Im unendlichen Gelb der Steppe und Erde tauchte eine Gruppe frisch-grüner Pappeln auf, in deren Schatten sich eine Schafherde drängte. Ein alter, mit in arabischer Schrift gehaltenen Sprüchen verzierter Marmorbrunnen war in einen Hügel gemauert. Der Jeep hielt — mein Wagen hielt. Die Equipe stieg aus, und automatisch gingen wir auf den Brunnen zu.

Die Türken sind große Wasserkenner! Das Wasser jedes Brunnens schmeckt ihnen verschieden. Seref liebte diesen besonders. „Immer, wenn wir vorbeikommen, machen wir einen Halt, um zu trinken." — Seltsamerweise hatte auch ich das Gefühl, hier schon immer angehalten und getrunken zu haben. Nicht nur das Mißtrauen, auch das Vertrauen wird plötzlich geweckt und durchdringt mit seiner Gegenwart alles.

Kaum waren wir in meinem alten Hotel abgestiegen, so eröffnete mir Seref: „Schlagen Sie sich alle Sorgen um den Wagen aus dem Kopf! Kümmern Sie sich um nichts. Schlafen Sie morgen bis 12 Uhr! Mein Chauffeur wird die Sache schon erledigen. Nun sehen wir noch, daß Ihr Gepäck aufs Zimmer kommt, und dann gehen wir essen."

Bald bewegte sich der Jeep mit der Equipe, der ich nun auch einverleibt worden war, zum Gartenrestaurant. Bei diesem Nachtessen bestellte Seref für sich Wasser, für den Assistenten Raki, für den Chauffeur Bier und für mich selbstverständlich Wein. Allerdings wurde ich nicht gefragt, ob ich ihn mochte; beides schien mir typisch türkisch: Die ehrende Gabe und die relative Gleichgültigkeit gegenüber den Wünschen des Beschenkten.

Es gehört zu den Finessen türkischer Gastfreundschaft, sogar dann, wenn man selber keinen Wein trinkt, dem Europäer selbstverständlich Wein aufzutischen — im Gegensatz zur gelegentlich katholischen Gepflogenheit, freitags protestantische Gäste demonstrativ auf fleischlose Kost zu setzen, selbst wenn sieben Schinken in der Vorratskammer hängen. Jeder Abend brachte einen neuen Lekkerbissen als Überraschung. Es erschienen eine Hammelkeule oder ein Huhn nach Tscherkessenart, dieses eine doppelte Überraschung; denn noch im Augenblick, da das Huhn auf den Tisch gestellt wurde, ahnte ich nicht, daß es zerfasert unter dem Hügel von Nußmasse begraben lag.

Auf dem Zauber-Teppich von Serefs Güte ließ sich gelassen über alle Unebenheiten des Alltags hinwegschweben. Sogar der vordringlichste Wagenschaden erledigte sich von selbst, weil der Mechaniker — diesmal ein Tausendsassa — eine geniale Erfindung gemacht hatte, die das nicht vorhandene Ersatzstück ersetzte. Aber am fünften Tag nach der Katastrophe und der Errettung kam ein telephonischer Hilferuf von einem andern Assistenten Serefs; die Equipe hatte morgens schon um 3 Uhr aufzubrechen.

Als ich anderntags spät erwachte, wußte ich sie bereits fünfhundert Kilometer weit weg. Am Abend waren es schon tausend. Kismet hatte den Teppich der Güte wieder eingerollt und mich, was die Betriebsbereitschaft des Wagens betraf, genau dort, wo ich ihn fünf Tage zuvor auf dem Weg nach Sivas Richtung Kayseri gewendet hatte, wieder in rauher Luft auf eigene Füße gestellt. Dazwischen aber lag ein zur richtigen Zeit, am richtigen Ort wahr gewordenes Märchen türkischer Großmut und Formvollendung.

Der türkische Januskopf

Kultur zwischen Stuhl und Bank?

Der Ausdruck „unterentwickelte Länder" oder gar der ihn bald ablösende, euphemistischere „Entwicklungsländer" übersäte noch keine Zeitungsspalten, als Atatürk der Welt eine neugeborene Türkei präsentierte, die sich fest vorgenommen hatte, einen Strich unter das Vergangene zu ziehen und ein neues Leben als westlicher Staat zu beginnen.

Man trennte sich von der alle Lebensbereiche umfassenden Welt des Islams, wenn auch nicht vom mohammedanischen Glauben. Als Staatsreligion wurde er aufgehoben und Sache des privaten Bekenntnisses. Das Kalifat wurde abgeschafft. Den Religionslehrern wurden die Kompetenzen im Erziehungs- und Bildungswesen entwunden, die Medressen geschlossen, das Unterrichtswesen auf eine staatliche, religiös neutrale Basis gestellt und Religion als Unterrichtsfach beseitigt. Auch Recht und Rechtspflege wurden vollständig aus der religiösen Verankerung gelöst. Kollektiver Mystik, wie sie, um das berühmteste Beispiel zu nennen, in den Riten des Ordens der tanzenden Derwische zum Ausdruck kam, wurde mit Verboten begegnet.

Hatte man die türkische Sprache seit Jahrhunderten arabisch geschrieben, so erschienen ab 1928 türkische Zeitungen und Bücher ausschließlich in lateinischer Schrift. Altes Recht — sogar das Familienrecht — wurde fallengelassen. Man sah sich unter den europäischen Gesetzgebungen um und wählte für den eigenen Gebrauch, was am zweckmäßigsten erschien. Das, was man Bürgerliches Recht nennt, sowie Schuldbetreibungs- und Konkursrecht übernahm man mehr oder weniger von der Schweiz, Strafprozeßordnung und Seehandelsrecht von Deutschland, Strafrecht von Italien und Verwaltungsrecht von Frankreich.

Wo der urzeitliche Holzpflug und die altertümlichen Holzräder über die Erde gingen, wurden Fabriken angelegt. Für die Köpfe der Herren wurden Hüte, für jene der Bauern Schirmmützen verordnet. Diese Verfügung bedeutete insofern keine Novität, als auch der bekannte Fez, mit dem der städtische Türke geboren zu werden schien, rund hundert Jahre früher – paradoxerweise ebenfalls im Zuge einer wenn auch schattenhaften Europäisierung – von Mahmud II. vorgeschrieben worden war, um mit dem Turban eine alte Welt zu stürzen. Frauen, deren Mütter bei Fahrten die Fenster der Droschke nur an Festtagen öffnen durften, waren jetzt Pilotinnen oder trugen an Umzügen als Turnerinnen in Shorts wallende Fahnen.

Die kemalistische Türkei hatte aus der Erkenntnis heraus, daß in einer vom Westen geführten Welt das Überleben und Prosperieren als unabhängiger Staat nur durch Annahme des westlichen Zivilisationsstandards möglich sei, sich aus eigenem Willen zur Modernisierung entschlossen und — gedacht, getan — drakonisch ihre Verwirklichung in die Hand genommen. Insofern stand und steht sie unter den Entwicklungsländern fast einzig da.

Um diese Wende des „Fortschritts" zu vollziehen, standen bis heute rund vierzig Jahre zur Verfügung. Die Voraussetzungen sind günstig gewesen, insofern als die Türkei, nachdem die Kemalisten das Heft fest in die Hand bekommen hatten, alle Ruhe dazu gehabt hat, da ihr wirtschaftlicher Existenzkampf im Grunde weniger hart war und ist als in manch anderem Staat. Die Türkei hatte mit dem Territorium, auf das sie sich beschränkte, hinsichtlich der Versorgung ihrer Bevölkerung jedenfalls die Möglichkeit, ein relativ unabhängiges, fast autarkes Land zu sein. Zugleich wäre sie in der Lage gewesen, andern Staaten wirtschaftlich etwas zu bieten und dies bereits im Rahmen ihrer traditionellen Produktionszweige. Außerdem fiel ins Gewicht, daß sie abseits des Zweiten Weltkrieges stehen und sich damit katastrophale Verluste in vielerlei Hinsichten ersparen konnte.

So erwartet man von der unter einem günstigen Stern begonnenen Modernisierung der Türkei, daß ihre Verwestlichung in rasch strömender Entwicklung steht und die junge türkische Kultur auf westlicher Basis sich aus der Nachahmung heraus zu schöpferischer Leistung eigener Prägung durchgearbeitet hat. Die Propaganda der Regierungen hat auch nicht verfehlt, eine solche Entwicklung zu behaupten. Was noch als unabdingbar altmodisch in die Augen springen mochte, wurde mit der Etikette „Anlaufzeit" und „Drehscheibe zwischen Ost und West" überspielt.

Eines ist sicher: Die ersten Schritte waren groß und rasch. Aber gerade darum ist man als Besucher aus dem Westen erstaunt, daß nach so großem Schwung sich ein Bild zeigt, dem eine gewisse Stagnation und provinzielle Isoliertheit nicht abzusprechen sind. „Drehscheibe" ist die heutige Türkei schon gar nicht; dazu fehlt ihr der Austausch, wie ihn zum Beispiel der Libanon aufweist. Die moderne Türkei ist sowohl mit dem Osten als dem Westen in schwacher Berührung. Sie lebt für sich.

Es ist ein Journalistentrick, eine beliebige kleine Begebenheit oder Eigenschaft zum Sinnbild aufzuplustern, an das umfassende Rückschlüsse gehängt werden. Der Trick ist möglich, weil es klare, konkrete Erscheinungen gibt, die in kleinstem und vereinfachendstem Maßstabe das Bild schwer faßbarer, weitgreifender Tatsachen wiedergeben. Eine solche ist jene Schirmmütze, die landauf, landab von den Männern des Bauernstandes und der untersten städtischen Schichten als Emblem des Westens so getreulich getragen wird. Da sie ja in Europa längst veraltet ist, bringt sie ungewollt diese Stagnation zum Ausdruck. Bis auf den heutigen Tag wirkt die vertrackte Kopfbedeckung wie eine Kostümierung.

Hier wird die doppelte Tragik der unvollständig ausgeführten fundamentalen Umstellung fühlbar: die Tragik des Verlustes der

Tradition, des teilweisen Verlustes der Identität, sowie jene, trotz der Opfer noch immer nicht am Ziel angelangt zu sein.

Auch zeigt sich die Stagnation in der Stellung der Frauen und symbolisch schon in deren Kleidung: Ihr „Stagnations-Kostüm“ ist eine zeitlose Kleidung europäischer Art. Sein Hauptstück ist ein dicker, von oben bis unten zugeknöpfter Wintermantel. Da er der sittigen Verhüllung dient, behält man ihn auch in hochsommerlicher Mittagshitze an. Er ist vor allem bei den Frauen der ärmeren, aber nicht bäuerlichen Schichten beliebt. Wer höher steht, trägt sich europäischer, wer niedriger altertümlicher. Diesem Auseinanderfallen der weiblichen Erscheinung — seltene Ultramodernität einerseits und historische Tracht andererseits mit Stagnation in Kompromissen dazwischen — entspricht auch die Stellung der türkischen Frauen.

Modern — und in einzelnen Fällen oft moderner als im Westen — ist ihre Teilnahme am Berufsleben im Rahmen der akademischen Berufe und der Büroarbeit. Hingegen ist die persönliche Bewegungsfreiheit der Frau noch stark traditionell beeinflußt. Von Schicht zu Schicht gibt es deutliche Unterschiede, aber ob Abgeordnete oder Fallschirmspringerin, eine Frau „kann nicht“ nach 8 Uhr abends allein in der Öffentlichkeit erscheinen. Sie verletzte damit gröblich den Anstand. Das gilt für vieles andere mehr.

In den ersten Jahren der neuen Türkei machte die Frauenemanzipation nicht Fortschritte, sondern geradezu Hochsprünge. Heute jedoch wird nicht mehr gesprungen, und Fortschritte werden durch Rückschritte aufgehoben. Zum Teil war dafür die Menderes-Regierung verantwortlich oder wird es gemacht. So hat sie das Obligatorium für den Schulunterricht der Mädchen wieder aufgehoben. Hinsichtlich der Regel, die unbegleitete Frau gehört nach Sonnenuntergang ins Haus, und eines gewissen Aufholens der Vermummung gegenüber der Entschleierung, wurde mir beteuert, das sei in den 40er Jahren anders gewesen und gehe allein auf die gestürzte Regierung zurück, die bei ihrem Stimmenfang bald mit einem modernen, meist aber mit einem reaktionären Köder geangelt habe.

Allerdings stieß ich auf einen seltsamen Rückschritt, der jünger als die Revolution ist. In Ankara erhielt ich auf meine Bitte, mich mit Pilotinnen in Kontakt zu bringen, von der zuständigen Amtsstelle die Versicherung, neuerdings würden grundsätzlich keine Frauen mehr als Pilotinnen, geschweige denn als Kriegspilotinnen, ausgebildet werden, ja Frauen könnten überhaupt nicht mehr Angehörige der Türkischen Luftwaffe sein. — Das Allerneueste in Sachen Modernisierung wäre also die Abschaffung der Pilotin, dieser berühmten kemalistischen Fanfare der türkischen Frauenemanzipation. Seither sind neue Interviews mit türkischen Düsenjägerpilotinnen erschienen. War die Auskunft falsch oder wurden die Vorschriften neuerdings geändert?

Nicht weniger als die Kleidung suggeriert die zeitgenössische Architektur einen gewissen Stillstand. — In jeder Stadt, vor allem in Istanbul und Ankara, begegnet man einem Nebeneinander von Altväterisch und Modern. In den alten Quartieren pulsiert das Leben, während den so langen wie spärlichen modernen Boulevards entlang eine kahle moderne Welt steht: Geschäftshäuser, Verwaltungsgebäude und Wohnhäuser, die meisten von der überholten Modernität der zwanziger und dreißiger Jahre. Selbst manche Gebäude jüngsten Datums unterstützen diesen Eindruck, indem sie, kaum errichtet, bereits sacht zerbröckeln.

Es läßt sich natürlich einwenden, manche Gebäude seien ja gerade von Europäern errichtet worden und im Westen gebe es zahllose ähnliche Bauten, von denen einige kaum überbietbar häßlich seien. Beides ist richtig. Doch wäre es falsch, nun zu folgern, diese „modernen" türkischen Bauanlagen seien daher weniger leer und trostlos, weniger Ausdruck einer tragischen Lage zwischen Stuhl und Bank. — Sicher ist die zeitgenössische westliche Architektur häufig häßlich: aber in anderer Weise häßlich und ganz sicher nicht immer.

Veraltete Werke westlicher Architekten wirken in der Türkei noch trübseliger als zu Hause. Denn hier haben sie etwas merkwürdig Sinnloses an sich. Manche besitzen einen physiognomischen Zug, eine Allüre, die in Europa zwar unangenehm, aber nur allzu verständlich wirkt, weil der Geist dahinter, einer der unschöneren Geister Europas, wohlbekannt ist. Oft entspricht er unerfreulichen europäischen Entwicklungsphasen, und um so unverständlicher muß sein architektonischer Ausdruck in der Türkei, die ihnen ja ferngestanden ist, sein.

So viel massive Häßlichkeit sich in der baulichen Gestaltung westlicher Städte auch zeigen mag, so fehlt doch der Geruch des Abgestandenen. Denn meist kochen sie förmlich vor Leben. Wo dies nicht mehr der Fall ist, sind sie doch Form eines vergangenen Inhaltes. Unschöne „moderne" türkische Architektur aber gibt den Eindruck von Leere, von europäischen Kulissen.

Die Unschönheiten der westlichen Architektur der Gegenwart werden von einer beachtlichen Anzahl schöner, anregender und vollendeter Werke durchbrochen. Das ist in der Türkei selten der Fall. Das Beste ist guter Durchschnitt und gelungene Nachahmung.

Hinter den augenfälligen wie den verborgeneren Ausdrucksformen einer Stagnation der Verwestlichung steht wohl die fundamentale Tatsache der sich nur stockend vollziehenden Entwicklung der Wirtschaft. Zwar ist es ein leichtes, auf die Errungenschaften im Zuge des wirtschaftlichen Fortschrittes hinzuweisen: der Bau großer Staudämme, von Silos; die vervielfachte Förderung von Kohle, Eisen, Erz, Kupfer, Chrom; die Erzeugung von Zucker, Stahl und Papier; die gewaltige Ausdehnung des Bodenbaus; der Ausbau des Straßennetzes, des Flug-, Eisenbahn- und Autobusverkehrs; der relativ stark gestiegene Besuch Höherer Schulen. Solchen Tatsachen stehen aber jene gegenüber, daß diese Errungenschaften oft in keinem Verhältnis zum Aufwand stehen und nicht immer von zweckmäßiger Ergiebigkeit sind. Trotz mehr als dreißig Jahren obligatorischem Schulunterricht kommt selbst die freundlichste Schätzung noch auf 60 Prozent Analphabeten; in kleineren Städten scheint es von Ärzten zu wimmeln, während der qualifizierte Arbeiter, der gute Vorarbeiter, der Fachmann in Handwerk, Industrie, Gewerbe, Bauwesen und Verkehr selten ist. Im Handels-, Bank- und Versicherungswesen sind Spezialisten ebenfalls keine Selbstverständlichkeit.

Ohne eine industrielle Revolution ist westlicher Standard undenkbar. Sie ist der Schritt zur Modernität. Diesen Schritt hat die Türkei noch nicht vollständig gemacht. Versuche, Vorstöße und Ansätze, ein modernes Wirtschaftsleben aufzubauen, stehen wohl da; aber die im Westen verbreitete Vielfalt, Differenzierung und Organisation fehlt. Auch die Arbeitsweisen entsprechen nicht dem zeitgemäßen Standard.

Es ist schwierig, die Fortschritte von Entwicklungsländern miteinander zu vergleichen, aber im Rahmen konkreter, leicht feststellbarer Tatsachen kann man nicht außer acht lassen, daß sich in Syrien und im Libanon ein eigener Baustil der gutsituierten Klassen entwickelt hat. Ob er einem gefällt oder nicht, ganz sicher ist er weder veraltet noch tot. Auch die syrischen Hotels sind „orientalische" Hotels, aber hier ist nichts von jener mit „orientalisch" entschuldigten Geistesabwesenheit in bezug auf die Bedürfnisse des Gastes zu spüren.

Warum ist dies so anders? Warum ist Syrien, trotz seiner teilweisen Abneigung gegen den Westen, westlicher als die Türkei, die in ihrer führenden Schicht sich die Rezeption westlicher Zivilisation und Kultur aufrichtig zum Ziel gesetzt hat? — „Den Türken hat eine Besetzung gefehlt" — ist ein oft gehörter, zynischer Satz, dessen Frivolität jedoch ein Körnchen Wahrheit enthält. Die Türken wollen westlich sein — allerdings nicht im Sinne einer Bejahung westlicher Art, sondern wie jedes Entwicklungsland um mit westlicher Zivilisation voll an den Errungenschaften der Technik teilzuhaben und damit auch zu den Starken zu gehören, ohne das Wesen der westlichen Kultur zu kennen. Demgegenüber haben selbst Völker, welche ein westliches Volk als Unterdrücker oder Patron gehaßt oder auch nur beneidet und bewundert haben, in vielem eine klarere Vorstellung, was westlich ist. Durch den unmittelbaren Kontakt im eigenen Land nehmen sie in einzelnen Zügen westliche Art oft von selbst, wo nicht sogar gegen ihren Willen an; sie atmen sie ein.

Türken von vorgestern, gestern und heute

Der teilweise Stillstand der türkischen Verwestlichung geht auf die Stockungen in der wirtschaftlichen Entwicklung zurück. Umgekehrt hat diese auch Wurzeln in der geistigen Verfassung der Türken.

Fragt man jemand, der eine Reise in ein anderes Land unternommen hat, nach den Verhältnissen, so ist es Mode geworden zu antworten: „Es gibt große Unterschiede, große Unterschiede!“ Damit will man sagen, es gebe neben einer kleinen, reichen Schicht eine große arme. In der Türkei gibt es ganz besonders große Unterschiede; aber sie liegen viel weniger in den materiellen Verhältnissen, obwohl es auch hier mitunter reiche und häufig arme Leute gibt, als in den verschiedenen Zeiten, denen die verschiedenen Bevölkerungsteile angehören. Es gibt moderne Türken, altmodische und altväterische.

Moderne Türken sind jene, die mehr oder weniger einen westlichen Maßstab an die Dinge legen. Ein Teil tut dies aus persönlich vollzogener oder traditioneller Hinwendung zum Westen — schon in spätosmanischer Zeit gab es türkische Familien, die mit einem halben Fuß im Westen standen. Meist jedoch sind sie Anhänger Atatürks, beziehungsweise des Kemalismus, oder deren Nachkommen. Sie sind häufig von einem gläubigen Fortschrittsoptimismus und Rationalismus getragen. Was immer an Fortschritten gemacht wird, geht von ihnen aus.

Die altmodischen Türken sind jene Kreise, deren Frauen den ewigen Wintermantel tragen. Sie bilden die Schicht zwischen den Fortschrittsfreudigen mit dem Glauben an Morgen und den Altväterischen. Soweit die Kenntnis westlicher Maßstäbe in ihrem Leben eine Bedeutung hat, so kommt sie aus zweiter Hand, aus jener der modernen Türken. Wo sie Westliches akzeptieren, so tun sie das im Sinne einer Nachahmung der gehobeneren Kreise.

Diesen beiden Gruppen steht die überwiegende altväterische gegenüber. Sie lebt durchaus nicht nur auf dem Land. Es gehört zu den Überraschungen des Besuchers, in Istanbul und Ankara „Großstädtern" von so ausgeprägt ländlichem Stil zu begegnen, daß die von ihnen bewohnten Quartiere wie Dörfer wirken. — Als eigentliche Landbevölkerung haben die altväterischen Türken mit dem Westen nur in Gestalt des Radios in den Cafés, des Autobus auf der Landstraße und des Flugzeuges am Himmel Bekanntschaft gemacht. Im übrigen leben sie materiell primitiv und geistig in der Welt des Islams; die Religion ist ihnen in allem erste und letzte Instanz. Diese Türken von vorgestern sind von einer Frömmigkeit, die sich höchstens mit jener des mittelalterlichen Europas vergleichen läßt. Die Religion und alle möglichen Sitten, Bräuche und Anschauungen, die sich durch ihre Befürworter irgendwie in ihr verwurzeln ließen, durchdringen in unvorstellbarem Ausmaß das Alltagsleben bis in kleinste Einzelheiten. Außerdem nimmt die Religion allein schon durch fünfmalige tägliche Andacht, die nicht nur den Ablauf der Gedanken, sondern sogar jenen der Körperbewegungen regelt, mehr Zeit in Anspruch als im Westen oft Mönche und Nonnen auf das Gebet verwenden. „Ora et labora!" — ersteres reichlich und letzteres nur soweit ganz unerläßlich — ist die Devise, nach der gelebt wird. Wie bauen nun diese Menschen eine westliche Kultur auf? Wie stellen sie es an, eine westliche Kultur auch nur zu wollen? Und wie können sie wollen, was sie nur in Gestalt einiger weniger technischer Errungenschaften kennen? Die geistige Rückständigkeit — das Wort ist hier nicht in wertendem Sinne, sondern lediglich im entwicklungsgeschichtlichen gebraucht — dieser Türken von vorgestern ist eines der größten Hindernisse einer raschen Entwicklung der Türkei. Nur durch ihre grundlegende, geistige Umstellung auf die Gegenwart ist sie möglich. Diese würde bedeuten, daß der altertümliche Menschenschlag sein Leben nach dem Fortschritt auszurichten und entsprechenden Lebensinhalten Raum zu geben hat, wozu die Religion gekürzt werden müßte.

Der Kemalismus ist an der Tatsache, daß das Fundament der Neuorientierung ein geistiges sein muß, nicht vorbeigegangen. Atatürk hat die folgerichtigen Schlüsse gezogen und mit entsprechende Maßnahmen getroffen: die Umkrempelung des Lebens gemäß dem Laizistischen Prinzip war und ist die Hauptoperation geblieben. Als unabdingbaren Preis des Fortschritts nahm man dem seelischen und geistigen Leben der Bevölkerung einen Teil seines Inhalts, um es mit einem neuen zu füllen — dem Streben nach dem Fortschrittsideal. Dieses Ideal haben der Begründer der modernen Türkei und seine Anhänger durchaus nicht mit einem humanitären verkoppelt — etwa mit höherem Lebensstandard oder individueller Entfaltung. Zweck und Bedeutung erhielt es vielmehr durch den Patriotismus. Das Fortschrittsideal ging aus dem Ideal einer unabhängigen und starken Türkei hervor. Die Verwestlichung galt als Gebot nationaler Selbsterhaltung in einer westlichen Welt.

Patriotismus und Führerverehrung konnten jedoch in einem auf Frieden eingestellten Staat kaum so groß und nahrhaft sein, als daß nicht in zahllosen Fällen die Religion ihnen gegenüber ihren Platz behauptet hätte. Und mehr als die Hoffnung auf eine unabhängige und starke Türkei vermochte die vom Kemalismus getragene Modernisierung nicht zu bieten, da dieser die Hinwendung zum Westen nicht als Hinwendung zu einem Wert, sondern als Mittel zum Zweck vollzogen hatte. So fällt es den breiten Massen nicht leicht, an die geistigen Werte des Westens heranzukommen. Und gerade diese hätten sie gebraucht, um die Leere im Alltag zu füllen, welche die Einschränkung des religiösen Bereichs aufklaffen ließ.

Die Ursache der Unzufriedenheit unter der altväterischen Bevölkerung ist beileibe nicht der tiefe Lebensstandard, sondern diese Einbuße an religiös durchdrungenem Alltagsleben, welche durch die zögernde Aufnahme neuer Inhalte nicht ausgeglichen worden ist.

Immerhin wurde dieses und jenes Bruchstück Westen mit seinen Werten und Mängeln übernommen. Ein besonders bedeutsames ist das Recht und die Pflicht, sich Elementarbildung anzueignen, lesen, schreiben und rechnen zu lernen. Schulung ist allerdings eine Gabe, mit der die türkische Landbevölkerung oft nicht viel anzufangen weiß. Wozu auch lesen und schreiben? Für das Leben, das sie tatsächlich führen, brauchen sie nur wenige, und die Frauen schon gar nicht. Dagegen hätten sie Bildung für das neue Leben nötig, das einen modernen Staat schaffen sollte und ohne welches dieser nicht verwirklicht werden kann. Nun wird eher mehr denn weniger ein neuer Staat gewünscht, aber eher weniger denn mehr eine neue Art Leben.

Bei der Betrachtung der großen hemmenden Bedeutung der Türken von vorgestern muß allerdings auch gesagt werden, daß in keinem Land die Bevölkerung in der gleichen Zeit lebt. Selbst jedes westliche Volk zählt Gruppen, die rückständig und zugleich Hüter alter Sitten und Bräuche sind. Aber in der Türkei ist der Mangel an Kontakt zwischen den durch Zeiten getrennten Bevölkerungsschichten besonders markant, was das Gewinnen der rückständigen Bevölkerung für die Modernisierung erschwert. Im Gegensatz zu den europäischen Verhältnissen sind die Gebiete mit einer unterentwikkelten Bevölkerung nicht von einem Netz moderner und begüterter Leute übersponnen, wie dies besonders in Gegenden der Fall ist, deren soziale Schichtung noch Elemente aus feudaler Zeit enthält. Türkische Bauern abgelegener Gegenden können sich nur ausnahmsweise ein Bild vom Leben der modernen Menschen machen. Die Wandlung vollzieht sich — bestenfalls sehr langsam.

So wie die Verhältnisse liegen, hängt die Modernisierung des Staates aber trotzdem von dem Kontakt zwischen modernen und altväterischen Bürgern ab. Mir scheint, er könne nur durch die Wirksamkeit von „Missionaren“ fruchtbar werden. Als „Missionare“ gelten jene modernen Türken, die Arbeitslust und Arbeitsethos predigen und in der Lage sind, den Wert dieses Glaubenssatzes praktisch unter Beweis zu stellen, indem sie die materiellen Voraussetzungen seiner Bewährungsmöglichkeit schaffen. Rückständige Landsleute erleben es rasch und am eigenen Leib, wie Arbeitswille sich lohnt und Arbeitsethos ehrt. Sind erst einmal diese entscheidenden neuen Werte als Inhalte angenommen worden, so steht der weiteren Modernisierung der Türkei endlich Tür und Tor offen.

Als Bestätigung, wie entscheidend da „Missionare“ sein können, hat sich ein Experiment der UNESCO erwiesen: Es ist so einfach wie originell. Im Auftrag des Erziehungsministeriums fuhr Beaugrand-Champagne, ein Spezialist der Erwachsenenbildung, begleitet von einigen türkischen Erziehern, in einem Jeep von Dorf zu Dorf und hörte sich jeweils eine Woche lang alle möglichen Klagen wirtschaftlicher Natur an. Hatte er so einen Überblick gewonnen, beriet er die Leute, indem er sie gegenseitig auf ihre besonderen Kenntnisse und Fertigkeiten aufmerksam machte. Die aus solcher Fühlungnahme erfolgte Beratung konnte innerhalb eines Jahres ganze Dörfer verändern.

Neben vereinzelten fremden Pionieren und den originellen Türken fehlt es auch nicht an „Missionaren" von der andern Seite her. Es sind junge, aber in alten Zeiten aufgewachsene Türken, die durch Offenbarung plötzlich Kinder der Gegenwart geworden sind. Wie alle „Bekehrten" besitzen sie einen besonderen Glaubenseifer. Sie haben es in der Hand, im Kleinen aber vielfältig Fortschritte aneinanderzureihen, die als Tropfen den Stein höhlen. Zu ihnen gehören nicht selten Dorfschullehrer. Sie verdanken ihre besondere Bedeutung als „Missionare" einer überaus glücklichen Schöpfung der modernen Türkei: dem Dorfinstitut.

Nach der Einführung des obligatorischen Schulunterrichts hatte sich bald gezeigt, daß unter jenen jungen Leuten, welche die zur Ausübung des Lehrerberufs vorgeschriebene Bildung besaßen, sich wenig fanden, die angesichts anderer Laufbahnen bereit gewesen wären, in abgelegenen Dörfern Schule zu halten, um — als „Intellektuelle" isoliert — nicht nur eine harte, sondern oft auch undankbare und gefährliche Arbeit zu übernehmen. Hier sollte das Dorfinstitut helfen, eine Organisation von Internaten, die während eines fünfjährigen Kurses Tausende der begabten Dorfjugend zu Dorflehrern und -lehrerinnen oder Hygiene-Beamten ausbildet und in kürzerer Frist auch Landhilfslehrer: Lehrer aus dem Dorf für das Dorf!

Ihr berühmtester Vertreter ist Mahmut Makal — und er müßte nicht ein schöpferischer Türke sein, um seiner Karriere und seinem Werk nicht das Gepräge absoluter Eigenständigkeit zu geben. Makal stammt aus einem jener mittelanatolischen Dörfer, in deren ein-

oder zweiräumigen Stein-, Lehm- oder auch Höhlenhäusern Bauern wohnten, die beim Pflügen das Joch selber schleppten, wenn der Ochs nicht mehr mochte, wo ein von einem späten Frühling gefolgter kalter Winter bei vorausgegangener schlechter Ernte die Neugeborenen eines ganzen Jahres hinwegraffen konnte, wo dem Verbot der Regierung zum Trotz Derwische ihr Wesen trieben und man den „Arzt" für seine Krankheiten etwa durch das Orakel einer im Wasser rasch rostig werdenden Nadel bestimmen ließ.

Achtzehn Jahre alt, nimmt Makal seine Lehrtätigkeit in einem ähnlichen Dorf wie dem seinen auf und traut angesichts all des ursprünglich Altvertrauten seinen Augen nicht. Er macht nun das, was noch keiner vor ihm getan hat. Er schildert, was er in den Dörfern unmittelbar sieht und hört, akkurat, unbestechlich, mit großer Freude am Einzelfall, aber nicht ohne gespieltes Staunen.

Er beschreibt, wie den Lehrer kein Schulhaus erwartet, wie der Hodscha die Moschee, in der die Kinder provisorisch unterrichtet werden, abschließt und den Schlüssel nicht mehr herausgibt, so daß für den Unterricht nur ein Stall übrigbleibt. Er erzählt, wie er Tag für Tag Spinngewebe über Spinngewebe zum Haus hinausfegen muß, wobei er auf massive religiöse Einwände stößt, zum Beispiel „Spinngewebe sind heilig, weil sie Ali vor seinen Verfolgern versteckt haben". Wie die Vorräte liederlich aufbewahrt werden und zu guter Letzt die Kuh das Dörrgemüse frißt, das man ebenfalls im Stall gelagert hat. Er berichtet, wie ihm als Lehrer schließlich auch keine andere Behausung als ein Stall gegeben wird, wo es durchs Dach so hereingießt, daß er seine Leintücher zum Zelt aufspannen und auf dem Boden einen Abflußkanal bauen muß. Man ließt, wie der Lehrer um Zeitungen gebeten wird — nicht des Lesens wegen, sondern um sie zum Stopfen der Löcher in den Mauern zu verwenden. Man fühlt ihm nach, wie er die Briefe selber auf der Post suchen muß, um sie — mit Glück — vielleicht hinter dem Kleiderkasten zu finden; wie Zeitschriften in zahllose Hände kommen, aber selten in jene der Adressaten.

In solcher Weise reihen „Bizim Köy" („Unser Dorf") und „Köyümden" („Von meinem Dorf") voll graziöser Verzweiflung eines intellektuellen Rationalisten, der nun einmal nicht mehr weiß, wo ihm der Kopf steht, im farbig-knappen Plauderton des „Rheinischen Hausfreundes" Bild an Bild aus den verschiedensten Bereichen des Dorflebens.

„Bizim Köy" hat (1950 erschienen) ungemein Staub aufgewirbelt. Sein erstes Ergebnis war im plumpsten Yok-Stil: Man führte den jungen Autoren, der haargenau, wenn auch in Art einer unterhaltsamen Jeremiade, das beschrieben hatte, was Millionen von Türken genau wissen mußten, als Subversiven, als „Kommunisten", ins Gefängnis. Dort blieb er nicht lange — die modernen Türken sind auch eine Realität: sie verhalfen ihm zu einer triumphalen Vortragsreise.

Bei der Unterredung, die er mir gewährte, fragte ich, ob die finanzielle Förderung durch die Menderes-Regierung die Verhältnisse in den beschriebenen und ähnlichen Dörfern verbessert hätte. — „Sie sind schlimmer geworden", meinte Makal. — „Wirklich? Man möchte meinen, die staatliche Hilfe hätte etwa da und dort jenen zweiten Ochsen ermöglicht, von dem Sie sich wesentlich mehr versprechen als von den Wundern landwirtschaftlicher Technik?" — „Noch einmal: im Gegenteil", versetzte Makal, „vielleicht steht es heute sogar schlechter als vor zehn Jahren. Es ist beim alten geblieben. Überdies sind die Leute durch die Aufnahme staatlicher Darlehen verschuldet, oft ohne daß diesen produktive Investierungen gegenüberständen. Das Geld, das für solche Ochsen gedacht gewesen war, mochte häufig an üppigere Hochzeiten und Moscheenbau gegangen sein."

Makals Werke sind keine soziologischen und wirtschaftlichen Studien, und es wäre falsch, sie zu verallgemeinern. Zehnköpfige Familien mögen in Höhlen und dunklen, mit Spinngeweben bedeckten Mauern hausen; nicht alle im Dorf sind zehnköpfig, und die zehnköpfigen sind nicht immer in dunklen Löchern. In anderen Gegenden wohnen die Bauern in freundlichen Häusern. Unterernährung, Seuchen und Kälte mögen in diesem und jenem Dorf einmal sämtliche Neugeborenen eines Jahres hinweggerafft haben; aber die

Zunahme der türkischen Bevölkerung um rund 3 Prozent jährlich ist ein Faktum. Die Bäuerinnen in „Bizim Köy" mögen arbeiten, bis sie vor Müdigkeit nicht mehr reden können; aber gerade in den beschriebenen Gegenden dauert die Feldarbeit nur wenige Monate; nachher ist die Freizeit für alle, besonders die Männer, sehr reichlich.

Makal hat das nicht in Abrede gestellt; er gibt lediglich einige Ausschnitte aus dem türkischen Alltag, wie er ihn aus eigener Erfahrung kennt. Er tut dies allerdings mit dem deutlichen Akzent eines Türken der Gegenwart, der sich von der Vergangenheit distanziert, die für seine Brüder noch immer Gegenwart ist. Es ist im Grunde genau diese Geisteshaltung und die Reaktion, welche die kemalistische Ideologie bei jedem Türken voraussetzt. Tatsächlich sind sie für die Entwicklung der Türkei unerläßlich.

Die moderne Türkei kennt zwei Typen fortschrittlicher Türken. Einmal jene, die meist ein einziges westliches Land ausgezeichnet kennen, oft so gut, daß sie dessen Sprache fast wie die eigene beherrschen. Sie sind die eigentlichen Pioniere — auf türkische Art, aber im Berufsleben westlich ausgerichtet. Für den Touristen interessanter ist aber der andere Typ, der sich für eine moderne Türkei einsetzt, so wie er Atatürk verstanden hat, daß sie beschaffen sein soll, ohne aber den Westen persönlich zu kennen, ja ohne auch nur für einen Tag die Heimat verlassen zu haben. Sie sind das fremde Land, die fremde Kultur — aber verständlich gemacht. Seinerseits bietet ihnen der westliche Besucher ein authentisches Stück jenes Westens, der, obgleich unvertraut, ein Teil ihres eigenen Weltbildes geworden ist — aber immer durch das Sieb kemalistischer Konzeption. Einen fremden Besucher empfangen sie wie einen Freund, mit dem man, ohne ihn je gesehen zu haben, seit Jahren Briefe gewechselt hat.

In beiden Gruppen pflegt eine Minderheit eine Prätention des Hypermodernen, die gerade das verrät, was man verleugnen oder doch verbergen will: die Befangenheit in altmodischen Vorstellungen. Handelt es sich um Vertreter der ersten Gruppe, so blenden sie durch die Vertrautheit mit den Klischees des entsprechenden Kulturkreises, bis plötzlich einmal die Larve des türkischen Parisien, türkischen New Yorkers oder türkischen Preußen sich verschiebt und unmißverständlich ein Stück Asien zum Vorschein kommt. Gehören sie zu den modernen, welche die Heimat kaum je verlassen haben, so täuschen keine fremden Federn, aber ihre Vorstellung von der Modernität ihres Landes besitzt gigantische Maße. Von ihnen hört der Reisende, daß das, was in der Türkei noch nicht modern ist, es doch morgen oder spätestens übermorgen sein wird.

Was sie auch immer über das türkische Leben erzählen, ist „ad usum delphini" zugeschnitten. Der Dauphin ist hier der westliche Gesprächspartner. Auch haben sie die Eigenheit, nach Komplimenten über eine moderne Türkei so hartnäckig zu angeln, daß es schwer fällt, sie aufrichtig zu machen.

Gerne fragen sie halb bittend, halb drohend: „Nicht wahr, bei uns sehen Sie keine verschleierten Frauen?" Der Besucher spürt, daß er das ganz sicher nicht sagen darf, daß er seinen Augen nicht traute, nach Atatürks rigorosen Neuerungen noch so viele bis über die Ohren eingepackte Frauen anzutreffen. So antwortet er gequält: „Verschleiert gewiß nicht, aber doch ziemlich vermummt", und enttäuscht damit. Ebenso unvermeidlich ist eine andere Suggestiv-Frage: „Selbstverständlich haben Ihnen Izmir und Iskenderun mit ihren schönen Kais am besten gefallen!" Man antwortet einerseits der Wahrheit die Ehre gebend, anderseits gerne bereit zu Anerkennung: „Im Grunde sind für uns Europäer die eigenartigen östlichen Berglandschaften interessanter ..." Doch schon hat sich das Gesicht des Gegenübers umwölkt, als hätte man einer auf ihre neue Frisur stolzen Frau gesagt, das Schönste daran sei ihr alter Kamm.

Dieses Verhalten entbehrt nicht der Tragik. Den Besucher befremdet es, daß so viele Türken ausgerechnet mit den schwächsten Punkten brillieren möchten und das Gespräch mit absonderlichen Tabus gespickt ist. Mitunter geht es zu wie im Märchen, wo der Sohn eines Geistes sich ins Auge getroffen fühlt, weil man einen Dattelkern auf den Boden gespuckt hat. Auf der vergeblichen Suche nach den Yürüken hatte ich mit meinen Begleitern Dorf um Dorf,

Honoratioren und die Runden der Stammgäste besucht. Ich war mit einem Enthusiasmus herumgeführt worden, als ob mir ein Heer von Touristen folgen würde. Ich war auf ihre Fingerzeige bald dahin, bald dorthin geeilt. Wenn ich an die Reihe bunter Bilder und Gesichter und das ständige Durcheinander dachte, schwindelte mir.

Plötzlich griff ich mir an den Kopf. Ich wußte ja nicht einmal die Namen der besuchten Dörfer. Ich nahm Papier und Feder zur Hand und wandte mich an Nedim: „In welchen Dörfern sind wir nun eigentlich gewesen?" Es war, als ginge plötzlich das Licht aus und eisige Zugluft streiche über den Tisch hin. Schweigen. Dann: „Wozu wollen Sie das wissen?" — Mit dem Gefühl, ins Leere zu greifen, suchte ich nach Worten. — „Nun, nur so. Ich gebe mir gerne Rechenschaft, wo ich durchgefahren bin." — Ein Blick der Mißbilligung traf mich: „Ich gebe Ihnen die Namen nicht." Ich schaute mich um. Kein Laut war zu hören, keine Bewegung zu sehen. Soeben hatten noch Freundschaft und Fröhlichkeit geblüht. Plötzlich mußte ich lachen.

„Hören Sie", wandte ich mich wieder an Nedim, „ich weiß einfach nicht, was Sie meinen. Warum sollte ich mir nicht die Namen von Dörfern merken, deren männliche Einwohnerschaft im Alter von 15—80 Jahren Sie mir ja vorgestellt haben? Abgesehen davon, wäre ja nichts leichter gewesen, als mir die Ortschaftsbezeichnung selbst zu notieren. Auch gibt es Landkarten, worauf jeder dieser Namen zu finden ist. Sie stellen mich vor ein Rätsel." Abweisend schaute Nedim auf die Tischplatte hinunter, um plötzlich aufzufahren. „Sie wollen die Namen für Ihren Roman?" — „Ich schreibe keinen Roman", erwiderte ich ärgerlich. Wieder der Blick strafender Mißbilligung. — „Was denn sonst?"

Die Verwirrung der Situation nahm von Sekunde zu Sekunde zu. Was war eigentlich geschehen? „Selbstverständlich erwähne ich diese Ortsnamen nicht, wenn Sie es wünschen. Aber sowohl die Widersprüchlichkeit als die Sinnlosigkeit Ihrer Weigerung, mir die Namen zu nennen, sind mir vollständig unerklärlich. Hat nicht gerade Ihr Freund noch vor einer halben Stunde gesagt, er hoffe, meine Beschreibung dieser Gegend rege Touristen zum Besuch an?" Ich versuchte noch einmal zu lachen. Aber Nedim war es nicht zum Spaßen. — „Sie zerstören unser Aufbauwerk", warf er mir unvermutet an den Kopf. „Sie wollen die Türkei als ein rückständiges Land voll Schmutz, Elend und darbender Bauern beschreiben."

„Welche Idee! An sich ist mir Rückständigkeit wie Modernität der Türkei restlos gleichgültig, so gleichgültig wie irgend jemand im Westen. Aber Angehörige der westlichen Zivilisation suchen in fremden Ländern das Ungewohnte, das Romantische, das Malerische. Der Bauer im Türkensitz auf dem Diwan, die Nachtlager auf vier Pfosten im Walde — sie wecken mehr Interesse, gewinnen dem türkischen Tourismus mehr Freunde als die Hinweise, der Posthalter hätte sich einen Eiskasten, der Arzt eine Hausbar angeschafft. Was habe ich schon gesehen? Einige Bauern in Cafés, die Veranda eines Bauernhauses, wieder andere Bauern in einem Café und nochmals andere Bauern im Garten ..."

Nedim antwortete endlich: „Gut! Da stehen also die Namen dieser Dörfer in Ihrem ‚Roman'. Die Regierung verfügt über eine Stelle, wo sämtliche die Türkei betreffenden Veröffentlichungen gesichtet werden. Dort wird auch Ihr ‚Roman' gelesen werden. Wenn man nun auf die Anführung dieser Dörfer stößt, so wird man sich erkundigen, wer sie Ihnen gezeigt hat. Dann bin ich Hängemann. Wer weiß, schlimmstenfalls könnte ich meine Stelle als Beamter verlieren. Kann ich dann mit meiner Familie zu Ihnen kommen, werden Sie für unseren Unterhalt sorgen?"

Absurd! „Etwas zu zeigen", selbst Dörfer, die ja jeder sieht, wenn er daran vorbeifährt, wäre ein Aus-der-Schule-Plaudern. Offenbar wird Folkloristisches häufig als Rückständigkeit empfunden, der man sich vor der westlichen Welt zu schämen hat. Die Illusion eines stürmischen Fortschritts wird zu einer vaterländischen Pflicht.

Warum nur hatte er mir dann die malerischen — und übrigens auch wohlhabenden — Dörfer so eingehend gezeigt? Wohl doch, weil er stolz auf sie und das Interesse der Touristen an ihnen war.

Gleichzeitig aber fürchtete er, seine harmlosen Hinweise auf altertümliche Lebensformen könnten ihm als defätistisch zur Last gelegt werden. Zwei Gedanken, die nebeneinander nur in einem türkischen Januskopf Platz haben können.

Patriarchalische Republik

Ob moderne Türken, gestrige oder vorgestrige — ihre staatsbürgerlichen Gefühle und Gedanken haben den einen festen Punkt: Atatürk. Seine Worte sind noch heute Evangelium. Denn selbst den altväterischen, die ihm den Laizismus und den entsprechenden Zwang zur geistigen Umwertung übelnahmen und ihn als Reformer nicht schätzen mochten, war er der Retter des Vatterlandes. (Was er den Kurden bedeutet, deren Erhebungen er dreimal, 1925/26, 1930, 1937, niederschlug, ist allerdings eine andere Frage.) Wo immer eine politische Polemik sich zuspitzt: Atatürk wird auf beiden Seiten angerufen. Andere Nationen mögen großen und kleinen Fürsten, guten und bösen Menschen, der Freiheit, der Post und wem nicht alles Denkmäler errichtet haben, in der Türkei hat nur einer Denkmäler: Atatürk. Dafür zahllose.

Dies verdankt er nicht allein der unendlichen Verehrung, die er genoß, sondern zugleich einer seiner Neuerungen, welche die Trennung von der Welt des Islams begleitete. Bisher waren Großtürken und großen Türken keine Denkmäler erstellt worden, weil der Islam die visuelle Wiedergabe des Menschen, überhaupt die figürliche Gestaltung, ablehnte, von welcher Regel nur eine Ausnahme zugunsten der Sultane gemacht wurde. Als erster überragender Kopf in einer Ära, die zum erstenmal das Konterfeien von Köpfen und ganzen Gestalten gestattete, war Atatürk auf dem Gebiet der Heldendenkmäler daher in doppelter Weise konkurrenzlos.

Aber selbst diese Fülle von Denkmälern verschwindet neben der Unzahl seiner Bildnisse. Welchen Raum man auch betritt, in der Bank, im Stationsbüro, im Gerichtssaal, auf den Polizeiposten, auf der Post, im Schulzimmer, Restaurant und Café, immer steht man dem Vater der Türken gegenüber. Bald eine vornehme Erscheinung in wallendem Feldherrnmantel und blanken Stiefeln, bald elegant im Frack, die Glacéhandschuhe lässig in der Linken, das gerne blond dargestellte Haar weltmännisch an die Schläfen geklebt, das eigenbrötlerische Gesicht ebenso weltmännisch geglättet. Welche Vorstellungen Türken auch immer von westlicher Kleidung haben mögen, über eine muß jedes Kind im östlichsten Bergdorf restlos Bescheid wissen: über den Frack. — Es fehlt nicht an diskreter Variierung des Themas: Held, Staatsbegründer und Führer. Ismet Inönü, Eckpfeiler der modernen Türkei – sei es als General in den Siegen über die Griechen, als Bevollmächtigter beim Abschluß des Vertrages von Lausanne (1923), als rechte Hand des Staatschefs beim Schaffen der neuen Einrichtungen, als langjähriger Staatspräsident oder nach dem Umsturz bis vor kurzem als Ministerpräsident – steht einen Schritt neben oder hinter ihm. Im Schatten des Titanen zwar, aber in exklusivem Schatten. Oder der Landesvater erläutert barhaupt im Sakko und steifen Kragen einer Schar von Buben und Mädchen das lateinische Abc an der Wandtafel. Auf allen Bildern ist Atatürk derselbe: Verbissene und launische Lippen, eine Spürnase und scharfe, in sich gekehrte Augen mit üppigen Wimpern.

Was dieser Geist sich für die Türkei erdacht hat, regiert sie noch heute. Und wie sollte er es nicht? Er hat den Weg gewiesen, als ihn bei dem auf den Ersten Weltkrieg folgenden inneren und äußeren Zusammenbruch des großtürkischen Reiches keiner mehr sah.

Er hatte mit Hilfe der von ihm entflammten Armee die neue Türkei nicht allein ins Leben gerufen, sondern schenkte ihr auch die Form ihres neuen Daseins.

Diese Lösung lag durchaus nicht in der Luft. Noch kurz zuvor waren die populären Strömungen in ganz anderer Richtung gegangen. Der Gedanke eines großtürkischen Reiches hatte seinen Glanz lange behalten. Noch anfangs dieses Jahrhunderts, und erst recht nachdem die Jungtürken an Bedeutung gewannen, gab es hochfahrende Pläne, etwa den Panislamismus, welcher unter türkischer

Obhut die 300 Millionen Moslems umfassen sollte, aber auch den damit kollidierenden Traum von Turan, eines um alle turk-tatarischen Völker geschlungenen Bandes. Daher war die kemalistische Beschränkung des türkischen Territoriums, der türkischen Aspirationen, auf Ostthrazien und Anatolien, die überraschende Metamorphose eines zerfallenen Weltreiches in einen bescheidenen, aber soliden Nationalstaat, die ausgefallenste, aber zur Zeit einzig vernünftige Lösung — ausgedacht und in Szene gesetzt durch den einen Spiritus rector. Ähnliches gilt für den europäischen Charakter und Habitus, den die neugeschaffene „moderne Türkei" anzunehmen sich entschloß und teilweise angenommen hat.

Wie immer wieder gesagt werden muß, hatten Bestrebungen, mit dem durch die Technik nicht mehr fortschreitenden, sondern springenden Westen Schritt zu halten, schon vor mehr als hundert Jahren eingesetzt. Von einer Europäisierung sprach man seit Generationen, aber Atatürk hatte als erster die volle Einsicht in die Notwendigkeit einer Abtrennung des Volkes von dem jede Lebensäußerung erfassenden Weltbild des Islams, wenn auch nicht von dem mohammedanischen Glauben als solchem. Atatürk vollzog die entsprechende Operation — etwas an das man kaum gedacht, geschweige denn für möglich gehalten hatte. Durch die Gestaltung der modernen Türkei gab Atatürk dem Staat eine von ihm ersonnene Form. Doch mochte sie wohl kaum das ihm vorschwebende Bild ganz genau getroffen haben.

Atatürk ist insofern eine umstrittene Gestalt, als die einen in ihm den Tyrannen sehen, die andern den heldenhaften Feldherrn, großen Staatsmann und weisen Führer. Eines scheint sicher: Atatürk hat bei der Verwirklichung seines Modernisierungsprogrammes gebrochen, was sich nicht beugte. Insoweit ist er zweifellos Diktator. Hingegen weicht er sowohl in seiner Machtergreifung als auch in seiner Hinterlassenschaft vom Diktatorentypus ab. Er brachte allem zuvor Rettung aus Niederlage und Chaos. Dieser grundlegende Schritt zur Schaffung seines Werkes, die Integrierung der Türkei als Nationalstaat, bewirkte allerdings auch seine fast absolute Macht, die er fest in den Händen behielt. Atatürks Vermächtnis war ein sanierter, konsolidierter Staat. Nichts Blendendes zwar, aber endlich ein Fundament, auf dem die Nachfolger weiterbauen konnten. Überdies kann nicht genug hervorgehoben werden, daß er, obgleich persönlich ein brillanter Sieger, keine Eroberungsgelüste kannte oder ihnen widerstand; er hetzte sein Volk in keine Kriege.

Doch war er trotz kraftvollen Mitarbeitern, Parlament und einer unter seinem persönlichen Segen sorgsam gepflanzten, aber bald wieder eingegangenen Oppositionspartei ein Autokrat reinsten Wassers. Der Name Atatürk bedeutet „Vater der Türken". Es ist der Ehren- und Familienname, den ihm die Große Nationalversammlung verlieh, als sich auf sein Geheiß 1935 jeder Türke einen Geschlechtsnamen zulegen mußte. Ob dem einen und andern das Paradoxon aufgefallen ist, dem Begründer einer Republik jene Bezeichnung als Namen zu geben, mit der die bevormundenden Regierungshäupter aller Zeiten ihr Verhältnis zum Volk verklärten, nämlich Landesvater? Es können nur wenige gewesen sein und wären noch heute wenige. Denn das Verhältnis des durchschnittlichen Türken zum Staat ist selten durch das Gefühl einer persönlichen Verantwortung am staatlichen Leben gekennzeichnet. Es ist vielmehr dasjenige einer vertrauensvollen Abhängigkeit und eines gläubigen Aufblikkens zu einer Macht, die alles tun könnte, wenn sie nur wollte; es sei denn, das Vertrauen schlage ins Gegenteil um, in revolutionäres oder resigniertes Mißtrauen und entsprechende Gefolgschaftsverweigerung – Dieses Bild von der Stellung des Bürgers zum Staate hat sich mir in überraschendem Maße bestätigt, wo immer die Rede auf die kurz zuvor vollzogene unblutige Revolution kam. So schien sich niemand mehr zu erinnern, ursprünglich selber im Sinne der Demokratischen Partei gestimmt und damit der gestürzten Regierung zur Macht verholfen zu haben. Die Stimmung suggerierte, daß diese überhaupt nicht aus dem türkischen Volk hervorgegangen sei, sondern als eine Bande Usurpatoren aus der Welt des Bösen.

Bald machte ich mir zur Gewohnheit, in bezug auf das politische Leben nur zwei bestimmte Fragen zu stellen. Unverfänglich, wenn auch das Wesentliche betreffend, gestatteten sie den Befragten ohne Risiko mißverstanden zu werden, zu antworten.

Die erste Frage lautete: „Was hat Ihnen an der abgesetzten Regierung nicht gefallen?" Besonders mißfallen hatte die Begünstigung der Bauern.

Dieser Vorwurf der Städter entsprang nicht Neid allein, nicht nur der Entrüstung über die häufig unrationelle Verwendung der Subventionsgelder durch die Bauern, sondern vor allem dem Verdacht, die gouvernementale Unterstützung der Landwirtschaft hätte den Charakter einer Bestechung der Landbevölkerung unter Verrat kemalistischer Grundsätze gehabt. – Mit Vorliebe wurden auch die Industriellen gewährten Kredite an die Bedingung geknüpft, daß jene für Stimmabgabe ihrer Belegschaften in regierungsparteilichem Sinn einstanden.

Auch der Vorwurf einer allzu pro-westlichen, allzu pro-amerikanischen Außenpolitik wurde erhoben, nicht zuletzt, weil sie mit dem Ausbau eines großen, kostspieligen Heeres verbunden war.

Der entscheidende Vorwurf aber galt der Einschränkung der Presse- und Versammlungsfreiheit sowie der politischen Rechte des Bürgers.

Interessanterweise erweisen sich die dem Menderes-Regime zur Last gelegte Einschränkung der Pressefreiheit und Störung der staatlichen Willensbildung als gar nicht so neu. Es ist eine Ironie des Schicksals, daß ausgerechnet die beiden abgesetzten Magistraten, Bayar und Menderes, zusammen mit zwei Getreuen in den vierziger Jahren ihren Weg zur Macht in der Weise antraten, daß sie im Namen der Verfassungstreue unentwegt Parlament und Regierung wegen Verletzung der Pressefreiheit und Fälschung des Wahlresultates auf die Finger klopften.

Am Victory Day unterbreiteten sie der Großen Nationalversammlung eine Motion, in der gebeten wurde, daß den in der türkischen Verfassung vorgesehenen Freiheitsrechten entsprochen und somit die Pressefreiheit gegenüber willkürlicher Kontrolle durch das Kabinett geschützt werde. Bei der Ratifikation der UNO-

Charta durch die Große Nationalversammlung benützten sie die Gelegenheit, um noch einmal die Anwendung der demokratischen Verfassungsgrundsätze zu verlangen. Die sich angegriffen und bedrängt fühlenden Extremisten der Republikanischen Volkspartei hielten in den darauf folgenden Wahlen Angehörige der Opposition und Unabhängige von der Kontrolle der Resultate zurück. Einmal mehr an der Macht, versuchte die Volkspartei 1946 unter Ministerpräsident Recep Peker unerwünschten Mahnungen seitens der Opposition einen Riegel vorzuschieben. Pressegesetz und Strafgesetz wurden vorgeblich zum Schutze des Staates revidiert. Die Sicherheit des Staates sollte es nicht mehr erlauben, daß die Zeitungen Mißbräuche bei den Wahlen rügten.

Das Maß war voll. Bei den nächsten Wahlen ging daher die Sympathie des Volkes zu den Streitern für Recht und Freiheit über, die zehn Jahre später als Tyrannen, Gangster und Verbrecher abgeschüttelt werden sollten. Was immer man den von der Republikanischen Volkspartei getragenen staatlichen Organen vorgeworfen haben mochte, nun zögerten sie nicht, ihre fast absolute Macht loyal an die neuen Volksvertreter abzugeben.

Aber jetzt benutzten die notorischen Freiheitskämpfer die Gelegenheit, die Fehler der Gegner nun selber zu machen. Unbekümmert um die Grundgedanken der Verfassung, vom Ziel beseelt, selber an der Macht zu bleiben, gingen sie noch weiter als ihre Vorgänger. Das Prestige der demokratischen Führer zerfiel innerhalb weniger Jahre.

Meine zweite Frage lautete: „Was erwarten Sie von einer Neuregelung?“ Jene Türken, die weder zu den altväterischen noch zu den modernen zu rechnen sind, hatten eine Standardantwort zur Hand: Schulen und Fabriken.

Das Klischee schien mir für das Ziel einer Revolution doch etwas zu gemäßigt und kaum stichhaltig. Denn ich bezweifle, ob man sich in diesen Kreisen etwa über die Lockerung des Schulunterrichts der Mädchen besonders aufgehalten hat. — Die Fabriken? In dieser Richtung war die gestürzte Regierung nicht untätig gewesen, wenn auch nicht immer glücklich. Und warum kam nicht einmal der Gedanke an privates Unternehmertum? Vom Staat scheint in den Augen allzuvieler Türken die Lösung allzuvieler Probleme kommen zu müssen.

Moderne Türken hingegen legten den Finger oft auf den entscheidenden Punkt: Eine zukünftige Regierung soll sich nicht rechtsmißbräuchlich halten können. Die neue Verfassung muß gegen das Überwuchern der Macht von Exekutive und Parlament Vorkehr treffen. Die Mehrheit soll entscheiden, aber in bestimmten Grenzen. Sie darf die Stimmen der politischen Minderheiten nicht ersticken, so daß diese von der Meinungsäußerung ausgeschlossen werden.

Das Ziel der Revolution schien in erster Linie ein juristisches zu sein. Die neue Verfassung vom 9. Juli 1961 hat die erstrebten staatsrechtlichen Handhaben geschaffen. Die Menschenrechte und ihre Garantien finden darin einen breiten Platz. Legislative und Exekutive werden klarer auseinandergehalten. Das Zweikammersystem — Große Nationalversammlung und Senat — und die Verfassungsgerichtsbarkeit sollen eine Machtüberbordung der Mehrheit verhindern. Den nationalen Wahlen wird anstelle des Majorzsystems das Proporzsystem zugrunde gelegt, damit den politischen Minderheiten eine gewisse Gewähr geboten ist, durch Leute ihres Vertrauens vertreten zu werden.

Der Militärjunta, welche die Macht ergriffen und sie während siebzehn Monaten fast absolut innegehabt hatte, ist es gelungen, der Versuchung der Macht zu widerstehen und diese als echte Treuhänderin auf die neugebildeten staatlichen Organe zu übertragen.

Aber es besteht noch die alte Aufgabe der Neuen Türkei, sich zu einem modernen und prosperierenden Staat zu entwickeln. Eine Aufgabe, welche die von den politischen Erschütterungen der letzten Jahre bewirkte zeitweise Lähmung der Wirtschaft nicht leichter gemacht hat.

Auch verfolgte ein Teil der militärischen Kräfte, die durch die Revolution Bedeutung erlangt hatten, eher nationalistische als rechtsstaatliche Ziele. Vorläufig wurden sie immer wieder kaltgestellt; aber ihr Anhang — gerade auch unter der intellektuellen Jugend — ist bedeutend.

Das verwirrendste Problem jedoch stellt die neue Gerechtigkeitspartei, geistige Erbin der verbotenen Demokratischen Partei Menderes', und größte Partei des Landes, dar. 1960 war die Demokratische Partei verboten. Niemand wollte mit ihr zu tun gehabt haben. Bald aber wurde ihr Einfluß unter neuem Parteinamen wieder so groß, daß sie die Amnestie der von der Revolution als Verbrecher Verurteilten durchdrücken konnte. Die übrigen Oppositionsparteien gesellten sich ihr zu, und nach dem Rücktritt der Koalitionsregierung unter Inönü im Februar 1965 hat sie den Weg zur Macht beschritten. Ob sie ihre Stellung festigen kann, wird vom Ergebnis der Wahlen im Herbst 1965 und der Einstellung der Armee abhängen.

Putsche, Revolten und Demonstrationen sind die Blasen, welche diese gärenden Probleme aufwerfen. Aber die moderne Türkei ist selbst in diesem unruhigen, dynamischen Zustand ihrem paradoxen Wesen als patriarchalische Republik bis heute treu geblieben. Denn ist es nicht der Respekt vor den so verdienst- wie maßvollen Männern der Führung – vor Gürsel und bis vor kurzem Inönü –, welcher das Volk zusammenhielt und ihm bis heute Machträusche und Katastrophen erspart hat?

Entschleierte Frauen im Wintermantel

Drei überlieferte Axiome und einbrechende Emanzipation

„Wie viele Frauen haben Sie?“ oder „Was macht Ihr Harem?“ darf man keinen Türken fragen. Schon Anspielungen genügen, um es mit ihm zu verderben. Aus drei Gründen: Einmal wird über die Ehefrau nicht gesprochen. Zum anderen war die Vielweiberei in vielen kultivierten Familien — aber beileibe nicht in allen — schon Generationen vor Atatürk abgelehnt worden.

Das Hauptmotiv jedoch liegt auf einer anderen Ebene. Die Stellung der Frau und mit ihr gerade auch die Einehe, die Aufhebung der Verschleierung und die Befreiung der Frau aus engster Häuslichkeit bilden für die „modernen Türken“ ein entscheidendes Kriterium der Modernisierung der Türkei überhaupt. In diesem Punkt wird kein Spaß verstanden. Die Diskussion über die Stellung der türkischen Frau ist daher mit Empfindlichkeit, kleinen Sophistereien und klugem Schweigen belastet. Nicht zuletzt bindet man in heiligem Eifer dem Besucher gerne einen Bären auf.

Die frühere Ausgestaltung des weiblichen Lebens, und zum Teil auch noch die heutige, ergeben sich aus drei Grundgedanken über das gesellschaftliche Verhältnis der Geschlechter. Diese sind selbstverständlich keine türkischen Spezialitäten. Nichts Internationaleres! Orientalisch und damit auch türkisch ist jedoch ihre unvergleichlich stärkere praktische Ausprägung bereits gegenüber den alten und noch mehr gegenüber den modernen westlichen Kulturen.

Die drei Grundgedanken: Die menschliche Gesellschaft ist eine Gesellschaft von Männern; die Frau ist nicht Subjekt, sondern Objekt, ein Teil des männlichen Geschlechtslebens; die sexuelle Beziehung selbst ist im weitesten Sinn tabu, das heißt, sie darf so wenig wie möglich in den Gesichtskreis Dritter treten.

Es ist wirklich nichts Neues, daß die menschliche Gesellschaft, im Sinne ihres öffentlichen Charakters, eine Männergesellschaft sein soll. Daß aber der öffentliche Charakter im allerwörtlichsten Sinn zu verstehen ist, steht einer westlichen Betrachtung ferner. In der Welt der türkischen Männer dagegen scheint es noch heute in erster Linie nur Männer zu geben.

Abgesehen von einigen Ausnahmen, zeigen Straßenbild, Handel und Wandel Männerleben und nochmals Männerleben. Sind ein Drittel der Passanten Frauen, so ist das viel. Die Cafés sind fast immer bis auf den letzten Platz besetzt — mit Männern. Die wenigsten trinken wirklich Kaffee. Die meisten sitzen einfach da oder machen ein Spielchen. Als Mann ständig von andern Männern umgeben zu sein, scheint die normale Daseinsform zu sein. Mit Vorliebe kommen die Männer abends in den Wirtschaften zusammen, nicht etwa zu einem Glas, sondern bereits zum Nachtessen selbst. Man schmaust und trinkt als Busenfreund in kleineren und größeren Runden. Männergesellschaft rundet den Tag gemütlich ab, in ihr allein scheint es Behaglichkeit und Heiterkeit zu geben. Allerdings hilft der Raki nach. Dieser absinthähnliche, aus Rosinen und Anis hergestellte Schnaps macht kein Kopfweh, aber rasch euphorisch. So herrscht in den von Zierkürbissen, Reblaub und allerlei Winden umrankten Lauben gedämpfte Fröhlichkeit.

Jeder Mann scheint den andern gern zu haben und ohne Frauen restlos glücklich zu sein. Auffallend ist die Zärtlichkeit, die Männer einander entgegenbringen; nicht etwa abwegige, sondern die freundschaftliche Ausdrucksform eines Verhältnisses von Bruder zu Bruder. Arm in Arm spaziert man nicht mit seiner Frau, sondern gelegentlich mit einem Freund. Auch Hand in Hand — ja selbst mit ineinander geschlungenen kleinen Fingern.

Abgesehen von familiären Banden, wirkt jeder geformtere menschliche Kontakt als ein Band unter Männern. Sie bilden die Gesellschaft der Menschen. Die Frauen gehören nicht dazu.

Wozu gehören die Frauen?

Die Antwort gibt das zweite in der Türkei der Stellung der Frau ursprünglich so konsequent zugrundegelegte Axiom: Die Frau ist ein Teil der männlichen Geschlechtlichkeit. Diese Komplementärbedeutung bringt es mit sich, daß ihre Bedeutung als Persönlichkeit relativ gering ist. Sie ist nicht Subjekt, sondern Objekt.

Eine junge Deutsche, die einen Türken geheiratet hatte, um schon nach wenigen Monaten die Türkei desillusioniert zu verlassen, meinte: „Die Frau ist ein Möbel. Man stellt es im Hause auf; man braucht es; aber wichtig ist es nicht."

Ein Bräutigam wird die Braut wohl eher als Juwel betrachten. Aber das wäre nicht sehr viel anders. So oder so geht es um etwas, das besessen wird. Der Anspruch auf Ungestörtheit und Unangefochtenheit dieses Besitzes, auf fast absoluten Besitz, spielt daher eine riesige Rolle. Das zieht im praktischen Leben auf Schritt und Tritt Konsequenzen nach sich.

Während die türkischen Ehemänner den körperlich-erotischen Besitz der Frau mit einer für uns ins Absurde gehenden Pedanterie ausbauten, hatten die europäischen offenbar eher die Neigung, hinsichtlich der Objektbedeutung der Frau beim körperlich-erotischen Besitz etwas nachzusehen, um dafür die materielle Bedeutung ihres Objekts unter ihre Botmäßigkeit zu bringen. Größere persönliche Freiheit bezahlten die europäischen Ehefrauen mit mehr Arbeitsleistung und vermögensrechtlichen Tributen, während die Türkin in diesem Punkt erstaunlich unabhängig war.

Auch das dritte Axiom ist bis zu einem gewissen Grade westöstliches Gemeingut; mehr oder weniger ist die Sexualität allenthalben tabu. Im Mittleren Osten und auch in der Türkei ist sie es wohl ganz besonders. Im öffentlichen Leben, wo man Mensch ist, wird keine Andeutung des Vorhandenseins sexuellen Lebens geduldet. Die türkische Prüderie, der türkische Puritanismus ist im Vergleich zu westlichen Kulturen nicht zu überbieten. Sonst bleibt wenig Platz für Tändeleien, Flirts, erotische Freundschaften und freundschaftliche Erotik; da ist weder geistreiche noch grobe Frivolität zwischen den Geschlechtern, auch keine Romantik. Und ganz besonders keine Küsse in der Öffentlichkeit.

Selbst die Venus von Milo darf sich kaum zeigen. Im Zuge der Zuwendung zum Westen und seinen Kulturschätzen haben Miniaturreproduktionen vereinzelter zeitloser Kunstwerke den Weg in die Türkei gefunden. Mit ihnen auch die Venus von Milo. Doch jene, die ich als Maskotte auf dem Verkaufstisch einer ländlichen Handlung antraf, hatte nicht nur keine Arme wie das Original, war nicht nur ohne Unterleib, was sich in der Türkei von selbst versteht, sondern es fehlte gleich noch der ganze Rumpf; geblieben waren allein Kopf, Hals und ein undefinierbares Stücklein vom übrigen, das ahnen ließ, es gehöre noch mehr dazu.

Die althergebrachte traditionelle Stellung der Türkinnen ist im Gegensatz zu den westlichen Lösungen — selbst den alten — nichts anderes als die verhältnismäßig kompromißlose Folgerung aus diesen drei Grundgedanken. Die Konsequenzen sind nicht etwa summarisch, sondern bis in feinste Verästelungen ausgebaut. Die entsprechende Stellung der Frau besteht in wenig veränderter Form für einen beachtlichen Teil der Bevölkerung noch heute.

In diese Ordnung brach mit Atatürks Hinwendung zum Westen das Gedankengut der Frauenemanzipation unvermittelt ein. Den drei alten Axiomen erwuchs Konkurrenz in einem neuen, das den beiden ersten diametral entgegengesetzt war und die Bedeutung des dritten reduzierte.

Das neue Axiom, dessen Verständnis man von offizieller Seite mit Gebrauchsanweisungen tüchtig nachhalf, lautete: die Frau ist Persönlichkeit. Das bedeutete einmal, daß sie mit politischen Rechten ausgestattet wurde, um grundsätzlich wie die bisher einzigen „Persönlichkeiten“, die Männer, unmittelbar an der Vergesellschaftung teilzunehmen. Ferner, daß sie ihre Bedeutung als Objekt gegen jene als Subjekt eintauschte und damit nicht mehr bis in ihre visuell erfaßbare Gestalt Besitztum war. Die Türkinnen durften, ja sollten den Schleier ablegen. Entsprechend mußte das Tabu der Sexualität, wo es mit der Persönlichkeitsbedeutung der Frau besonders absurd in Widerspruch geriet, aufgehoben werden — aber nur dort.

Das Leben der modernen Türkin wickelt sich nach Grundsätzen ab, die für unser Gefühl in einem starken Gegensatz zueinander stehen. Zum großen Teil haben sie auch ineinandergegriffen. In alltäglichen Kleinigkeiten führte das zu Kompromissen, die vielen Türken als gewaltige Schritte ins moderne Leben hinein erscheinen, uns jedoch oft als bloße Lockerung der alten Regelung. — Bei der türkischen Frauenbewegung hatten sich hauptsächlich Männer bewegt, die Frauenemanzipation war von Männern gemacht worden. Sie stellten die Erfüllung von Postulaten der westlichen Frauenbewegung hübsch arrangiert auf dem Servierbrett vor die türkischen Frauen hin und baten, doch zugreifen zu wollen.

Atatürk war nicht der einzige und nicht der erste türkische Feminist. Die Frauenemanzipation gehörte schlechterdings zum Europäisierungsprogramm der westlich orientierten Politiker. Seit sich die Jungtürken 1908 durchgesetzt hatten, gab es viel freundliche Ermunterung von führenden Männern und vielleicht sogar mehr Feministen als in irgendeinem westlichen Land, obgleich erbitterte Gegner in großer Zahl nicht fehlten. „The champions of women — the men who lead“ konnte Grace Ellison, eine begeisterte Kennerin der Türkei zur Zeit der Umgestaltung, ein der türkischen Frauenemanzipation gewidmetes Kapitel überschreiben. Aber es fehlte an eigentlichen Feministinnen, an Frauen, welche die Verwirklichung der Gleichberechtigung der Geschlechter zum Hauptinhalt vieler Jahre ihres Lebens gemacht hätten.

Die eine und andere prominente Türkin aus der Zeit des Umbruchs, vor allem Schriftstellerinnen, hat mit der Frauenemanzipation aufrichtig sympathisiert, keine jedoch hat sie ihren andern Zielen vorangestellt. Auch die hervorragendste, Halidé Edib, war Schriftstellerin, Pädagogin und Patriotin und dann erst Feministin.

Keine hat sich im Namen der Frauenemanzipation auch nur exponiert. Und neben der Ulema, die Kirche, Erziehung und Rechtswesen in Händen hatte und schon von Berufs wegen islamische Tradition hütete, waren gerade die Frauen der alten Generation oft erbitterte Feindinnen der Frauenemanzipation.

Zwei phantastische Ausnahmen aber gab es doch: Zeyneb und Melek. Diese beiden Namen erhielten sie als Gestalten eines Romans, der in einem außergewöhnlichen Sinn Teil ihres Lebens war. Einst Weltsensation, ist er heute fast vergessen. Beide setzten alles ein und auf eine Karte, und zwar restlos „an ihrem Platz".

Ihr Platz war nach dem Bericht ihrer Freundin Grace Ellison dort, wo es Juwelen wie Unkraut gab und Gegenstände aus Gold allein zu schäbig gewesen wären: das Haus ihres Vaters Nuri Bey, Sohn des französischen Renegaten Marquis de Châteauneuf und Minister Abdul Hamids zur schlimmsten Zeit der Terrorherrschaft. Ihre Weltanschauung war jene reicher, verwöhnter, aber begabter, ungemein belesener und vor allem romantischer junger Mädchen, die in ihrem edelsteinübersponnenen Salon Hof hielten, zu dem sich die prominenten Besucherinnen Konstantinopels drängten.

Ihr Feminismus beschränkte sich eigentlich auf drei Hauptpunkte: Die Forderung, daß keine Frau gezwungen werden sollte, einen Mann zu heiraten, den sie nicht kennt, geschweige denn liebt; dann jene, daß die Frau als geistiges Wesen im persönlichen Kontakt Gedankenaustausch mit Männern pflegen könne; und schließlich das Postulat der Befreiung vom Schleier. Den Ausschlag zum Feminismus gab Zeynebs Heirat mit dem Sekretär ihres Vaters, dem späteren letzten Außenminister des letzten Sultans. Gegen diesen Ehemann war nichts und alles einzuwenden, nämlich, daß sie ihn nicht liebte, er für sie nur irgendeiner war.

Zeynebs und Meleks Vorgehen, für diese Postulate zu werben, gehört zu den faszinierendsten Beispielen jener unfehlbaren, kühnen Originalität, die bedeutende Türken kennzeichnet.

Sie saßen in ihrem von Eunuchen bewachten Harem und sannen hin und her, was sie für die Befreiung der Türkinnen unternehmen könnten. An den gebildeten Westen appellieren? Aber wie? Ihr Nachbar hatte einige harmlose Gedichte geschrieben, deren Folgen eine Hausdurchsuchung und bald darauf sein und seiner Familie geheimnisvolles Verschwinden — für immer — gewesen waren.

Wenn Dichter schon dazu neigen, das Herzblut der Geliebten zu mißbrauchen, um auf dem Altar der Kunst zu opfern, warum sollte zur Abwechslung nicht einmal deren eigenes Herzblut herhalten und die Geliebte die Abfassung von Denkschriften übernehmen, damit auf diesen Altar käme, was unbedingt dorthin gehörte. Zeyneb und Melek und eine rein imaginäre, dafür ganz besonders verliebte Dritte, Djénane, arbeiteten mit Hilfe einer Lehrerin der französischen Sprache einen zarten Liebesbrief aus, den sie *poste restante* an den damals vergötterten Romancier Pierre Loti (den Marineoffizier Julien Viaud) sandten. So viel weiblichem Mysterium aus türkischem Harem konnte der alternde Schriftsteller nicht widerstehen. Er antwortete den Unbekannten, und bald entspann sich ein feines Band der Liebe — immer *poste restante* — zwischen drei unbekannten, aber leidenschaftlichen „Seelen" — so bezeichneten sich die Briefstellerinnen — und dem Schöpfer der „Madame Chrysanthème".

Poste restante erreichte den Schriftsteller eine Fülle wohlformulierten Materials über das Seelenleben junger Frauenherzen, denen ungeliebte Ehemänner aufgedrängt werden und die man im Harem geistig verkommen läßt. Der Papierliebe folgte jene zu tief verschleierten Gestalten, die zu geheimnisvollen Stelldicheins erschienen (immer nur zwei zur selben Zeit). Loti begann seinen Roman „Les Désenchantées" zu schreiben und verwertete darin teils wörtlich die wohlgezielten Aufsätze der „Seelen". Diese schraken vor nichts zurück, um seiner Feder den rechten Schwung zu geben. Nicht nur ließen sie Djénane so schmerzvolle wie glühende Liebesbriefe schreiben, ließen sie die Fingierte am Vortage einer fingierten Rückkehr zu ihrem fingierten und selbstredend ungeliebten Gatten eine fingierte Portion Gift schlucken. Nein, sie arrangierten sogar — immer anonyme „Seelen" bleibend — ein wirkliches Begräbnis der fingierten, geliebten Liebenden mit echtem Sarg und echter Grube.

Es war erreicht: Die Welt erfuhr über die tragische, aber furchtbare Trauer eines Dichters um eine geliebte Dahingeschiedene, die nie gelebt hatte, welche Qual es ist, als schöne, reiche und hochkultivierte Türkin isoliert, mit gebundenen Händen unter einem Haufen schwarzer Tücher zu stehen oder sich für einen restlos ungeliebten Mann märchenhaft zu schmücken. Die Welt empörte sich gegen die Unterdrückung der Türkin.

Eine beispiellose und auch in ihrer Skurrilität großartige Leistung! Bezahlt wurde sie mit einigen Tropfen dichterischen Herzbluts und dem Ruin der Heldinnen und ihrer Eltern. Zeyneb und Melek flohen nach Paris, denn jedermann wußte, wer hinter den nie gelüfteten Schleiern steckte. Abdul Hamid unternahm vergebliche Versuche, sie in die Türkei verschleppen zu lassen. Hingegen starb ihr Vater plötzlich — Abdul Hamids Minister starben häufig plötzlich. Ihre Mutter, die nach der Flucht der „Désenchantées“ in Erbitterung über die „Giaurs“, die Ungläubigen, erstarrte, überstand diesen Schlag nicht lange. Der Tod des Vaters machte die Töchter im Exil unversehens relativ mittellos, gerade in jenem Augenblick, da das Interesse des Publikums an den bisher gefeierten und verwöhnten Heldinnen erlahmte. Sie begannen Europa von einer unvermuteten Seite kennenzulernen und wurden zu einem Leben gezwungen, auf das sie vollständig unvorbereitet waren. Gebrochen schrieb Zeyneb eine Warnung vor dem Talmiglanz Europas. – Im übrigen folgte den beiden der Undank der Welt — in diesem Fall der Türkinnen, welche die Pionierinnen kritisierten und den Dichter bemitleideten, dessen Herz für die Frauenemanzipation bemüht worden war.

Resultat: „Harem“ und Gegenströmung mit offiziellem Segen

Unter Harem verstehen westliche Männer gerne einen eigenen Wunschtraum, dem — das muß zur Entschuldigung des westlichen Augenzwinkerns gesagt sein — allerdings die ins Sagenhafte gesteigerte sexuelle Unterhaltungsorganisation der Sultane und jener, die ihnen nacheiferten, Vorschub geleistet hat. Ein üppiges Treiben, dem die Schlußapotheose beschieden war, daß der über siebzigjährige letzte Sultan, Mehmed VI., seine Flucht auf einem englischen Kriegsschiff zur Hochzeitsreise mit der achtzehnjährigen Tochter eines Palastgärtners machte.

Der Harem ist, anders als sein Ruf es haben will, in Wirklichkeit keine Institution erotischer Üppigkeit, sondern — so paradox es klingen mag — jene eines ausgeklügelten Puritanismus: Er ist eine Institution, die sich eigentlich von selbst aufdrängt, wenn man die erwähnten drei Axiome folgerichtig entwickelt — die Männer sind die geformte menschliche Gesellschaft, eben die Welt, die Frauen als Teil der männlichen Sexualität gehören den Männern, und Sexualität ist tabu. Der Platz der Frau ist das Safe des Ehemannes, wo sie den Blicken anderer Männer (die verwandtschaftlichen Ausnahmen vorbehalten) entzogen bleibt. Da es sich beim Inhalt dieses Safes um Menschen handelt, nimmt es die Gestalt einer Wohnung an, eines Hausteiles, jenes, in dem die Frauen leben — die Ehefrauen, aber auch Töchter und verwitwete Mütter als kommende oder gewesene Ehefrauen anderer Männer, deren Ehre der Verwandte zu wahren hat. Dieser Hausteil wird als unzugänglich, eben als Haremlik, bezeichnet. Bei dem für Türken so typischen Leben in verwandtschaftlichen und freundschaftlichen Gruppen war er eine recht unterhaltsame und gesellige Angelegenheit – aber grundsätzlich nur für Frauen.

Einen Harem in diesem Sinne gibt es auch noch heute. Seine selbstverständliche Form zeigte mir zum ersten Mal ein kleines ländliches Hotel. Dahinter lag ein Gärtchen, wo sich in fünf Meter Entfernung ein kleines, zweiräumiges Haus befand. In ihm wirtschafteten die Frauen: die Ehefrau, die Mutter, ein heranwachsendes Mädchen und ein kleines fünfjähriges. Im Hotel war Männerbetrieb. Ich sah die Familie morgens, ich sah sie mittags, und ich sah sie abends. Aber nie betraten die Frauen auch nur für einen Augenblick das kleine Hotelgebäude. Waren in der Hotelhalle Männerstimmen zu vernehmen, so zogen sie sich noch hinter das Häuschen zurück. Hingegen sprang das fünfjährige Mädchen lebhaft wie eine Hauskatze zwischen den durch eine unsichtbare, aber seit Jahrhunderten gezogene Grenzlinie getrennten Welten hin und her.

Auch sonst wird gerne eine Trennung von Männer- und Frauenwelt innerhalb des Hauses, ja innerhalb der Wohnung eingehalten, und durchaus nicht nur in altmodischen Kreisen. Praktisch zeigt sich dieser Trennungsstrich so, daß sich die Frauen im exakten Sinne des Wortes im Hintergrund halten, wenn Gäste ihres Mannes — seien diese nun männlich oder westlich-weiblich — erscheinen. Die Lage war oft so seltsam, daß ich mich fragte, ob es sich nun gehörte, die Frau zu grüßen oder zu ignorieren. Die westliche Dame des Hauses, die den Gästen auf der Schwelle entgegentritt und unsichtbar das gesellige Zusammensein lenkt, findet sich nur in ausgesprochen modernen Häusern; es sei denn, man sei als Frau von der Frau des Hauses eingeladen.

Der Ausgang der Frau wird je nach Milieu und persönlicher Neigung der männlichen Verwandten oder des Ehemannes überwacht und mitunter eingeschränkt. Daß die Frauen, wo nicht mit den Hühnern zu Bett, so doch mit den Hühnern eine Behausung aufzusuchen haben, gilt noch immer, wenn auch nicht mehr so haargenau wie vor Zeiten, als es für sich verspätende Frauen strikte Vorschrift war, auswärts (aber selbstredend innerhalb der Wände eines Harems) zu übernachten, anstatt nach Sonnenuntergang noch heimzugehen. Es spielt auch eine große Rolle, ob die Frau allein oder von andern begleitet ausgeht; ersteres ist nur gestattet, wenn der Ausgang nötig ist.

Im Harem lebt die moderne und noch viel mehr die altväterische Türkin insofern, als ihrem Spaziergehen, Baden und Reisen innerhalb der Türkei Schranken auferlegt sind. Die Frage des öffentlichen Badens der Frauen befindet sich in einem Zwischenstadium. Die offizielle Auffassung vertritt selbstverständlich, daß eine Frau in der Türkei so gut wie in irgendeinem zivilisierten Land baden kann, und die Prospekte zeigen schöne Badestrände am Marmarameer.

Aber selbst hier sind die badenden Männer in der Überzahl. Das Familienbad hat sich durchgesetzt, wie sich überhaupt die Ansätze geschlechtlich gemischter Gesellschaft in der Öffentlichkeit unter der Etikette „Familie“ entwickeln.

An Prachtstränden wie Antalya, Didim und Çesme-Ilica sind serienweise Ferienhäuser gebaut worden, die miteinander badende Männer, Frauen und Kinder familienweise beherbergen. Von Harem ist an solchen anerkannten Badestränden nur noch insoweit etwas zu merken, als neben Damen in üblichen Badekostümen die badenden Wintermantel-Frauen, wenn nicht gerade mit dem Wintermantel in die Fluten steigen, so doch mit kompletter Unterwäsche. Zählt man einige Badestellen hinzu, wo Frauen von sechs bis zwölf und Männer von zwölf bis sechs Zutritt haben, so hätte man die Runde durch das den Frauen gestattete Freiluftbaden gemacht. Nie baden Frauen allein an einem noch so einsamen Strand.

Es gibt eine Stufe zwischen akzeptiertem Familien-Strandbad und verpöntem Alleinbaden. Ich erlebte sie in Kuşadasi gegenüber Samos. Die nette Badeanstalt besaß — ganz im Zeichen moderner Gleichberechtigung — je ein Männer- und Frauenabteil. Allein Harem lag insofern in der Luft, als das Frauenabteil auch nicht von einer einzigen Frau besucht war, hingegen von Männern überflutet. Da kam ich herein. Der Bademeister schien auf diesen Augenblick gewartet zu haben, um einmal beweisen zu können, daß es in der modernen Türkei nichts Selbstverständlicheres als eine im Frauenabteil badende Frau gibt. Sein Pfiff erscholl, und innerhalb dreißig Sekunden hatten die Männer das Frauenabteil geräumt. War die Tatsache, daß Frauen eine kleinere Badeanstalt voll Männer mieden, noch Harem, so das Vorhandensein eines Frauenabteils moderne Gleichberechtigung. Die Plötzlichkeit des Rückzuges aber wiederum Harem, wenn auch — im Dienste der Gleichberechtigung.

Punkto Harem hat das Reisen viel Ähnlichkeit mit dem Baden. Eisenbahnzüge und vor allem Autobusse sind voll von reisenden Frauen; aber in den Wirtschaften und Hotels zeigen sich nur sehr wenige und diese wenigen praktisch ausnahmslos in Begleitung.

In den hundertfünfzig Nächten, die ich in türkischen Hotels zubrachte, habe ich auf eine Unzahl Männer kaum Türkinnen gesehen. Sie nächtigen auf der Reise nicht in der Öffentlichkeit eines Hotels, sondern im Harem. Das heißt hier in der Haushaltung von Verwandten oder Freundinnen, die automatisch Garantie bieten, daß der Ehemann, Bruder, Vater oder Sohn nichts für seine Familienehre zu fürchten hat.

Daß es keine Autofahrerinnen gibt, versteht sich von selbst. Während meiner monatelangen Autoreise kreuz und quer durch die Türkei habe ich nur eine einzige Frau am Lenkrad gesehen — eine Amerikanerin, die einen Türken geheiratet hatte. Auch die ständig wiederholte Frage an die Touristin — Wo ist Ihr Mann? — geht auf die dem Haremsgedanken entsprechende Idee zurück, daß kein Ehemann seiner Frau die Erlaubnis gibt, ein fremdes Land allein zu bereisen, aber ebensowenig eine Frau, die keinen Mann besitzt, sich in einer Männerwelt exponiert, was bereits ihr Umherreisen im eigenen, geschweige denn im fremden Land bedeutet. Diese Frage wird nicht nur von einfachen, sondern auch von gebildeten Leuten gestellt. — Ein Student führte mich bei seiner — ausgesprochen reichen und kosmopolitischen — Familie ein. Noch hatte ich nicht Platz genommen, als mir Mutter, Schwester und Bruder ins Gesicht schrien „Husband!“. Ich schaute sie verständnislos an. Aber schon kam eine zweite Salve. „Husband“ schallte es von allen Seiten, als hätte ich einen Kirchturm Punkt zwölf bestiegen und alle Glocken dröhnten: „Husband!“. — „Was husband?“ — „Wo ist er?“ — Man schaute mir gespannt auf die Lippen. „Mein Mann ist daheim“, sagte ich ruhig. Das Thema wurde fallengelassen; doch war klar, daß meine Antwort die Frager nicht mehr im unklaren hätte lassen können, als wenn ich „schwipp schwapp“ gesagt hätte.

Wie immer man antwortet, das Rätselraten geht weiter. Entweder wird die bohrende Frage immer wieder gestellt, oder es wird bedeutungsvoll geschwiegen, als wäre eine schätzenswerte Persönlichkeit bei krankhaftem Lügen ertappt worden. Anzunehmen, daß Europäerinnen, die angeben, verheiratet zu sein, ledig sind, aber jene, die sich für ledig ausgeben, geschieden, verwitwet oder am Ende doch noch verheiratet, glaubt ein Türke seinem Savoir-vivre schuldig zu sein. Und Touristenehepaare? Man streue ihm keinen Sand in die Augen. Ein türkischer Bekannter, der sogar einmal Bürger der Vereinigten Staaten gewesen war, wollte mir absolut nicht glauben, daß zwei junge Deutsche, die wir beide unabhängig voneinander als Ehepaar kennengelernt hatten, wirklich verheiratet waren. „Ein Mann mit seiner Mätresse! Wären die Leute verheiratet, so würden sie doch nicht miteinander umherreisen!"

Sehr moderne Ehegatten gehen miteinander spazieren, aber nur sie. Gemeinsame Reisen sind selten. (Ich habe sogar von einer Hochzeitsreise gehört, die der Gatte allein unternahm.) Dem Harems-Geist entspricht eben, die Frau nicht zu zeigen, beziehungsweise fremde Ehefrauen nicht zu bemerken. Ein westlicher Ingenieur war auf Grund seiner jahrelangen Arbeiten und seiner Liebe zur Türkei in einer kleineren Provinzhauptstadt eine geschätzte Persönlichkeit gewesen. Nach mehrjähriger Abwesenheit besuchte er seinen alten Wirkungskreis. Schon während des ersten Ganges in Begleitung seiner jungen Frau durch die altbekannten Straßen begegnete ihm der eine und andere seiner alten Freunde. Freudig ging er auf sie zu, aber zu seiner Überraschung machten sie sich kühl und rasch davon. Nach dem Rundgang ruhte seine Frau im Hotel aus, während er ein Café aufsuchte, das er früher häufig besucht hatte. Da saßen sie alle, und diesmal begrüßten sie ihn mit alter Herzlichkeit. Erst Schneiden und dann Händeschütteln! Erstaunt bat er um Erklärung. Doch die Freunde verstanden nicht, was er nicht verstanden hatte. Hatten sie ihm nicht alle Achtung erwiesen? Denn, da er mit seiner Frau zusammen gewesen war, hatte es sich doch gehört, wegzusehen.

Die berühmte Verschleierung — oder sagen wir besser Vermummung, um die modernen Spitzfindigkeiten zu diesem Thema zu vermeiden — ist auch nichts anderes als eine Folgerung aus dem Harem-Gedanken, vielleicht sogar die klarste. Die Vermummung ist ambulant gewordener Harem.

Mochten die Türken ihre Frauen auch am liebsten daheim im Safe wissen, so pflegten diese nichtsdestoweniger eine rege Geselligkeit von Harem zu Harem. Um sich auf dem Weg nicht unbefugten Augen auszusetzen, hatten sie dann die Wände des Harems mitzunehmen, sich zu verhüllen. — Selbst die Vermummung hat ihr Auf und Ab. Sie variiert von Zeit zu Zeit, von Schicht zu Schicht und innerhalb Zeit und Schicht nach Umgebung und Anlaß. Als die westliche Frauenemanzipation um die Jahrhundertwende Erfolg an Erfolg reihte, war der „Schleier“ unter Abdul Hamids Fuchtel dikker denn je geworden.

Dank des Harems ist die Frau unantastbar. Dazu gehört auch die Tatsache, daß Frauen sowohl psychologisch als rechtlich vor männlichen Belästigungen, zu denen — Türkinnen gegenüber — bereits das Ansprechen und Nachsteigen zählen, geschützt sind. Kaum je lassen Türken, die nie im Westen waren, Frauen Zweideutigkeiten zu Ohren kommen. Ihre Unterhaltung mit Frauen ist ungetrübter von unanständiger Rede als jene der Männer irgendeiner westlichen Nation, höchstens falsche türkische Kosmopoliten geben gerne Kostproben westlicher Verdorbenheit. Nie wird eine Frau angestarrt. Trifft ihr Blick zufällig mit jenem eines Mannes zusammen, so schaut dieser grundsätzlich sofort zur Seite.

So stimmt es in gewissem Sinne, daß die Türkinnen trotz geringer Bewegungsfreiheit gerade dank ihrer Vermummung im Kontakt mit der außerhäuslichen Umwelt eine psychologische Bewegungsfreiheit genossen haben und noch heute genießen, die westlichen Frauen unbekannt ist.

Andererseits ist die weitgehende Verhüllung mit all ihrem Drum und Dran eine peinliche Plage und dies um so mehr, als ihr immer noch das Gewicht sexueller Schamhaftigkeit beigemessen wird.

Als Auswirkung des Harems-Gedankens ist die Verschleierung auch Symbol für die Unterordnung der Frau. Deshalb hätte man im Laufe der türkischen Frauenbewegung gerne ein einziges Mal eine demonstrative Entschleierung gesehen. Aber selbst der von der Regierung nach der jungtürkischen Revolution (1908) öffentlich befürwortete Anlauf dazu war ein bald in sich zusammensinkender

Versuch. Gemäßigte Feministinnen beeilten sich zu sagen, auf solche Äußerlichkeiten käme es nicht an.

Erst als Atatürk den Mummenschanz verurteilte und moderne Türkinnen die Gewißheit hatten, bei einer Entschleierung die Staatsgewalt im Rücken zu haben, begannen die Wände des ambulanten Harems langsam zu fallen. Aber mehr zu tun, als die Forderung der Entschleierung mit der offiziellen öffentlichen Meinung zu untermauern, hat sich selbst Atatürk nicht getraut. Anders als man bisweilen hört, wurde die Vermummerei nie verboten.

Aber es ist Tatsache, daß dieser Absurdität des Harems-Gedankens ein Riegel vorgeschoben worden ist: Die moderne Türkin ist überall im und außer Haus europäisch gekleidet. Persönlich ist ihr die Vermummung so fern wie irgendeiner westlichen Frau. Nichtsdestoweniger dringt Harem auch der modernen Türkin — von der altmodischen ganz zu schweigen — durch jede Faser ihrer Kleidung. Kaum je werden weibliche Reize wie bei uns zur Schau gestellt. Sind unsere Frauen nicht sehr elegant? Ich habe die Frage immer und immer wieder gehört, aber nur zwei Dutzend wirklich gutgekleideter Frauen — meist berufstätige — angetroffen. Von Eleganz ist wenig zu merken. Sie wäre ein Wunder, weil in der Türkei ihre Grundvoraussetzungen fehlen, nämlich die Freude der Frauen, sich öffentlich zu zeigen, und die Genugtuung beifälliger Blicke — kurz, der Hauch von Frivolität, ohne den es keinen Schick geben kann.

„In der Mode hinken wir derart hinten nach, daß meine Töchter und ich eine längere Anlaufzeit brauchen, um modisch aufzuholen, wenn wir auf Urlaub in die Heimat kommen. Unsere ersten Anschaffungen sind beileibe nicht ‚dernier cri‘; sie sind nicht einmal das Übliche, sondern wir gleichen da ein wenig alten Damen. Was immer uns die Verkäuferin zeigt: es ist angesichts unseres türkischen Alltags viel zu gewagt“, erzählte mir eine Freundin der Türkei, die seit Jahren in Ankara wohnt. „So bitten wir in den Damenbekleidungsgeschäften von Anfang an, uns nur die letztjährige oder wenn möglich die vorletztjährige Mode zu zeigen. Erst kurz vor der Rückreise sind wir genügend in Schwung geraten, um uns das Biederste der neuen Mode anzuschaffen." Aber solche Hinweise überzeugen wenig moderne Türken: „Im Hilton-Hotel in Istanbul tragen die Frauen Modelle von Dior." Punktum!

Zugunsten der Wintermantel-Frauen — die auf die moderne Türkin folgende Stufe nach rückwärts — spricht, daß sie mit der Verhüllung des Gesichtes, wenn auch nicht mit jener des Haares, wirklich aufgeräumt haben. Im übrigen jedoch ist die Aufmachung fatal. Denn der westliche Wintermantel ist eine Uniform, die körperliche Reize ganz sicher verhüllt; aber anders als die traditionellen Hüllen nicht auch körperliche Mängel. Vergleicht man die Wintermantel-Frauen mit den altväterischen städtischen Frauen, den noch heute mit dem schwarzen Tscharschaf bekleideten „Nonnen" — so nannte ich sie, weil sie ihr Gesicht ähnlich wie diese knapp umschließen — oder mit den Bäuerinnen in farbigen Pluderhosen und bunten Tüchern um den Kopf, so stellt sich die Frage: Wurde bisher nicht mehr verloren als gewonnen? Denn während den „Nonnen" eine bescheidene Vornehmheit eignet und die Bäuerin malerisch wirkt, so wirkt die Wintermantel-Gewandung proletarisch, ohne auch nur bequemer als die „Nonnen"-Tracht zu sein. Vielleicht ist sie nur eine Übergangsphase, eine Generationsfrage, die sich von selbst erledigt. In der Tat trifft man nicht selten Großmutter, Mutter und Kind je im Gewand ihrer kulturhistorischen Entwicklungsstufe: die Großmutter als „Nonne", die Mutter im Wintermantel und die Tochter in modischem Sommerkleid. Dennoch tragen auch blutjunge Frauen die großmütterliche Nonnentracht oder den zeitlosen Wintermantel, der schon 1910 europäisch gewesen war.

Ganz ungebrochen kommt der Harems-Gedanke in jener ländlichen Tracht zum Ausdruck, die im Gegensatz zum bloßen Umrahmen des Gesichts mit verwaschenen farbigen Tüchern dieses über den Mund bis unter die Nase oder gar über die Nasenspitze hinaus bis unter die Augen verhüllt und Arme und Brust noch obendrein.

Es versteht sich von selbst, daß dieses ganze Vermummungsgebäude nie richtig hält. Daher sind die Trägerinnen auch ständig damit beschäftigt, ihre verschiedenen Tücher so zu schieben und zu ziehen, wie es der Augenblick erfordert. Häufig halten sie die Tücher mit dem Mund fest. Wenn ich an einer solchen Gestalt vorbeieilte, wurde mit Hurtigkeit an den diversen Nasen- und Mundbehängen geschoben und gezogen, als sei der Blick einer westlichen Ungläubigen schlimmer als gröbste Männeraugen. So pochen sie auf ihre Servilität. Dagegen kann man sich angesichts der schwarzen Städterinnen im Tscharschaf, deren Gesichtsoval allein klar und deutlich freiliegt, einer Rührung und Achtung ob der Selbstverleugnung, Bescheidenheit und Disziplin, die darin zum Ausdruck kommt, und die gegenüber der westlichen atemlosen Ankurbelung auf „sexy" auch einiges für sich hat, nicht erwehren.

Der Harems-Gedanke, der sich in der Vermummung visuell manifestiert, wird in altväterischen Kreisen sogar zu akkustischen Erscheinungsformen gesteigert. Nicht nur den Augen fremder Männer soll eine Frau sich so wenig wie möglich zeigen, sondern auch ihren Ohren. Daher glauben Frauen jener Dörfer, die in andern Jahrhunderten leben, gerne, besonders tugendhaft zu sein, wenn sie in der Öffentlichkeit, wo immer es angeht, die Sprache durch Zeichen und Gemurmel ersetzen. Sie wirken wie von der Natur benachteiligte arme Tröpfe, obgleich unter ihnen die besondere türkische Rednergabe so verbreitet wie bei ihren männlichen Mitbürgern sein wird.

Bei der alten konsequenten Ausgestaltung des Harems-Gedankens blieb selbstverständlich für außerhäusliche weibliche Berufstätigkeit wenig und für geselligen, geschweige denn erotischen Kontakt der Geschlechter außerhalb des Familienlebens kein Raum. Abgesehen von der drakonischen Abschaffung des Fes hat keine Handlung der modernen Türkei die Welt derart verblüfft wie die Verwandlung des schwarzseidenen Bündels, das bei einem Spaziergang mit seinem Gatten schweigend einige Meter hinter ihm zu gehen hatte — wenn es sich überhaupt mit ihm zeigen durfte, was noch anfangs dieses Jahrhunderts im Bereich der Stadt ausgeschlossen gewesen sein soll —, in die gewandte, vollständig selbstsichere Botschafterin, Richterin, Staatsanwältin, Professorin, Advokatin, Ärztin, Architektin, Zahnärztin, Apothekerin, Lehrerin, Ingenieurin und Pilotin.

Das war ein Bruch mit dem alten Harems-Gedanken, der in seiner Spitzenentwicklung die Errungenschaften der westlichen Frauenemanzipation, zu der im Laufe von mehr als hundert Jahren Stein auf Stein gefügt worden war, weit übertraf.

Allerdings traute und traut man im Westen dieser märchenhaften Wunderblüte an dem Reis, das einem so altertümlichen, knorrigen Stamm aufgepfropft worden war, nicht ganz und tut sie als spektakuläre Ausnahmen von Herrschers Gnaden ab. In Wirklichkeit trifft das Gegenteil zu. Akademische Karrieren werden bei der dünnen, aber maßgebenden Schicht der modernen Türkinnen mit einer Selbstverständlichkeit ergriffen, als seien sie eh und je offengestanden.

Ehemänner sind stolz auf die gehobene Berufstätigkeit ihrer Frauen Kaum einer, der dies nicht gerne betont. In Banken, Versicherungen, Reisebüros, Post- und Telegraphenbüros, Direktionen der Industrie- und Handelsunternehmen, in den Regierungsgebäuden arbeiten Frauen an Schreibmaschinen, Schaltern, Telephonapparaten so selbstverständlich wie irgendwo im Westen.

Hingegen gibt es wenig Geschäftsfrauen, verschwindend wenig Ladeninhaberinnen und Verkäuferinnen, wenig Frauengewerbe, sehr wenig weibliche Facharbeiterinnen, wohl aber Arbeiterinnen in der Tabak- und Textilindustrie. Daneben unqualifizierte, ärmliche Frauen, die Saisonarbeit verrichten, sei es bei der Baumwollernte, in den Exportgeschäften für Haselnüsse oder sporadisch als Hausmädchen im Privathaushalt oder im Hotel.

Diese Tatsachen werden ungern zugegeben. Immer wieder wird behauptet, die Frauen seien auf jedem Gebiet so selbstverständlich wie im Westen tätig. Eine junge Professorin, die mit Schwung und Entschiedenheit die Berufstätigkeit der Türkin als das Selbstverständlichste hinstellte — mit der einzigen Einschränkung, in der Türkei würden Frauen allerdings nicht zu Serviererinnen degradiert, — bedeutete mir, ich hätte eben in der falschen Straße nachgesehen, als ich meine Ansicht, es gebe verschwindend wenig türkische Ladeninhaberinnen und Verkäuferinnen, der Anschaulichkeit halber mit dem Erlebnis illustrierte, anläßlich meiner Suche nach einem kleinen, farblosen Haarkamm in zwanzig Läden der belebtesten Geschäftsstraße keine einzige Frau hinter einem Ladentisch erblickt zu haben. — „Ihr Hotel ist nahe der Altstadt", meinte sie. „Sie sehen da nicht die rechten Leute, nicht die typischen, nur jene, die vom Land hereinkommen!" — Ich war ein wenig erstaunt, daß sie mir nach meiner fünfmonatigen, kaum mit geschlossene Augen gemachten Reise kreuz und quer durch die Türkei nur Beobachtungen im Umkreis meines Hotels in der Hauptstadt zutraute, aber es war ihr ernst. — „Gehen Sie einmal an den Atatürk-Boulevard; dort sehen Sie überall in den Läden Frauen." — „Eben nicht! So viel Frauen dort als Bürokräfte in Banken, Reisebüros und dergleichen zu sehen sind, so wenig in den Ladengeschäften." — Als ich dann am Atatürk-Boulevard auf einem besonders belebten Stück von zwei Kilometer Länge jedes einzelne Geschäft abging, fand ich in den zahlreichen Büros viele Frauen. In den Läden jedoch waren Männer und nur Männer zu sehen, selbst in den Tuchhandlungen und Parfümerien. Sogar die zur Regel gehörende Ausnahme fand sich erst nach langem Suchen, und es blieb bei dieser einzigen: ein Mädchen versah die Kasse einer Papierwarenhandlung.

Die Tatsache, daß die Türkinnen in zahlreichen Berufen praktisch fehlen, heißt aber nicht, daß sie nicht in großer Zahl erwerbstätig seien. Sie sind es seit alters her. Da ist die Bäuerin. Je nach Gegend arbeitet sie auch in besonderen Branchen der Bodenkultur, zum Beispiel beim Tabak-, Feigen-, Gemüse-, Tee- und Olivenanbau. Auch die berühmten türkischen Teppiche sind größtenteils von Frauen geknüpft worden, und ihre Stickerei- und Häkelarbeiten füllen ganze Stände — in denen aber keine Frauen verkaufen. Diese Tätigkeiten sind insofern kein Widerspruch zum Harems-Gedanken, als sie grundsätzlich strikt innerhalb der häuslichen Gemeinschaft verrichtet worden sind. So absolut es keine Mitarbeit der Ehefrau im Gewerbe des Mannes bei den Türken gibt, soweit die Arbeit Kontakt mit Dritten im Gefolge hat, so selbstverständlich hat auch die Türkin für den Unterhalt der Familie zu arbeiten, wenn es sich mit dem Bleiben im Safe vereinbaren läßt. Im Safe bleibt auch die

Bäuerin, die mit ihrem Mann auf den Feldern arbeitet, wenn die andern Männer auf den ihren beschäftigt sind.

Je weiter man die soziale Leiter hinuntersteigt und um so nötiger Töchter und Frauen es hätten, außerhäusliche Erwerbsarbeit zu verrichten, um so wörtlicher hält man an der Devise fest: die Frau gehört ins Haus. Ganz besonders verpönt ist jene Arbeit, welche die Erwerbstätige zwingt, die Nächte unter einem fremden Dach zu verbringen. Denn bei diesen Schichten hat der Kemalismus noch nicht richtig Fuß gefaßt, und die Tradition gibt die Normen.

Oft bringt Not allein Frauen dazu, Gelegenheits-Arbeiterin, Dienstmädchen oder Hotelangestellte zu werden, wobei sie sich diese Tätigkeiten rein vorübergehender Natur denken, als bloße Überbrückung. Kann ein junger Mann – es gibt fünfzehn-, achtzehnjährige Ehemänner — seine noch jüngere Frau noch nicht ernähren, so wird vielleicht die Schwiegermutter vorübergehend Putzfrau, um mithelfen zu können. Denn daß die junge Frau außer Haus arbeiten ginge, ist selbst bei den Ärmsten ausgeschlossen. Was Wunder, daß in der Türkei trotz einem wohl in die Millionen gehenden Überschuß an weiblichen Arbeitskräften Dienstbotenmangel herrscht.

Während der Hochschulbesuch junger Töchter bei den modernen Türken hoch im Kurs steht, so sind viele altväterische bereits gegen die Schulpflicht für Mädchen: um eine gute Frau und Mutter zu werden, sei Lesen und Schreiben nicht nötig. Der verbreitete Verzicht auf einen produktiven Einsatz weiblicher Arbeitskräfte zugunsten einer nach unseren Maßstäben schimärenhaften Unberührtheit der Frau in Verbindung mit dem Mangel an Arbeitslust macht es schwierig, Frauen als Arbeiterinnen zu gewinnen. Ein ernstes Hindernis der industriellen Entwicklung der Türkei; denn der weibliche Anteil ist gerade an der Industriearbeit allenthalben groß.

Das erfolgreiche Unternehmen Kemal Selis, von dem bereits die Rede war, gibt auch dafür ein Beispiel. Er suchte Arbeiterinnen in Konya — kein abgelegenes Dorf, sondern eine der ältesten Siedlungen Anatoliens und heute Provinzhauptstadt. Erst meldete sich überhaupt niemand, obgleich zahlreiche Familien Geld bitter nötig gehabt hätten. Mit der Zeit stellte sich allerdings die eine und andere vermummte Gestalt heimlich bei ihm ein. Es gelang Seli, den Mädchen durch die Arbeit Selbstbewußtsein zu geben und die Achtung ihrer männlichen Kollegen zu verschaffen. Deren Solidarität — wer die Arbeiterinnen belästigte, bekam es mit den Arbeitern zu tun — festigte ihre Stellung. Und als ab und zu sogar Heiraten auf diesem für die Beteiligten recht ungewöhnlichen Weg der Kollegialität zustande kamen, begann es auch anderen Eltern zu dämmern, daß Abgeschlossenheit des Mädchens in Dürftigkeit nicht das unfehlbarste Mittel war, einen Mann zu finden. Die Arbeiterinnen, die man vor kurzem noch verachtet hatte, wurden von anderen Mädchen, die in Kärglichkeit müßig auf Freier warteten, zögernd bewundert und beneidet.

Den beiden auf den ersten Blick erstaunlichen Tatsachen, daß die Türkinnen dort, wo sie im Berufsleben Fuß gefaßt hatten, dies unumstritten und in erster Linie in den gehobenen Berufen tun konnten, liegt dieselbe Ursache zugrunde: die Tatsache, daß hinter der kemalistischen Frauenemanzipation auf beruflichem Gebiet der Staat stand und er mit ihrer Verwirklichung dort begann, wo er unmittelbar etwas zu sagen hat, also in seinen Ämtern und ihren Büros. Und da die akademischen Berufe zu jenen gehören, wo der Staat die Auswahl ihrer Angehörigen besonders eingehend bestimmt, so konnte den Frauen ein wesentlicher Anteil eingeräumt werden. Dabei ist es auch geblieben. Festen Fuß haben die Frauen eigentlich nur in diesen drei Kreisen gefaßt. Doch sind diese in Anbetracht der vielen halbstaatlichen Unternehmen weit gezogen. In die privatwirtschaftlichen Betriebe der Industrie, des Handels und Gewerbes dagegen — also vor allem in die vielen kleinen — griff das neue Prinzip kaum über.

Hält man sich vor Augen, daß die Berufstätigkeit der Türkin sich nicht wie im Westen von unten herauf, sondern von oben nach unten entwickelte, so werden deren scheinbare Widersprüche verständlich; verständlich wird so allerdings auch die geringe Bedeutung der Berufstätigkeit für die persönliche Bewegungsfreiheit der

Türkin. Dieser Seite ihrer Emanzipation fehlt es an Durchschlagskraft.

Die moderne Türkin hat das Haremprinzip zwar insofern durchbrochen, als sie mit Männern — zwei, drei, zehn und hundert — zusammen sein kann, wenn sich dies mehr oder weniger im beruflichen Rahmen ergibt. Ich habe Redaktionen und Architekturbüros voll plaudernder gemischter Gruppen wie Bienenkörbe summen hören. Aber — und das ist ein entscheidender Punkt — „privat" dürfen sie nicht die einzige Frau unter Männern und schon gar nicht mit Männern allein sein. In vielen Familien gehen sie allein nicht einmal von Dorf zu Dorf, ja teils nicht einmal von Haus zu Haus. Ob fünfzehn- oder sechzigjährig, eine sittenstrenge Frau nimmt ein Kind mit, wenn sie einen längeren Weg macht. Ist die Frau noch jung, so sollen Mutter oder Schwiegermutter nicht verfehlen, mit in Arglosigkeit gekleideter Schärfe zu fragen: „Habt ihr jemanden angetroffen?" Und da Kinder und Narren die Wahrheit sagen, hat die junge Frau wohlweislich jedem Mann, der des Weges kam, in aller Form den Rücken zugekehrt. Eltern und Brüder achten darauf, daß es zu keinen Stelldicheins, geschweige Liebeleien, kommt. Unternehmungslustige Töchter werden nicht selten rein vorsorglich durchgeprügelt.

In einem Dorf in der Nähe Adanas wurde mir ein bezeichnender Fall erzählt. Ein verliebtes Mädchen war aufs Ganze gegangen. Sie eilte — ihre drohende Familie auf den Fersen — kurzerhand in das Vaterhaus des jungen Mannes und verbarrikadierte sich gegen die ganze Welt. Nach der kühnen Tat war ihre Angst aber so maßlos geworden, daß sie die Haustür nicht nur vor ihren eigenen Leuten, sondern überdies vor ihren zukünftigen Schwiegereltern verschloß. Weder das Zetern der Verwandten noch jenes der erhofften Schwiegereltern vermochte die Jungfrau zu bewegen, Tür und Fenster auch nur einen Spalt zu öffnen. Einzig dort, wo die Schwelle ausgetreten war, flüsterte sie den Belagernden zu, sie öffne einzig unter polizeilichem Schutz. Wohl oder übel sprachen die beiden Familien schließlich auf dem Polizeiposten vor, die eine, um die geflohene Tochter in die Hand zu bekommen, die andere, um in ihr Haus zu gelangen. Glücklicherweise erreichte die Nachricht vom Tumult auch den Jüngling, dem als Ehrenmann nur noch übrigblieb, die Tochter, die von selber gekommen war, zumindest formell heimzuführen.

Selbst bei modernen Türken und Türkinnen hat die Idee des Harems immerhin noch soweit Geltung, als Zusammenkünfte unter vier Augen heikel sind. Ohne ein Wort der Einschränkung habe ich nur eines gehört: „Wenn man mit einer Frau zweimal ein Rendezvous gehabt hat, muß man sie heiraten; es sei denn, man habe es schon nach dem ersten Mal tun müssen." Das sagt jeder, vom Taxichauffeur bis zum Bankdirektor. Einen Korso, wo sich die Jugend begegnet, gibt es nicht. Keine Liebespaare bevölkern an warmen Sommerabenden Parks und Waldränder.

Die erotisch-sexuellen Probleme werden einfach, aber phantasielos gelöst. Die Mädchen bleiben keusch und heiraten früh. Die jungen Männer heiraten ebenfalls früh — es gibt blutjunge Familienväter — oder gehen ins Bordell. Es gehört zum Inventar der türkischen Städte und gilt als indiskutable, ideale Lösung.

So früh wird geheiratet, daß nach Einführung des Schweizerischen Zivilgesetzbuches das Heiratsalter durch immer neue Vorschriften sukzessive herabgesetzt werden mußte, da man die jeweils geltenden mit Fluten von Klagen auf Berichtigung des Geburtsjahres im Zivilstandsregister zu umgehen trachtete. Die Heirat ist die Krönung eines vorsichtigen Hin und Hers. Nicht nur in altmodischen Kreisen nehmen erst einmal die Eltern die Fäden in die Hand. Sei es, daß sie selber die Initiative ergreifen, oder der Sohn ein Auge auf ein Mädchen geworfen und seine Mutter ins Vertrauen gezogen hat, die nach allerlei Erkundigungen das Haus des Mädchens aufsucht, um persönlich zu rekognoszieren. Dort kennt man die Bedeutung des Matronenbesuchs — er ist eine Institution — und tut alles, um die Tochter diskret in Szene zu setzen. Sie bringt Erfrischungen, kommt und geht. Die Mutter des jungen Mannes beobachtet mit Argusaugen, denn der Sohn erwartet eine minuziöse Reportage. Hat die Familie des Mädchens Interesse an der Verbindung, so streckt sie ihrerseits Fühler aus. Ein ganzes Zeremoniell von vorsichtigen Schritten hüben und drüben wickelt sich ab, bis es soweit ist. Erst wenn die jungen Leute verlobt sind, dürfen sie — und das nur in modernsten Kreisen — miteinander allein ausgehen; doch selbst mit dem Ring am Finger nicht zu häufig und nicht zu lange.

Der einzige Heiratsplan, in den ich eingeweiht worden war, bewegte sich allerdings in noch konservativeren, wenn auch weniger bürgerlich-gepflegten Bahnen. Paradoxerweise hegte ihn ein ultramoderner Türke, der in Europa und den Vereinigten Staaten mit allen Wassern gewaschen worden war. Einst mit einer amerikanischen Geschäftsfrau verheiratet und wieder von ihr geschieden — „beides gesetzlich" wie er betonte —, hatte der in die Heimat zurückgekehrte Memeluk sich als moderner Türke mit einer modernen Türkin, einer Zahnärztin, vermählt. Als ich ihn kennenlernte, war er neuerdings in Scheidung und neuerdings auf Freiersfüßen.

Aber er hatte einen gründlichen Kurswechsel vorgenommen. Von intellektuellen Frauen habe er sein Leben lang genug, meinte er. Ihr Hauptnachteil bestände darin, daß sie meist einen ebenso intellektuellen Bruder hätten, einen Advokaten etwa wie seine Frau. Und solche Advokaten beherrschten die ganze Sippe. So hätten seine angeheirateten Schwäger, ein Lastwagenführer und ein Baumeister, unter Anführung des Advokaten versucht, ihn in einen Hinterhalt zu locken und durchzuprügeln. Ihm sei der rettende Gedanke gekommen, ein vom modernen Leben unberührtes Mädchen nach alter Vätersitte zu heiraten. So sei er sicher, die Oberhand zu behalten.

Diese Tirade hörte ich zwei Wochen lang jeden zweiten Abend beim Samovar im Kasino, wo Memeluk und seine Freunde mich ein für allemal am Stammtisch willkommen geheißen hatten.

Nach der Ouvertüre kam der Heiratsplan an die Reihe. „Ich habe es mir lange überlegt. Ein Mädchen hier aus dem Städtchen? Die Herkunft: bürgerlich, provinzlerisch. Brr! Mir zu langweilig! Und ihre Familie! — Eine Frau kann nicht urtümlich, ungebildet und arm genug sein: eine kindliche Magd, die zu mir als zu ihrem Herrn und Gott aufblickt. Zu einem Gott, der ihr Stöckelschuhe und Radio schenkt. — Ich glaube fast, ich habe jetzt das Richtige gefunden. Es ist ein Jürük-Mädchen. Eine Nomadin, die nicht einmal Schuhe trägt, aber Füße hat sie — riesige. Stellen Sie sich eine Nachkommenschaft mit solchen Füßen vor. Sonst habe ich allerdings wenig von ihr gesehen. Als ich mit ihrem Vater sprach, erschien sie einen Augenblick lang, verhüllte sich aber gleich und zog sich zurück. Sie ist allerdings keine Frau; sie ist noch nicht geschlechtsreif. Ich heirate sie nichtsdestoweniger und gebe sie, bis es soweit ist, meiner Mutter nach Izmir in Verwahrung."

„Sind Füße, selbst große, nicht ein etwas beschränktes Blickfeld beim Heiraten?" gab ich zu bedenken. — „Wissen Sie was, Sie besuchen mit ihr zusammen das Bad und beschreiben sie mir dann ganz genau!" — „Wo denken Sie hin; kaufen Sie die Katze nur im Sack nach bewährter Tradition. Sie müssen doch einen Kaufpreis zahlen oder nicht?" — „Ich zahle ihn mit Vergnügen. Eine primitive Frau ist unbezahlbar; sei sie sonst wie sie will." — „Was sagen wohl die Frauen Ihrer Verwandten und Kollegen zum gesellschaftlichen Kontakt mit dem Aschenbrödel auf Riesenfüßen?" — „Gesellschaftlichen Kontakt? Dazu laß' ich ihr gar nicht Zeit. Ich mache ihr einen dikken Bauch und befördere sie von einer Schwangerschaft in die andere. Bevor sie vierzig ist, wird sie kaum mehr den Kopf zum Haus hinausstecken können."

Nach erneuter Rücksprache mit dem Vater saß Memeluk am nächsten Abend gedämpfter als sonst am Samowar. — „Er sucht Ausflüchte. Er munkelte, ich solle erst ein halbes Jahr in der Gegend bleiben, man könne dann immer noch sehen." — „Eine schöne Portion Seßhaftigkeit für einen Nomadenvater. Und wer weiß, vielleicht wird die Familie Ihrer zukünftigen Frau den Zug nach der Stadt bekommen, wo Ihre Frau darauf wartet, eine Frau zu werden. Ein strebsamer Bruder will durch Sie eine Stelle, der Großvater ein Gebiß. Und wenn die Entwicklung der Tochter endlich jene ihrer Füße eingeholt hat, so will der Nomadenvater ein entwickelter Nomade werden, auf einem Traktor anstatt auf einem Kamel sitzen. Haben Sie das Geld dazu bereit?"

Memeluk seufzte. Seine Gedanken waren zur Abwechslung aus ihrer üblichen frivolen Bahn in jene der Fragekasten-Philosophie von „Ladies' Home Journal" — ein Überbleibsel seiner amerikanischen Ehe – geraten. „Ich brauche seelische *security*. Ein schlichtes weibliches Gemüt bietet sie. Aber ein primitiver Familienhang zermalmt mich; mich, einen kultivierten Menschen. Wen nur soll ich heiraten? Was raten Sie mir?" — „Verlieben Sie sich und heiraten Sie aus Liebe", schlug ich vor. — Der Gedanke war Memeluk noch nie gekommen, obgleich er sich jetzt auf der Suche nach der dritten Frau befand.

Ob Memeluk die kindliche Braut aus dem Zelt heimgeführt hat oder nicht, erfuhr ich nie.

Wo man sich Gedanken über die Stellung der Frau macht, wird je und je die Frage aufgeworfen, ob die Frau geachtet werde oder nicht. In der Türkei wird sie tatsächlich höher geachtet als im Westen, insofern sie vor Angriffen sexueller Art – im weitesten Sinn wohlverstanden — geschützter ist. Dagegen hat man sich von der Vorstellung ihres Objektcharakters nicht ganz gelöst. Sie zeigt sich neben der Einschränkung der Bewegungsfreiheit in einem häufigen Übersehen kleiner und kleinster Willensäußerungen der Frauen.

Da ist das bekannte taube Ohr. Es wird einer Frau gerne zugekehrt, wenn sie einen Wunsch, einen Vorschlag äußert. Die Frau redet und redet. Vergeblich. Sie beginnt erneut: „Es ist wichtig, entscheidend! Bitte, hören Sie zu! Jetzt!" — Der türkische Begleiter richtet Blick und Nase geradeaus. Die modernsten Männer können überhören, als seien sie ob jahrhundertelangem In-den-Ohren-Liegen eines riesigen Harems stocktaub geworden. Soll man sie anschreien? Aber das geht auf der Straße oder sonst unter Leuten nicht an. Es bleibt nur übrig, am Ärmel zu zupfen — die alte Gebärde der Bescheidenen.

Das taube Ohr hat ein bizarres Gegenstück. Als ich mit meinem ersten türkischen Bekannten einen Rundgang machte, fiel mir auf, wie ich kaum Schritt halten konnte. War das türkische Pflaster, seine Lücken und Löcher, so schwierig? Ich schaute auf den Boden und ging schneller. Noch schneller aber ging jetzt mein Begleiter. Es schien erstaunlich eilige Türken zu geben, obwohl im Osten Eile vom Teufel sein soll. Eines Tages machte ich mit Ali einen Bummel den Stadtmauern entlang. Da war es wieder! Hektisches Hasten. Dabei war der Refrain in seinen Gesprächen mit mir: „Sie müssen warten lernen!“ — Das hatte ich noch nicht getan, aber jedenfalls wollte ich jetzt nicht rennen. — „Könnten Sie nicht etwas langsamer gehen?“ — „Selbstverständlich.“ — Ali schritt nun so langsam einher, als begleite er eine Invalidin mit Krückstock. So war es wieder nicht gemeint, und ich ging schneller. Schneller ging jetzt auch Ali, und bald konnte ich kaum mehr Schritt halten. Außer Atem erreichten wir das Ziel, ein Restaurant, wo wir nichts anderes zu tun hatten, als eine Stunde aufs Nachtessen zu warten.

Anderntags hatten wir den gleichen Gang vor uns — diesmal mit zwei Kollegen Alis, jetzt waren drei Türken mir voraus. Mir fiel es wie Schuppen von den Augen. War ich nicht in einem Land, wo es das geflügelte Wort gab: Wehe der Frau, die einen Mann überholt? Die eine und andere Landfrau hatte ich plötzlich stillestehen sehen, sobald sie weit hinter sich einen Mann erblickt hatte, der in der gleichen Richtung über Land kam, um, den Rücken der Straße zugekehrt, ihm den Vortritt zu geben.

Es wäre falsch zu glauben, man müsse neben jedem Türken rennen und fände für seine Vorschläge anstatt geneigter immer taube Ohren. Aber beides kommt doch häufig vor. Dasselbe gilt von der türkischen Art, sich in aller Freundschaft über den klaren Willen von Frauen hinwegzusetzen; denn man rechnet mit ihm schon gar nicht.

So paradox es klingen mag, am deutlichsten wird dieses Ausschalten weiblicher Meinung dort, wo Türken Freude machen wollen, wo also ein besonderes Eintreten auf persönliche Wünsche angezeigt wäre. Die Devise „dein Wunsch ist mir Befehl“ hat selbst bei Miniaturanliegen wenig türkische Anhänger. Türken sind schwungvolle

Überrascher, aber mißliche Wunscherfüller. Es ist, als setzten sie voraus, daß Frauen keinen Willen und daher auch keine Wünsche hätten. Männer fühlen sich als Paten der Frauen. Freundliche Paten, die gerne ein Geschenk mitbringen. Aber das Was macht wenig Kopfzerbrechen — Kinder haben an allem Freude.

Die vielerlei kleinen Freuden bereiten gutartige türkische Männer Frauen in ähnlicher Weise wie gutartige Erwachsene Kindern. Zeigen sich die Kinder aber unbequem, so nehmen türkische Männer das Recht des Erwachsenen in Anspruch, zu überhören, auf die kindische Angelegenheit gar nicht einzugehen.

Mittelmäßige Naturen kann diese Rolle des vermeintlichen Vormunds in Verbindung mit jener Neigung, sich einzumischen, zu Helfern machen, vor denen man am besten die Flucht ergreift, bevor sie ein heilloses Durcheinander angerichtet haben. Bei günstigerer Veranlagung bringt dieselbe Einstellung edle Ritter zuwege. Die edlen Ritter, die nicht nur die Sorgen abnehmen, sondern sie in Freude verwandeln wollen. Bei ihren Verehrerinnen setzen sie einen starken Glauben voraus und stellen deren Vertrauen auf harte Proben, um mit dem sanften Vorwurf — Wie konntest du zweifeln? — erst im letzten Augenblick erlösend einzugreifen. Zweifel und Angst werden der Gläubigen nicht erspart; denn wie sonst könnte man als die rettende, unfehlbare Güte auftreten.

Mir ahnt, daß die beste Liebe eines Türken sich gerne in dieses Gewand kleidet. Um so mehr, als einer der schönsten, von Elsa S. von Kamphoevener erzählten Märchen alttürkischer Nomaden, „Der Gemahl der Nacht", geradezu ein Porträt dieser Art Liebe in allen ihren wesentlichen Zügen gibt.

Nachdem sich das Kupfer eines ärmlichen Schmieds in Gold verwandelt hat, erhält seine schöne Tochter beim Anbruch der Nacht den Besuch eines Derwischs. Und Nacht für Nacht schließt er sie mit den Worten: „Du Traum auf meiner Stirn, du Kleinod in meinem Herzen, du Durst auf meinen Lippen, komm, daß ich dich beschütze!" in seine Arme. Vor so großartiger Huld schmilzt das Herz des Mädchens widerstandslos.

Wenn aber mit dem Morgen die göttergleiche Erscheinung und mit ihr der göttergleiche Schutz verschwunden ist, steht das Mädchen einem Alltag gegenüber, der an Tücke zugenommen hat. Es kommt sogar soweit, daß es von einem so reichen wie schäbigen und rasend eifersüchtigen Bey, dem es zum Heiraten aber zu arm gewesen war, des unzüchtigen Lebenswandels verklagt wird und vor Gericht zu erscheinen hat. Angstvoll erzählt es seinem nächtlichen Gott von der drohenden Schande. Dessen schmunzelnde Trostesworte sind etwas zu geheimnisvoll, um tröstlich zu sein. Die Angst in der Stimme des Mädchens nimmt zu. Darauf scheint der Derwisch gewartet zu haben. „Niemals fragen, mein Kleinod, nur glauben, nie fragen! Vermagst du es dennoch nicht, wie ich hoffte, so sage es mir . . . kannst du glauben?“ Trotz des Derwischs Großartigkeit noch immer in Angst, ringt es sich zu den Worten durch: „Ich kann es, Herr! Ich werde niemals mehr fragen, dir in allem glauben und tun, was du befiehlst!“

Der Großartige dankt Gott für die Liebe eines so reinen, vertrauensvollen Herzens, während das Mädchen dem entsetzlichen Augenblick entgegengeht und tatsächlich auf grobe Art dem Gericht überliefert wird. Jetzt allerdings beginnt die huldvolle Macht, welche sich erst nur in einem geheimnisvollen Geleite zum Gericht bemerkbar gemacht hatte, richtig zu spielen. Die Sklaven, welche die Sänfte tragen, flüstern vor dem Gericht dem ungeschlachten Türsteher etwas ins Ohr, was ihn verängstigt den Richter benachrichtigen läßt. Der kommt heraus, so rasch ihn die Beine tragen, und macht allein schon vor der verhängten Sänfte tiefe Bücklinge. Er hat nie etwas von einer Anzeige gehört und bittet die erhabene Verborgene, für ihren Diener ein Wort einzulegen. Es ist abgelaufen, wie der nächtliche Geliebte es in Aussicht gestellt hatte. Aber welche Angst mußte das Mädchen nicht ausstehen!

Der Leser ist dem glanzvollen Derwisch auf die Spur gekommen. Hinter der großen Liebe und vor allem hinter der großen Macht steht natürlich niemand anders als der „Padischah“, der Herrscher, „der Schatten Gottes auf Erden“. Aber bis dieser als solcher dem

„Traum auf seiner Stirn" in der Pracht und Sicherheit seines Palastes entgegentritt, muß das Mädchen noch manche Angst ausstehen, die künstlich genährt wird, weil der „Schatten Gottes auf Erden" lieber wunderbaren Retter spielt, als ihm die vernünftige Erklärung gönnt, die alles Zittern rasch behoben hätte. Das Mädchen ist ein „Kleinod in seinem Herzen", hat aber nichts zu fragen, sondern vertrauensvoll auf die günstige Wendung zu warten, um zu sehen, daß alles noch viel besser wird, als die wunderbaren Zeichen haben hoffen lassen.

Während zu guter Letzt der Sultan — endlich im Palast — seine in weite edelsteinbesetzte Ärmel gekleideten Arme schützend um die bräutlich Geschmückte schließt, kann sich der Leser allerdings nicht des profanen Gedankens erwehren, daß in so weitreichenden Armen bereits ein umfangreicher Harem gebrodelt haben muß.

Monogamien mit zwei Frauen?

Mit den Schatzkammern voll weiblicher Juwele ist es endgültig vorbei. Regelt doch das von Eugen Huber aus Altstetten redigierte Schweizerische Zivilgesetzbuch seit dem Jahre 1926 das Familienrecht der Türken. Jene humorige Ladenhüter-Frage, die Türken so in Harnisch bringt, scheint gegenstandslos geworden zu sein.

Aber da die religiösen Vorschriften, wenn auch nicht das Gesetz, dem Mohammedaner und damit auch dem Türken noch immer vier Frauen gestatten und es neben der Schicht der modernen Türken eine viel dickere der unmißverständlich altväterischen gibt, so beschäftigt selbst den arglosesten Besucher der Türkei eben doch die Frage, ob wirklich so durchgreifend *tabula rasa* gemacht worden sei. Haben es Neuerungen doch in sich, nicht immer ganz programmgemäß abzulaufen. Der Mann mit mehr als einer einzigen Frau mag vielleicht doch noch nicht ganz ausgestorben sein.

Im Laufe eines Gesprächs war ich auf das Geschick des türkischen Dienstmädchens meiner Gastgeber gekommen. Dieses war eigentlich eine Frau und Schwiegermutter der vierzehnjährigen Gattin ihres fünfzehnjährigen Sohnes. Er war vor kurzem gestorben — eine Katastrophe, die den Eltern alle Unternehmungslust raubte, ihr Glück weiter in der Stadt zu versuchen. Sie zogen sich in ihr Heimatdorf zurück. „Und was wurde aus der jungen Witwe?" — Meine Gastgeber lächelten ein wenig. — „Sie verheiratete sich wieder, konnte aber nurmehr als ‚zweite Frau' unterkommen." — „Als ‚zweite Frau'? — Ist das noch heute ein Begriff?" — „Es scheint so zu sein." — „Wer vollzieht denn solche Eheschließungen?" — „Nicht der zivile Standesbeamte; solche Ehen sind nicht registriert. Aber es sieht aus, als fände sich nicht allzuschwer ein Imam, der offenbar nach seiner Auffassung des Wortes, man müsse Gott mehr als den Menschen gehorchen, bereit ist, einem bereits gesetzlich verheirateten Mann weitere Frauen anzutrauen."

Danach stellte ich gelegentlich die Frage nach der „zweiten Frau". — „Davon wissen wir nichts; in der Türkei hat niemand zwei Frauen", wurde mir regelmäßig geantwortet. Es konnte nicht an einer Unklarheit der Formulierung liegen. Denn ich beeilte mich jeweils hinzuzufügen, daß ich selbstverständlich nicht eine zweite Frau im gesetzlichen Sinne meine, sondern im Sinne des alten islamischen Rechts. Auch machte ich von Anfang an klar, daß ich selbstverständlich weder an den Befragten, seine Verwandten und Bekannten dachte, sondern lediglich gerne erfahren hätte, ob man vielleicht vor vielen Jahren an einem ganz andern Ort so etwas gehört habe. Aber nein! Niemand hatte je davon gehört.

Mitunter begegnete man meiner Frage schroff. — „Wie stellen Sie sich eigentlich vor, daß ein verheirateter Mann eine zweite Ehe schließen kann?" — „Ohne zivilen Standesbeamten, der wohl auch nicht in jedem Dorf zu finden ist, dafür aber mit einem eifrigen Imam, der nie fehlt. Niemand kontrolliert. Und da man es seit urdenklicher Zeit grundsätzlich so gehalten hat, nimmt auch niemand Anstoß." — „Da hat man Ihnen Legenden erzählt, alte Geschichten, die schon lange nicht mehr wahr sind. Sie sind falsch informiert." — Der höhere Beamte, der so sprach, schaute mißbilligend an die entgegengesetzte Wand, als hätte ich ihn nach dem Ergehen von vier Ehefrauen und acht Kebsweibern gefragt.

Memeluk jedoch, der kein höherer Beamter war, sondern das Brot einer westlichen Firma aß, sang ein anderes Lied. — „Ohne ziviles Standesamt heiraten — Kunststück! Manch ein Imam traut noch so gerne und kümmert sich einen Deut um das, was die Heiratslustigen mit einer registrierenden Amtsstelle zu tun oder nicht zu tun gehabt haben. Es ist überhaupt keine Frage."

Welche Auskunft war nun die richtige? Im Laufe eines Gesprächs mit einem Kollegen über die türkische Rezeption des schweizerischen Zivilgesetzbuches kam langsam Licht in die Sache. Beiläufig erfuhr ich, daß Jahr für Jahr eine solche Unzahl Kinder sich in unklaren Zivilstandsverhältnissen befand, daß laufend, 1933, 1945, 1950 und 1956, Verordnungen zu ihrer Legitimation getroffen werden mußten. Diese Kinder waren als Nachkommen von lediglich traditionell-religiös getrauten Frauen genau genommen unehelich, galten jedoch nach der Auffassung der Dörfler als ehelich. Wenn bei der Regelung der Ehe die alten Sitten aber noch so maßgebend waren, daß die Kinder zu Tausenden Ehen entsprangen, die nur nach altem religiösem Recht geschlossen worden waren, dann mochte auch die alte Satzung, daß einem Mann vier Frauen gestattet waren, sich ebenfalls praktisch behauptet haben, vor allem in dem Sinn, daß es nicht nur ein halbes Dutzend, sondern auch Tausende nur auf religiöser Basis angetrauter „zweiter Frauen" geben mochte.

Dabei sind die unzähligen Fälle, die man mit den Verfügungen erreichen wollte, vielleicht bei weitem nicht alle, die eigentlich in Betracht kämen. Denn mancher ordnungsliebende, nach neuem Recht verheiratete Vater mit einer zusätzlichen, aber bloß nach altem Recht, daß heißt religiöser Vorschrift, angetrauten zweiten Ehefrau hat wohl deren Kinder kurzerhand auch noch als Kinder der ersten, heute allein rechtmäßigen Frau registrieren lassen. Dem registrierenden Beamten fiel nicht ein, die Angaben des Vaters zu bezweifeln. Wie hätte er es auch sollen; er war bei der Geburt ja nicht dabeigewesen.

Als ich das erwähnte Buch Makals aufschlug, sprang mir dieses geheime Schreckgespenst des modernen Türken als Teufel aus der Schachtel ins Gesicht. „Zweite Frauen“ gab es da in Hülle und Fülle! Es war heraus!

Von Stund an begannen die Gespräche über die „zweite Frau“ eine andere Farbe zu bekommen. Hörte ich den bekannten Spruch: „Zweite Frau? Kenne ich nicht“, so erwiderte ich: „Und all die sogenannt unehelichen Kinder von Hausgenossinnen, die bereits gesetzlich verehelichte oder nach bürgerlichem Recht noch ledige Männer zu Adoptivvätern bekommen haben? Ich lese da gerade im ‚Bizim Köy ...‘ — Nun wurde die „zweite Frau“ nicht mehr in Abrede gestellt. Man modifizierte nur noch. — „Verstehen Sie, wenn die Frau keine Kinder hat, dann und selbstverständlich nur dann, wird vielleicht ein Mann auf dem Lande mit der Erlaubnis seiner Frau, jawohl der Erlaubnis seiner Frau, eine jüngere Frau ins Haus nehmen ...“ Oder: „Nein, dritte und vierte Frauen gibt es nicht; ich jedenfalls wüßte keinen Fall. Zweite Frauen? Ja, das kommt in den Dörfern vor, aber nur etwa bei einem Zehntel der Ehen.“

Sogar Rechtfertigungen kamen von Männern wie von Frauen. — „Ein landwirtschaftlicher Betrieb braucht mehrere Frauen. Mägde hat man in der Türkei eben nicht. Oft ist eine zweite Frau eine ökonomische Notwendigkeit.“ Wendet man ein, daß eine solche „ökonomische Notwendigkeit“ den Freiersmann oft erst einmal in Schulden stürzt, weil er im Rahmen des traditionellen Heiratsritus einen gehörigen Kaufpreis erlegen muß, so wird rasch der Spieß umgedreht und abgelenkt: „Im Westen ist es viel schlimmer, da haben die Männer eine Mätresse nach der andern. Mit welchem Recht gibt es da etwas gegen zweite Frauen einzuwenden? Die erste Frau wird oft aus purem Anstand beibehalten. Es käme den Mann billiger zu stehen, sich scheiden zu lassen. Und was die Frauen betrifft, so ist es doch ganz nett, die Hausarbeit nicht allein machen zu müssen, mit jemandem plaudern zu können und Mutter anstatt alte Jungfern zu werden.“

Vielweiberei — wenn das üppige Wort in dem mageren Sinn des Zweifrauensystems noch gebraucht werden kann — wirkt in der Tat bestechend brav und bieder, fiele nicht gerade die Hauptsache außer Betracht: das erotische Empfinden der Frauen.

Versunkene Zeiten liegen an der Sonne

Mit den alten Büchern in der Hand kommt man durchs ganze Land

Der eine reist, um durch Fühlungnahme zu Vorstellungen über Sehenswertes zu kommen; der Gebildete, um den Vorstellungen, die er bereits gewonnen hat, den wahren Gehalt zu geben.

Dem Reisenden erster Art kann es passieren, daß er sich in Halikarnassos (Bodrum) von der Hitze ermüdet auf einem kümmerlichen Mauerrest niederläßt, die Nase in einen Reiseführer steckt und plötzlich aufspringt. Denn er hatte auf nichts Geringerem als einem der Sieben Weltwunder gesessen, auf den Resten von Mausolos' gewaltigem Grabmal, eben dem Mausoleum, das ein für allemal diesen Begriff geschaffen hatte. Und wenn er in seinem Führer weiterliest, vernimmt er bald, daß nicht weit weg noch ein zweites Weltwunder auf ihn wartet — der Tempel der Artemis von Ephesos, wenn auch als unscheinbare Ruine.

Dem Besucher der zweiten Art hat schon der Schulunterricht eine Reihe von Bildern vorgeführt. Vielleicht hat er eine bestimmte Vorstellung von der Stadt Milet. Wenn auch keines der Sieben Weltwunder der hellenistischen Zeit, so brachte sie doch einen der „Sieben Weisen" hervor, Thales, den Begründer der Mathematik und Naturwissenschaft. Überhaupt hatte es die Gegend in sich, Weise hervorzubringen. In der Nachbarstadt Priene lebte ein anderer der Sieben, Bias, ein Rechtsgelehrter. Und Ephesos leuchtete mit Heraklit, „dem Dunkeln". Im Gefühl, seine Vorstellungswelt durch einen Augenschein bereichern zu können, macht sich der gebildete Besucher auf den Weg nach Milet, um — zum mindesten im Juli — lauter Störche anzutreffen, mehr Störche als im benachbarten türkischen Dörfchen Balat Menschen: Störche und ein gewaltiges Amphitheater aus römischer Zeit. Es steht scheinbar allein in Sand und Sumpf, in der unendlich wirkenden Einsamkeit und Weite, welche die Öde der Mäandermündung, das Meer und der Himmel vor ihm öffnen. Das Land wirkt nicht wie dreitausendjähriger Kulturboden, sondern als ob es darauf warte, endlich einmal besiedelt zu werden. Und doch hatte hier vor fünfundzwanzig Jahrhunderten Thales die Sonnenfinsternis von 585 v. Chr. korrekt berechnet und vorausgesagt.

Wo immer der Besucher in der Türkei weilt, selbst wenn sich dem Auge nur trockene Erdbrocken, dürres Gras und Disteln bieten, der Fuß geht auf weltberühmtem Boden. Auf Boden, in den nicht nur viele Wurzeln der abendländischen Kultur — der weltlichen wie der religiösen — tatsächlich zurückführen, sondern dank der ungebrochenen Kette der Überlieferung der Nachwelt auch durchaus bewußt. Die reiche Überlieferung — Lehren, Dichtungen, Tatsachenberichte, Anekdoten, Sagen und Legenden —, die bis heute nach dreitausend Jahren zum Bildungsinventar gehört, eröffnet ein Nebeneinander, Übereinander und Durcheinander von vielerlei Völkerschaften, enthüllt Kleinasien als Schauplatz kultureller, religiöser und politischer Stelldicheins von Gelehrten und Dichtern, von Pfeilern der Religion und königlichen Feldherren.

Was Wunder, daß allein schon eine Handvoll der alten, weltberühmten Bücher insgesamt das interessanteste Reisebuch über Kleinasien ergeben und als Quellen noch lebendig genug sind, um für jeden zu fließen. Und: sie wurden sogar von Menschen geschrieben, die von hier stammten oder zumindest lange Zeit hier gelebt hatten. Auch Teile der Bibel gehen auf „Bürger der Türkei" zurück.

Der Evangelist Johannes soll sich mit Maria für immer nach Ephesos gewandt haben. Sein mutmaßliches Grab in der Krypta der justinianischen Basilika war im Mittelalter das Ziel vieler Pilgerfahrten und kann neuerdings wieder besichtigt werden. Anders als der Apostel Johannes, hat Paulus nicht nur in Kleinasien gewirkt, sondern es war zudem auch seine Heimat; er soll ein Jude mit griechischer Muttersprache aus Tarsus gewesen sein. Und die Briefe an die Kolosser, Galater und Epheser sind an kleinasiatische Christengemeinden gerichtet, befassen sich mit dem Leben auf diesem Boden.

Besonders war es ihm um die Epheser zu tun gewesen. Die Stadt — vor der Versandung eine Hafenstadt — war seit Jahrhunderten ein intellektuelles Zentrum, aber auch religiöser und kommerzieller Mittelpunkt, der zu jener Zeit an die 100 000 Einwohner zählte, reiche Einwohner. In dieser „Bank Asiens“, wie Ephesos dazumal genannt wurde, befand sich seit altersher das berühmte Artemis-Heiligtum. Jene Artemis war eine Muttergöttin, die mit der uns bekannten, Köcher behangenen und Bogen tragenden Diana in Aussehen und Charakter wenig gemein hat. Vielmehr ist ihr ganzer Oberkörper eine Traube aus Brüsten. Wie so oft in der Religionsgeschichte steht man hier vor der Metamorphose einer Gottheit.

Vom Kult der Göttin zehrte ein großer Teil der Epheser, denn eine eigentliche Pilgerindustrie mit großem Einzugsgebiet hatte sich entwickelt. Wer immer von ihr profitierte, betrachtete, wie die Apostelgeschichte im 19. Kapitel berichtet, die eifrige Seelenfischerei des Apostels Paulus mit scheelem Auge. Es kam so weit, daß die Silberschmiede und andere Handwerker, die vom Verkauf von kleinen Nachbildungen des Artemistempels lebten, das Volk zur Demonstration aufstachelten. Zwei Stunden lang erscholl im Theater der Protestruf: Groß ist die Artemis der Epheser! Der einschreitende Beamte legte die Sache ganz im Geiste römischer Jurisprudenz — seit 200 Jahren gehörte die Stadt zum Römischen Reich — bei. Sauber, sachlich stichfest und den eigentlichen Streitpunkt außer acht lassend, ging die Argumentation ungefähr so: Wer kennt nicht die Größe der Artemis der Epheser? So haben Paulus und die Gemeinde der Göttin auch nicht gelästert, noch sich als Tempelräuber vergriffen. Für Aufruhr liegt also kein Grund vor. Ansprüche sollen die Handwerker auf dem Prozeßwege geltend machen.

Wenn auch jene religiösen Bedenken mit Brotneid untermauert gewesen waren, so sollte — wie die Entwicklung zeigt — die Furcht, daß Paulus' Werbung nicht nur das Gewerbe gefährdete, sondern auch Ruhm und Bedeutung des Heiligtums und damit der Stadt, sich als berechtigt erweisen.

Indem Paulus dieses Herz des Heidentums für das Christentum einnahm und im alten Machtbereich der „Artemis der Epheser" die weiteren der sieben ältesten christlichen Gemeinden: Smyrna, Pergamon, Thyatira, Sardes, Philadelphia und Laodicea, schuf, wurde Kleinasien, das später durch die Personalunion seines Regenten, des Sultans, mit dem Kalifen eine Hochburg des mohammedanischen Glaubens werden sollte, vorerst Kernland des Christentums. Eine Stellung, die es drei Jahrhunderte behauptete.

Hier fanden im ersten Jahrtausend alle ökumenischen Konzilien statt. Hier, in Nicäa, Konstantinopel, Ephesos und Chalcedon, einigte man sich über die Göttlichkeit Christi und die Dreieinigkeit.

Von den Heiligen hat mich besonders St. Nikolaus, der Weihnachtsmann, intrigiert. Aus einem türkischen Werbeprospekt sprang mir der Titel „Der heilige Nikolaus, ein Bürger der Türkei" (oder ähnlich) in die Augen; dabei hatte ich wenige Wochen zuvor in Baris romanischer Kirche, San Nichola, seine Grabstätte angesehen. Und nun sollte sein Sarkophag im lykischen Myra, dem heutigen Demre, stehen? Ein doppelter heiliger Nikolaus?

Ein frommes Schelmenstück steht dahinter. Die Byzantiner hatten ihren St. Nikolaus, geboren in Patara, lebend und tot gehabt. Kaufleute aus Bari, so fromm wie unverfroren, machten auf ihrer Levantereise im Jahre 1087 einen diebischen Abstecher nach Myra. Was sich von Nikolaus' Gebeinen mit raschem Griff erwischen ließ, brachten sie nach Bari und bestatteten es in würdiger Pracht. Zwei, drei Knöchlein jedoch waren von ihnen übersehen worden. Sie sind auf die Türken gekommen und werden von ihnen heute pietätvoll im Museum von Antalya gezeigt.

Wie das religiöse, so das weltliche „Buch der Bücher": Homers Ilias gibt mit ihren Darstellungen des Kampfes um Troja jenen halb sagenhaften, halb historischen Bericht vom Kampf um einen Fleck Erde, der heute — nach Jahrtausenden — wie eh und je ein bedeutender militärischer Punkt ist; diesmal im Festungsgürtel der westlichen Welt.

Aber nicht genug mit ihrer doppelten Einmaligkeit als erstes literarisches Zeugnis aus europäischer Vergangenheit und monumentalste abendländische Dichtung! Sie sollte sich als ein Schlüssel zur Geschichte erweisen, den man nur vertrauensvoll in die Hand zu nehmen brauchte.

Nachdem die Ilias während Jahrtausenden gelesen worden und man mit mancherlei spitzfindigen Mutmaßungen durch das vermeintliche Dunkel der Geschichte getappt war, um den Standort des alten Troja zu finden, durchwanderte ein erfolgreicher Bankier und genialer Dilettant, getreulich den Finger auf jedes Wort des uralten Buches legend, das sagenumwobene Gelände, um ohne Zögern genau an der richtigen Stelle den Spaten ansetzen zu lassen — und Troja aus der Urzeit in die Gegenwart zu bringen.

Ein hartgesottener Geldmensch — der arme Pfarrerssohn hatte sein vor dem vierzigsten Lebensjahr mit Spekulieren erworbenes Vermögen im amerikanischen Bürgerkrieg verdoppelt und im Krimkrieg aufgerundet —, brachte Heinrich Schliemann dem Werk Homers nicht nur die glühende Begeisterung eines Jugendlichen, sondern auch ein seltenes kindliches Vertrauen entgegen. Er allein hegte nicht den leisesten Zweifel an der wortwörtlichen Wahrheit der Dichtung und empfand solchen als Beschimpfung des Erhabenen. Um ihm den Boden zu entziehen, als Streiter für die Wahrheit, grub er nach Troja. Sein Glaube versetzte buchstäblich Berge, insofern er in seinen Überlegungen Troja vom steilen Hügel Bunarbaschi, wo die Gelehrten Priamos' Stadt vermuteten, nach Hissarlik, das dem Meer näher lag, verlegte. Denn für das von der Ilias beschriebene mehrmals täglich zwischen Meer und Burg hin und her wogende Kampfgetümmel war ihm Bunarbaschi zu weit weg. Auch hätte Achill Hektor nie dreimal um die teils steil abfallende Höhe von Bunarbaschi jagen können. Und kaum hätte man diesen Hügel als

„in der Ebene gelegen“ bezeichnen können, wie es Homer doch tat, wogegen diese Beschreibung genau auf Hissarlik paßte.

Ein einziges Haar fiel allerdings in die Suppe. Der Entdecker von Troja hatte vor lauter aufeinanderliegender „Trojas“, nämlich neun, an dem eigentlichen vorbeigegraben, das erst von Dörpfeld erkannt wurde. Nichtsdestoweniger hatte das einmalige Buch nach Jahrtausenden den Wahrheitsbeweis seiner Worte angetreten.

Kleinasien steht nicht nur hinter diesen zweierlei „Büchern der Bücher“, sondern auch hinter dem „Vater der Geschichte“, Herodot, den es hervorgebracht und von dem seine Bewohner beschrieben wurden.

Berühmt ist vor allem die Lokalgeschichte seiner Nachbarn, der Lyder, die mit der Schilderung der Kämpfe des Krösus und der Auseinandersetzung zwischen Persern und Griechen in die Weltgeschichte übergreift. Krösus war ein politischer Vielfraß und verschlang von Sardes aus ein unabhängiges ionisches Volk nach dem andern. Was Wunder, daß der bereits im Gold des Paktolus' Badende noch reicher wurde. Aber damit nicht genug. Als Solon den Boden Kleinasiens betrat — noch einer der Sieben Weisen —, wollte Krösus von ihm als der glücklichste Mann gepriesen werden. Auf seine Winke hin bekam er anstatt der erhofften Anerkennung das Lob eines vorbildlichen Spießers zu hören, der bei gutem Geschäftsgang gute Söhne gezeugt hatte, um schließlich im Dienste des Vaterlandes ehrenvoll zu sterben. Enttäuscht bohrte Krösus weiter. Solon jedoch wies den Rang der Zweitglücklichsten Kleobis und Biton zu, die von der Göttin als höchste Beglückung den Todesschlaf erhalten hatten. Eine kalte Dusche! Die Weisheit des Solon scheint nicht ungetrübt von Neid gewesen zu sein; denn er entzog Komplimenten ein für allemal den Boden mit der Bemerkung, niemand könne angesichts der ungewissen Zukunft vor seinem Ableben glücklich gepriesen werden. In der Tat sollte sich bald das Blatt wenden.

Krösus überlegte, ob er gegen die wachsende Macht der Perser angehen solle oder nicht, und wandte sich — die Fragen mit üppigen Geschenken begleitend — an das Orakel von Delphi. Aus dessen erstem Spruch schöpfte er Mut und präzisierte seine Fragen. Je rosiger ihm die Antworten erschienen, um so reicher wurden seine Geschenke. Der Gürtel der Gattin, Ziegen und Löwen aus purem Gold fanden den Weg nach Delphi. Aber, er hatte das Orakel mißverstanden: Das Reich, das er zerstörte, als er die Perser angriff, war nicht das persische sondern das eigene. Zwischen verschiedenen Versionen wählend, läßt ihn Herodot als Gefangener der Perser einen Scheiterhaufen besteigen, wo züngelnde Flammen ihn läutern. In Rauch und Qualm gehüllt, warnt Krösus seinerseits den König Kyros mit dem säuerlichen Spruch Solons. Dieser lammfrommen Rede können die Götter nicht widerstehen: ein Regenguß macht dem Feuer ein Ende. Ein bescheidener, besonnener Krösus steigt vom Scheiterhaufen herunter und darf sich nahe zum gutmütigen Kyros setzen — als väterlicher Ratgeber.

Eigentlich hatte Krösus' Sturz schon fünf Generationen vorher begonnen und war vorausgesagt worden. Herodot erzählt, wie der erste Gatte von Krösus' Vorfahrin, Kandaules, es nicht lassen konnte, dem Leibwächter Gyges die Schönheit seiner Frau vor Augen zu stellen. Auch er wollte offenbar beneidet sein, so sehr, daß er törichterweise den Freund nötigte, sich im königlichen Schlafgemach zwischen der aufgesperrten Tür und der Wand zu verstekken, um von dort aus die sich auskleidende Frau genau ins Auge zu fassen. Hernach sollte Gyges hinter dem Rücken der Betrachteten zur Türe hinausschlüpfen.

So geschah es. Nur hatte die Frau alles bemerkt, sagte aber nichts. Anderntags ließ sie, umringt von ihren Getreuesten, Gyges rufen und stellte ihn vor ein Ultimatum: entweder wurde er hier und jetzt umgebracht, oder aber er tötete Kandaules, um an ihrer Seite König zu werden.

Die Königin schlug eine elegante Rache vor. Der gleiche Trick, den sich Kandaules gegen sie ausgedacht hatte, wollte sie nun gegen ihn anwenden. Nur sollte diesmal er und nicht sie das Opfer sein. Noch einmal lauerte Gyges hinter der Tür; aber nicht als Voyeur, sondern als Mörder. Auch entwich er nicht, nachdem das Paar sich zur Ruhe gelegt hatte, sondern trat hinzu, erstach den Kandaules und wurde selber König. Der Mörder hatte Narrenglück gehabt, und die Königin zwei Fliegen auf einen Schlag erledigt, sich am Gatten gerächt und den Gyges zu ihrem Werkzeug gemacht. Dabei blieb sie Königin und selber unbefleckt von Blut.

Zur Vergeltung der Sünden der Väter und Mütter hatte Krösus sein weites Lyderreich an die Perser zu verlieren. Diese machten Kleinasien einmal mehr zum Schauplatz der Weltgeschichte. Herodot beschreibt, wie wenige Generationen später der Perserkönig Xerxes das Land durchzieht, um mit einem riesigen Heer die Griechen jenseits der Ägäis anzugreifen. Er ist noch übermütiger als Krösus zu seiner üppigsten Zeit. Mit der Natur verkehrt er in seltsamer Weise. In der Nähe von Sardes behängt er eine herrliche Platane um ihrer Schönheit willen mit goldenem Schmuck und weist ihr eine Leibwache aus der erlesenen Schar seiner „Unsterblichen" zu.

Schon damals hat es in der Türkei jene prachtvollen Platanen gegeben, wie sie mir besonders in Bursa und Istanbul, aber auch am See von Iznik, aufgefallen sind. Ihre gewaltigen Äste bilden mit hohen Gewölben wahre Baumpaläste, und der eine und andere ihrer verwitterten Stämme verkörpert realistisch den hohlen Baum der Märchen, in dem Menschen Zuflucht finden.

Weniger gut als auf die Platanen war Xerxes auf den Hellespont zu sprechen. Denn die erste Brücke, von Phöniziern und Ägyptern seines Heeres erbaut, wurde vom Sturm weggefegt. Die Leiter des Baues wurden darauf kurzerhand geköpft. Aber auch der Hellespont bekam etwas zu hören — und zu fühlen. Unter den Scheltworten, er sei „ein trübes und verschlagenes Wasser", wurden ihm in aller Form dreihundert Peitschenhiebe versetzt und eine eiserne Fessel in ihn versenkt. Die neue Bauleitung hatte mehr Glück. Über ihre respektable Brücke – mit Erde bedeckt und hohen Zäunen als Scheuklappen für das Vieh, täuschte sie eine Landstraße vor – entrollte sich Xerxes' Heer mit Mann und Roß und Wagen.

Überhaupt rollte in dem scheinbar abgelegenen Winkel viel Weltgeschichte. Denn über diese Meerenge oder den Bosporus mußte kommen, wer unter Einhaltung des kürzesten Landweges von Europa nach Vorderasien oder in umgekehrter Richtung zog. So führte der Weg vieler glorreicher Heere hier durch. Auch Barbarossa setzte hier nach Asien über. Der byzantinische Kaiser hatte diesen dritten Kreuzzug von Konstantinopel abgelenkt — wohlweislich, denn er fürchtete die Plünderungslust der ins Heilige Land ziehenden Freunde. Eine Furcht, deren Berechtigung sich im vierten Kreuzzug katastrophal bestätigen sollte.

Anfang des 13. Jahrhunderts herrschte größte Uneinigkeit im Kaiserhause. Man usurpierte Throne und blendete oder tötete die nächsten Verwandten. — Das war nun allerdings vorher und nachher an manchen Höfen üblich. Nicht zuletzt im osmanischen Herrscherhaus, wenn auch mit mehr Glück und nach Suleiman des Prächtigen „Brudermordgesetz" — streng legal! — Das Versprechen des legitimen Thronanwärters an die europäischen Freunde, die Stadt unter die religiöse Oberhoheit des Papstes zu stellen, wenn man ihn gegen den Usurpator unterstütze, löste einen Kampf zwischen den Teilnehmern dieses vierten Kreuzzuges, hauptsächlich Franzosen und Venezianern, und den Einwohnern Konstantinopels aus. Praktisch hatte er die Gestalt eines gigantischen Raubüberfalles, bei dem die seit tausend Jahren gestapelten Schätze verschwanden und die Kraft der Metropole gebrochen wurde. Mit den darauffolgenden inneren Kämpfen kam die Auflösung in vollen Gang. Die berühmte Einnahme der entvölkerten Stadt durch die Türken — 200 000 türkischen Kriegern standen nur 14 000 Griechen und Italiener gegenüber — anderthalb Jahrhunderte später, 1453, war nur noch der Todesstoß.

Weniger Glück beim Überqueren des Hellespont als Xerxes, Alexander, Suleiman und Barbarossa hatten die sagenhaften Liebenden Hero und Leander — auch sie nach den Dichtern und vielleicht sogar in Wirklichkeit in Kleinasien beheimatet. Ihre tragische Liebe an diesem strategischen Punkt der Weltgeschichte ließ sie in die Weltliteratur eingehen. Sie zwingt die Dichter seit zweitausend Jahren immer wieder zur Gestaltung. Die beiden treten in Ovids „Epistulae" hervor. Ein halbes Jahrtausend später erzählt der alexandrinische Epiker Museios von ihnen. Im Mittelalter bleiben sie unvergessen, im 16. Jahrhundert gestaltet der Vorläufer Shakespeares, Marlowe, die Sage, und Byrons „Braut von Abydos" klingt daran an. Schiller läßt sie in seiner Ballade und Grillparzer in „Des Meeres und der Liebe Wellen" aufs neue erstehen. Die Reisenden suchen noch heute nach ihren Spuren und haben sich, als sie nichts Geeigneteres fanden, kurzerhand auf den im Bosporus — nicht etwa in den Dardanellen — stehenden alten Wasserturm als „Leanderturm" festgelegt. Die Türken nennen ihn „Mädchenturm" und berufen sich auf eine andere, auch traurige, aber förmlichere Liebesgeschichte.

Doch nicht allein für die unsterblichste Liebesgeschichte und die ehrwürdigsten und ältesten Bücher des Christentums und der Geschichte stellt Kleinasien Rahmen, Akteure und Autoren, es tut dies auch für die ersten — Reisebücher. Allerdings Reisebücher eigener Art, vor allem zwei Bücher sehr kriegerischen Reisens. Beide haben denselben Titel „Anabasis . . ." Während das ältere den berühmtesten Rückzug behandelt, so das jüngere den berühmtesten Eroberungszug.

Xenophons „Anabasis des Kyros" schildert hauptsächlich den Rückzug der nach der Schlacht von Cunuxa in isolierter Lage befindlichen zehntausend Griechen quer durch die heutige Türkei unter des Autors Führung. Diesem, einem Athener, der als „züchtig und wohlgestaltet bis zum Übermaß" beschrieben wird, gab in einer Nacht der Verzweiflung ein Traumbild die Berufung, seine, der Führer durch Verrat beraubten, Landsleute in die Heimat zurückzuführen. Ein Unternehmen, das kaum eine Chance zu haben, aber noch immer die beste Lösung zu sein schien. Im Spätherbst 401 v. Chr. schlug sich das Heer von Mesopotamien her durch die Gebirge von Kurdistan, Armenien und Georgien. Der Marsch ging bald mitten im Winter über ein- bis zweitausend Meter hoch gelegene Gegenden — aus einer von ihnen, Erzurum, stammt nach einer türkischen Redensart die Kälte. Bereits Ende Februar stiegen die Unentwegten zum Schwarzen Meer hinunter, am Ziel, aber noch nicht am

Ende ihrer Prüfungen. Anlaß zu einer weiteren gab eine Pflanze, welcher man noch heute am Straßenrand begegnen kann. Mit staubigem Laub, aber unverkennbar die Atmosphäre altmodischer Villengärten atmend, blüht im Frühling lilafarbener Rhododendron, von dem der sagenhafte Tollhonig herrühren soll. Seit Urzeiten scheinen die Bewohner von Pontus mit ihm ungebetene Gäste heuchlerisch bewirtet zu haben. Wer davon wenig zu sich nimmt, verhält sich wie betrunken, wer viel, wie irrsinnig; Erbrechen und Diarrhöe gehen nebenbei mit. Selbstredend bekamen Xenophon und die Seinen reichlich davon. Und etliche hundert Jahre später stellte man, wie Strabo berichtet, für Pompejus' Heer Gefäße mit der tückischen Erfrischung so einladend an den Wegen auf, daß drei Kohorten Betrunkener mit Leichtigkeit niedergemacht werden konnten.

Strabo muß es wissen, denn er stammt ja selbst aus dem Pontus, von Amasya. Wie Herodot als „Vater der Geschichte" teils auch das Leben seiner kleinasiatischen Heimat schildert, so vier, fünf Jahrhunderte später Strabo in der „Geographica", einer Hauptquelle der Topographie des Altertums, auch sein eigenes Land. Damit ist er dem Besucher der Türkei ebenfalls ein Reiseführer und mitunter ein aktuellerer als die zeitgenössischen.

„In der Türkei lassen sich wirklich noch Entdeckungen machen", hatte mir kurz vor meiner Abreise in die Türkei ein Bekannter erzählt. „So führte uns in der Nähe von Silifke ein Junge zu einer gewaltigen Schlucht. An ihr lag eine mächtige Grotte voll Dämmerlicht und bei ihr wie das Ei im Nest eine kleine Kapelle. Auch ein Fluß entsprang in der Nähe, um unversehens wieder vom Erdboden verschluckt zu werden. Phantastisch!" — Wirklich eine Entdeckung? Jedenfalls verloren weder Reiseführer noch Prospekte ein Wort darüber. Und Strabo? Auf der Straße nach Mersin schlug ich seine „Erdbeschreibung" auf und siehe: Vor 2000 Jahren hatte er Schlucht, Höhle und Fluß ziemlich so beschrieben wie mein Bekannter. Einzig von der Kapelle war logischerweise nicht die Rede. Die Korykische Höhle war im Altertum weltbekannt gewesen, dann vergessen und erst vor 100 Jahren wieder entdeckt worden.

Aber zurück zu Xenophon, dessen Marsch ans Schwarze Meer den räumlichen und zeitlichen Abstecher zu Strabo machen ließ. Ist man Xenophon nach Trapezos (Trabzon) gefolgt, so ist man zugleich dem Ziel der Argonauten, Medeas Heimat Kolchis, nahe. Hier und nach Osten hin leben die Lasen, die man gerne als Verwandte der Kolcher Medeas betrachtet. Der Besucher jedoch, der sich jetzt im Geiste von Xenophon trennen und den Argonauten anschließen möchte, um ihnen zum Goldenen Vlies zu folgen, verfinge sich in den Falten des Eisernen Vorhangs.

Hält man sich jedoch an Xenophon und folgt ihm der Küste entlang nach Westen, so gelangt man zur Stadt Sinope. Ihre Bürger hatten es dazumal sehr eilig, auf ihren Schiffen die Zehntausend nach Byzantion zu bringen, da sie befürchteten, die Krieger könnten, der Strapazen müde, hierbleiben und ihnen als Kaufleute Konkurrenz machen. Immer im Gefolge Xenophons, könnte man hier im Geiste einem unverschämten zwölfjährigen Knaben, dem Diogenes — ein weiterer „Bürger der Türkei" —, begegnen, wenn seine Geburt wirklich auf das Jahr 412 fällt.

Es versteht sich von selbst, daß ein so ausgefallener Kopf der abseitigen Heimat am Schwarzen Meer bald den Rücken kehren mußte, um erst in Athen für seine Philosophie der kynischen Schamlosigkeit genügend Vorurteilslosigkeit zu finden. Noch mehr fand er in Korinth, wo der Familienvater Xeniades just einen solchen Mann zur Erziehung seiner Söhne benötigte. Offen bleibt allerdings, ob dieser den Posten weniger seiner Philosophie als der wahrscheinlichen Tatsache, der billigste Erzieher aller Zeiten gewesen zu sein, zu verdanken hatte. Denn kaum ein anderer verlangte, um Leib und Seele zusammenzuhalten, bloß etwas Nahrung, Faß, Mantel, Brotsack und Stab — den Becher hat er bekanntlich als Ballast über Bord geworfen, nachdem er einen Knaben aus der hohlen Hand trinken gesehen hatte. Für einen „Bürger der Türkei" eigentlich erstaunlich, diesen Wink des Schicksals abzuwarten; kommt doch in den türkischen Hotels manch hochzivilisierter Tourist, ohne Zyniker zu sein, wohl oder übel auf diesen Einfall, da Wassergläser fehlen.

Die jüngere Anabasis ergänzt als kriegerischer Reiseführer durch die Türkei seltsamerweise Xenophons ältere insofern, als „Alexanders des Großen Siegeszug durch Asien", soweit er sich in Kleinasien abwickelt, durch jene Gegenden geht, welche der „Rückzug der Zehntausend" links liegengelassen hat, wenn ihnen auch seine ersten Seiten gewidmet sind. Die beiden Beschreibungen zusammen umspannen so ziemlich das gesamte Gebiet der heutigen Türkei.

Diese Anabasis wurde nicht von einem Augenzeugen, ja nicht einmal von einem Zeitgenossen geschrieben, sondern fast ein halbes Jahrtausend später, hauptsächlich auf Grund der Berichte von Alexanders Paladinen, als solide historische Studie, von Arrian aus Nikodemia (Izmit) — wieder ein großer Sohn Kleinasiens, der überdies bei einem anderen großen Sohn, bei Epiktet aus Hierapolis, in die Schule gegangen war.

Wie Xerxes, wenn auch in umgekehrter Richtung und das Wasser freundlicher behandelnd, setzt Alexander über den Hellespont. Poseidon und die Nereïden erhalten einen Stier geschlachtet und Spenden aus goldener Schale. Arrians Beschreibung läßt den Leser darauf summarisch der ganzen West- und der halben Südküste entlang in Alexanders Gefolge als Sieger von einer Stadt zur andern wandern. Dabei steht noch einmal Herodots engere und weitere Heimat im Vordergrund. Dann aber auch Lykien und Pamphylien, die Umgebung des heutigen Antalya, die mit ihrer Konzentration von Ruinen großer griechisch-römischer Städte den Besucher um so mehr verblüfft, als im Gegensatz zur Gegend um Smyrna in den alten Büchern von diesem Landstrich weniger berichtet wird.

Der Siegeszug macht dann einen gewaltigen Bogen landeinwärts, der beim „Gordischen Knoten" unweit Ankaras kulminiert. Die mit ihm verbundene kleine Anekdote ist das Nachhaltigste, was von dem durch Maßlosigkeit, Beherztheit und unfehlbares Glück einzig dastehenden Eroberungszug durch Griechenland, Kleinasien, Syrien, Ägypten über Tigris und Euphrat nach Persien und Indien übriggeblieben ist.

333 vor Chr. schlug Alexander in Gordion, dem einstigen, heute

fast vergessenen Zentrum des Großphrygischen Staats, der im 8. und 7. Jahrhundert v. Chr. zusamen mit Urarthu (später Armenien) den größten Teil der heutigen Türkei umfaßte, sein Winterquartier auf. Selbstredend nahm er den berühmten Knoten, mit dem das Joch an die Deichsel des sagenumwobenen Wagens geknüpft war, in Augenschein.

Von ihm erzählte man, er sei vom Phrygerkönig Midas als ein Zeus geweihtes Geschenk aufgestellt worden. Midas hatte allen Anlaß zu Dank. Ein Adler hatte sich auf das Joch niedergelassen, als sein Vater, Gordion, pflügte. Ratsuchend wanderte dieser nach Termessos, wo man sich auf Orakel verstand. Schon am Brunnen wurde er von einem jungen Mädchen abgefangen. Sie deutete ihm die Begebenheit und begleitete ihn unverzüglich in seine Heimat, um als seine Gattin die von ihr anempfohlenen Opfer zu überwachen. So lebten sie friedlich, bis in späteren Jahren Zwietracht den Phrygern zu schaffen gab. Als das versammelte Volk ein Orakel besprach — daß ein König, den ein Wagen bringe, den Streit beilegen werde –, fuhren gerade Herr und Frau Gordion mit Sohn Midas im Ochsenwagen vor. Ein Wink des Schicksals, der keine Zweifel und bald auch keine Zwietracht mehr übrigließ.

Joch und Wagen, die beiden Zeichen seines Glücks, wurden von dem beglückten Erben mit dem Rindenbast der Kornelkirsche so zusammengebunden, daß keine Enden sichtbar waren, und das Ganze Zeus geweiht. Bald wurde auch der Knoten Gegenstand eines Orakels: Wer ihn zu lösen vermochte, sollte Herr von ganz Asien werden.

Alexander mühte sich mit ihm ab. Vergeblich! Auch er fand die Enden nicht. Aber er hatte vor, sich Asien untertan zu machen, und darum mußte im Blickfeld eines abergläubischen Heeres etwas geschehen — und rasch. Er zerschnitt den Knoten. Die Weissagung hatte allerdings von Lösen, nicht von Schneiden gesprochen. Offenbar behält Gewalt auch gegenüber Orakeln recht.

Nun gibt es einen „Gordischen Knoten“, den Alexander nicht zerschnitten hat, und der sogar noch berühmter ist als der sagenhafte. Es ist der „Türkische Knoten" der türkischen Knüpftechnik im Gegensatz zum „Persischen", zum „Senneh-Knoten", der Perserteppiche. Der türkische ist nach der Ortschaft Gördes in der weiteren Umgebung von Izmir benannt, wo im 16. und 17. Jahrhundert prächtige Gebetsteppiche angefertigt wurden. Das hat den einen und andern von der Duplizität ergötzten Verfasser teppichkundlicher Literatur versehentlich bewogen, das Zentrum des Phrygerreiches und mit ihm Wagen und Joch kräftig nach Westen zu rücken und Alexander hier das Schwert zücken zu lassen.

Auch ein alter Bekannter aus dem Lateinunterricht, Plinius d. J., gibt uns Auskünfte über die Türkei, wenn sie auch in erster Linie an den Kaiser Trajan gerichtet sind. Er war Statthalter im kleinasiatischen Bithynien, das dem Römischen Reich von seinem König testamentarisch vermacht worden war. Nichts Ungewöhnliches; das Königreich Pergamon war auf dieselbe Weise an die Römer gekommen.

Nicht Romantik, sondern trockene Administrationsluft schlägt uns über fast 2000 Jahre entgegen. – In Nicomedia richtet das Feuer Verheerung an, während die Einwohner, anstatt Hand anzulegen, gemütlich zuschauen. Statthalter und Kaiser beraten: Soll man eine Feuerwehr gründen? Ach was, die richtet bald mehr Schaden an als das Feuer, denn welcher Verband wird nicht früher oder später zu einem politischen? Die wirren Finanzen der Provinz und die Christen geben zu schaffen. Plinius meldet besorgt, wie dieser „ansteckende Aberglaube" nachgerade allenthalben um sich greife.

Ein Buch der Bücher eigener Art muß in diesem Zusammenhang auch noch erwähnt werden, obgleich es zwar in keiner Weise den Fremdenführer machen kann. Es ist Anfang des 6. Jahrhunderts in Byzanz entstanden und war von so grundlegender Bedeutung, daß es für die westliche Kultur Gültigkeit bis auf den heutigen Tag behalten hat. Es ist die gewaltige römisch-rechtliche Gesetzessammlung, der Corpus iuris Justinians, die im Rahmen der Rezeption des römischen Rechtes viele europäische Rechte beeinflußte und vierzehnhundert Jahre nach ihrer Entstehung — in schattenhaftester Form allerdings — aufs neue in ihrem Ursprungsland Bedeutung gewonnen hat, insoweit sie noch in den von der kemalistischen Türkei rezipierten europäischen Satzungen nachwirkte.

Der Schöpfer des Corpus iuris, der Kaiser Justinian, sowie seine Gemahlin Theodora haben Schattenseiten ihres Charakters in einem weiteren byzantinischen Buch geschildert erhalten, dessen Titel dem dazu verwendeten Wort eine ganz neue und überdies unsterbliche Bedeutung gegeben hat, in den „Anekdota" des Prokopios. Eigentlich bedeutet die Bezeichnung lediglich die „unveröffentlichten" (Notizen), die „Geheime Geschichte" im Gegensatz zu den sieben „Geschichten", welche dem Kaiserpaar und der Öffentlichkeit eine sachliche, aber selbstredend von tiefem Respekt und wohldosierten Lobhudeleien durchtränkte Schilderung der Kriege Justinians gaben.

Die allzutiefen Bücklinge müssen dem Autor so zugesetzt haben, daß er zu Händen der Nachwelt ein zweites Mal zur Feder griff, um ausgleichend an dem verherrlichten Kaiserpaar und dessen Feldherrn Belisar und Gemahlin keinen guten Faden zu lassen und die großartige Stadt mit bizarren Farben zu kolorieren. Die mächtigen Herren macht er als schwächliche Dummköpfe auf, ihre tugendhaften und frommen Ehefrauen — auf die er einen besonderen Pik hatte — als perverse Huren und alle zusammen als schamlose Heuchler.

Weniger berühmt als die bisher erwähnten „Reisebücher", dafür aber ganz einschlägig ist das Werk der byzantinischen Königstochter Anna Komnena, die Geschichte von Byzanz (1096—1118) im Laufe der Wirksamkeit ihres Vaters: die 15 Bücher der „Alexias". Die Geschichtsschreibung gehört überhaupt zu den starken Seiten der späteren oströmischen Kultur. Entsprechend wird sogar der Untergang des Reiches selbstredend von byzantinischen Historikern übermittelt.

Mit dem Fall von Konstantinopel wurde ein Kernland abendländischer Kultur für lange Jahrhunderte vom Abendland abgetrennt und mit einem dichten türkischen Teppich bedeckt.

Tote oder lebendige Ruinen?

Die einladende kleine Autostraße, die sich zu den letzten Resten der Königsstadt Pergamon emporwand, mündete in einen Parkplatz. Soeben verschwand ein Häuflein Touristen mit Mienen, die für Pflichterfüllung ein Mittagessen erwarteten, in einem riesigen Autobus.

Ich trat den Weg zum Gipfel an, hier an niedrigem Gemäuer vorbei, dort über einen Steinbrocken springend. Überall stand dürres Gras. Von den Mauerresten am höchsten Punkt wehte triumphierend die Halbmondflagge, als hätten die Türken gerade gestern die Feste erobert. Die Gegenwart der Fahne stellte neben die alte eine neue Welt, welche jene als zerbrochen und zerrieben in tiefere zeitliche Fernen schob. Im spärlichen, aber hohen Gras erhoben sich da und dort Pfähle mit Brettchen, auf denen Aufschriften wie Agora, Theater, Bibliothek zu lesen waren — wie Nummern vergessener Gräber! Ich ging von einem dieser Felder zum andern und kehrte nach dem Rundgang in die „Bibliothek" zurück, um mir Rechenschaft über das Gesehene zu geben.

Die Aussicht von der alten Burgstadt ist so herrlich wie unterhaltend. Berge und Hügel ziehen sich in tiefe Weiten, während unmittelbar vor einem, aber durch einen beachtlichen Höhenunterschied getrennt, das türkische Bergama sich am Fuß des Hügels regt. Die hoch am Himmel schwebenden Falken erhöhen das Gefühl herrlicher Weite. Es ist eine eigentümlich schöne Aussicht; doch gibt es viele schöne Aussichten, für die man weniger weit zu gehen hat.

Aber die antiken Kunstwerke, die Architektur? — Nun, der berühmte Zeusaltar mit dem Kampf zwischen Göttern und Giganten kam nach Deutschland, ins Pergamon-Museum, um schließlich hinter dem Eisernen Vorhang zu verschwinden. Auch die anderen Skulpturen sind unter Dach und Fach gebracht worden. Zudem hat Bergama ebenfalls sein Pergamon-Museum. Hier oben blieben vor allem Gras, Mauerstücke, Fundamentreste. Da und dort vielleicht eine Säulenbasis, einige marmorne Trommeln von Säulenschäften. Nachfühlen läßt sich eigentlich nur das Theater der Akropolis. Es ist riesig und senkt sich steil zur Szene auf eine verhältnismäßig schmale Terrassenstraße hinab, die Zuschauer und Abgrund trennt. Was auf der Bühne gespielt wurde, spielte sich — von den obersten Rängen gesehen — vor der weiten Welt als Kulisse ab.

Wie intensiv diese Landstriche an der West- und Südküste Kleinasiens in den Jahrhunderten vor und nach Christi Geburt bewohnt gewesen waren und welch reiches Leben da gebrodelt haben mußte, läßt sich schon aus der Größe und der Dichte der großen Theater ersehen. In der weiteren Umgebung von Izmir und Antalya kann man auf einem eintägigen Ausflug fast ein halbes Dutzend mächtiger antiker Theater antreffen, die Zehntausenden Platz boten.

All das mögen nützliche Beobachtungen und Überlegungen sein; aber lohnen sie eine mühsame kostspielige Reise über Länder und Meer? Im Augenblick saß ich, wie gesagt, in der „Bibliothek" mit dem Reiseführer in der Hand, der in vielen emphatischen Worten genau hier eine mächtige Stadt erstehen ließ. Aber sie verblieb im Buch. Die Beschreibung konnte nicht einmal eine Brücke zwischen der sichtbaren Realität und der beschwingt beschriebenen Rekonstruktion herstellen. Was die weltberühmte Bibliothek selbst betraf — als Liebesgabe von Format hatte ein Verliebter von Format sie einer Geliebten von Format, Markus Antonius der Kleopatra, zum Geschenk gemacht, wodurch zweihunderttausend Bände oder Rollen der noch berühmteren Bibliothek von Alexandria einverleibt worden waren —, sah ich mich genau um. Trotz der vom Reiseführer enthusiastisch aufgemachten Suggestion eines herrlichen Lesegartens mit Marmorbänken war nichts anderes zu sehen als zwei dürftige Mauern, dürre Halme und in einer Ecke ein in leuchtendem Zinnoberrot wild blühender Granatapfelstrauch.

Ein Besucher, der ehrlich gegen sich selbst ist, kommt nicht darum herum, an dieser Stelle — oder irgendeiner anderen inmitten kärglicher Ruinenreste — sich unvoreingenommen zu fragen: Warum kommt man, warum komme ich hierher? Hat man, habe ich das Gesuchte gefunden?

Aber wer kommt? Wer sucht was? Dreierlei Menschen kommen, und sie suchen nicht genau dasselbe. Da sind die professionellen Archäologen und Historiker. Für sie ist alles, was sich aus alter Zeit noch finden läßt, Material für ihre Überlegungen und Schlüsse, gehört zum Fach und damit zu ihrer Welt und Existenz. Ihre Schar wird aufgerundet durch den einen und anderen Altphilologen, der den Wunsch hegen mag, die Steine zu sehen, auf denen sein tägliches Brot gebacken wird.

Warum aber kommen Autobusse voll Menschen, warum sind Namen wie Pergamon, Ephesos — und natürlich auch entsprechende Stätten in Griechenland und Italien — Lichtreklamen für Vergnügungsreisen? Die Frage liegt um so näher, als sowohl in Griechenland wie in Kleinasien die architektonischen Überreste des Altertums mit würdigen Ausnahmen in ihrer weitgehenden Auflösung einem durchschnittlichen Besucher kaum viel bieten können. Die Gründe sind einfach, zeigen sich aber kompliziert verschlungen.

Der Ausgangspunkt ist die objektive Bedeutung der griechischen Kultur, besonders auch der Architektur, für den Westen und damit mehr oder weniger für die ganze Welt. Ein Blick auf die westliche Kunstgeschichte bestätigt, daß, wenn immer die abendländische Kultur nicht mehr weiter weiß, sie getrost auf den antiken Formenschatz zurückgreift. Mitunter gerät er in den Hintergrund, um aber mit Regelmäßigkeit als Maßstab und Vorbild wieder aufzutauchen. Gerade die Türkei stellt ein augenfälliges Beispiel: das Mausoleum Atatürks. Von weitem scheint es — rein architektonisch, visuell — von seinem Hügel aus sagen zu wollen: Wir sind soweit; auch wir haben einen Parthenon geschaffen.

Die Tatsache dieses beinahe absoluten Wertes der antiken Kunst und Architektur, einst wie heute nur wenigen, für die hier einschlägige Art geistiger Abenteuer besonders begabten Menschen wirklich erkenn- und faßbar und damit wie jede Art geistigen Erlebens Privileg weniger, wird nun im Zuge der die Demokratisierung begleitenden Bildungsbegierde und Bildungsgläubigkeit als dem Erlebnisvermögen eines jeden zugänglich betrachtet.

Viele kommen, um wenige gut erhaltene und zahlreiche meist der Unkenntlichkeit nahe Reste zu betrachten, mit dem Gefühl, Wertvollstes zu schauen, Weisen und Dichtern auf die Achsel zu klopfen, ruhmreichen Eroberern herzlich die Hand zu schütteln, bei Königen wie bei Dorfpotentaten zu Gast zu sein und einen Rundgang durch ihre marmornen Besitztümer zu machen. Man hegt die Hoffnung, zumindest mit Bruchstücken nie erblickter Schönheit in Berührung zu kommen. Diese Bruchstücke existieren; doch die schönsten zumeist in den heimatlichen Museen. Und die weniger repräsentativen? Wie sollten sie zu Menschen sprechen, die, wie es oft nicht anders sein kann, selbst von den intakten Schöpfungen kaum berührt werden? Nun, sie sprechen, wenn auch nicht ihre eigene Sprache, so jene hochkotierter Werte. Man schaut sie nicht mit gewöhnlichen, sondern mit ganz andern Augen an.

Aber es wäre grundfalsch, über diese Kulturwallfahrer zu lächeln. Schon darum, weil, wer glaubt, es tun zu können, da er zu jenen gehört, die Offenbarungen haben, ja nicht von einer Offenbarung zur andern taumelt, sondern dazwischen auch wieder zu den andern zählt, die sich schülerhaft um das abmühen, was kein Gott ihnen schenkt. Dann aber auch deshalb, weil die Kulturwallfahrer die Wallfahrt wie eine Kur machen: Wenn das Wasser nichts genützt hat, so hat man sich doch sonst gut unterhalten. Die Bildungsgläubigkeit hat Anstoß zu einer unterhaltsamen, sonnigen Reise unter blauem Himmel gegeben, während es zu Hause Bindfäden regnete. Daß man nur eine tote Hand berührt hat, wo man eine lebende zu fassen hoffte, fällt nicht so schwer ins Gewicht.

Die dritte Besucherart irrt nicht zwischen alten Blöcken, um nach der Gebrauchsanweisung des Reiseführers Puzzles zu lösen. Sie fragen sich: was sehe und spüre ich tatsächlich? Hierher gehören jene, die am zutreffendsten als Freunde der Vergangenheit bezeichnet werden können. Sie suchen das Erlebnis, auf das Eigentliche zu stoßen, in den Überresten für Augenblicke das Leben zu ahnen, das sie geformt hatte. Das Erlebnis, unmittelbar, wenn auch leise, aus den fernen Zeiten her angesprochen zu werden.

Vor allem hatte ich mich auf Ephesos gefreut. Grund dazu gab das in einer Zeitschrift veröffentlichte Foto vom Fragment eines Marmorfußes. Ringsum befanden sich Disteln, Gras und Sand, im Hintergrund ein ferner Gebirgszug. Auf diesem Bild erschien in tiefer Einsamkeit Antike als Gegenwart; zerfallende Antike, aber Antike. Hier fühlte ich klares Quellwasser an Stelle all des Abklatsches vom Abklatsch solcher Vorbilder, der sich — teils mit frischen Impulsen zu wesentlichen Werken gewandelt, teils aber auch von papierner Dürftigkeit oder dann zum Rummel aufgebauscht — durch die Jahrtausende, Jahrhunderte und Jahrzehnte in Gestalt zahlloser Plastiken an Palästen, Bahnhöfen und Kreditanstalten auf uns zugewälzt hat.

In Ephesos selbst aber hatte ich Mühe, das Eigentliche zu spüren. Wie es einem die Reiseführer sagen, sind hauptsächlich Denkmäler aus der späteren Zeit, Überreifes an Stelle von Reifem, zu sehen, obgleich die Gründung der Stadt in sagenhaftes Dunkel zurückreicht. Ein Vorherrschen der römischen Ruinen findet sich in Kleinasien übrigens an zahlreichen eigentlich älteren, griechischen Stätten. Aber das ist nicht das größte Hindernis, die Stimme des Ursprünglichen zu hören. Das größte ist meistens – auch anderorts, auch in Olympia und Dephi — die Mittelbarkeit der Ruinen. Die Stimme der alten Zeit ist abgefangen oder erstickt worden. Wer diese Zeugen präsentiert, steht allzuoft vor der Wahl: so oder überhaupt nicht. Aber die Eindruckskraft des Alten steht dann nicht selten in keinem Verhältnis zu seiner ursprünglichen Bedeutung.

Die eine Ursache solcher Mittelbarkeit liegt allein schon in der Tatsache der Ausgrabung. Die ausgegrabene Stätte hat etwas Leichenhaftes, rein Stoffliches an sich. Auch hier gibt es Ausnahmen. Es sind dies vor allem die kleinen und großen Skulpturen. Da ihre Bedeutung ohnehin von der Umgebung viel losgelöster ist als die der Architekturen, können sie, aus ihrem ursprünglichen Zusammenhang herausgerissen, eher noch ihre Wirkungskraft behalten.

Eine andere Ursache des Stummbleibens der alten Werke ist das durch die Pfleger der alten Stätten andeutungsweise gemeinte Zusammenstellen von aufgefundenen Dingen, die doch nicht recht zusammengehören. Die Suggestion des schlicht Tatsächlichen ist aber viel zu stark, als daß der Betrachter etwa zwischen einem Kapitell und einer Basis, auf die jenes beim Aufräumen kurzerhand gestellt worden ist, eine Säule so überzeugend sich vorstellen könnte, daß er vom Ganzen beeindruckt wäre. Dieses halbwegs sinnvolle Zusammenstellen birgt die Gefahr, den Betrachter vor ein totes Sammelsurium zu stellen.

Mit den Reparaturen verhält es sich ähnlich. Sie helfen zwar, stören aber gleichzeitig. (Ganz zu schweigen vom Ergänzen und dem, vor allem bei frühchristlichen Denkmälern nicht selten geübten, Wiederaufbau nach mehr oder weniger deutlichen Anhaltspunkten.) Manche Reparatur ist unvermeidlich auch Verfälschung und zudem eine, die meist leicht in die Augen springt. Auch das Herausnehmen eines alten Gebildes aus seiner ursprünglichen Umgebung im Hinblick auf seine Konservation bringt unvermeidlich eine Einbuße an Wirkungskraft mit sich.

Nur pflichtbewußt betrachte ich daher in Ephesos, was pflichtbewußte Gelehrte ausgegraben oder wie die Johannes-Basilika mehr oder weniger rekonstruiert haben, um bald Richtung Aydin weiterzufahren. Und hier — wenige Schritte von der Asphaltstraße — hatte es auf mich gewartet. Das Erlebnis. Wie die Perle in der Muschel-Schale — etwas für sich und dennoch mit dem Hintergrund verwandtschaftlich verbunden — lag der Trümmerhaufen eines kleinen tempelartigen Gebäudes in eine breite Wiesenmulde gebettet.

Unterbau, Stufen, da und dort ein Säulenstück mit scharf geschnittenen Kannelüren, das Ornament eines Kapitells schauten zwischen Disteln- und Brombeergeranke hervor. Ich mußte an den kindlichen Versuch denken, das aus Bauklötzchen errichtete Werk zu transportieren, indem mit angehaltenem Atem ein Karton daruntergeschoben wird, der aber so unfehlbar wie plötzlich das Gebäude in unwahrscheinlich exakte Stücke auseinanderfallen läßt. Diese Trümmer sahen aus, als wäre mit ihnen in solcher Weise gespielt worden. Kein Zahn der Zeit hatte an ihnen genagt. Was vor

Jahrhunderten, wo nicht vor mehr als tausend Jahren umgeworfen worden, ja vielleicht lange Zeit vom Geröll des Mäanders zugedeckt gewesen war, wirkte, als ob es noch gestern gestanden hätte. Ich hatte das Gefühl, ein kleines Erdbeben hätte soeben in der letzten Nacht das Bauwerk zerstört und ich sei der erste Mensch, es in Trümmern zu sehen.

Hier endlich erlebte ich zum ersten Mal auf türkischem Boden wie vor Jahren beim ersten Anblick der Akropolis, von der Autobahn zwischen Piräus und Athen aus, Altertum als Wirklichkeit. Die Atmosphäre von Pappe und Gips, welche die arrangierten Ruinen zurücklassen, verließ meine Vorstellung — hier endlich hatte ich das Gefühl, auf Wahres gestoßen zu sein. Hier war Altertum tatsächlich nahe. Denn mit Ausnahme des Vorganges, der diese Bauelemente auseinandergeschüttelt hatte, schien nichts zwischen diesem Werk, das noch etwas vom Leben seiner Schöpfer und ihrer Welt atmete, und dem zeitgenössischen Betrachter zu liegen.

Die Türkei ist reich an verhältnismäßig unberührten Denkmälern des Altertums. Immerhin, die greifbaren Skulpturen sind mit Ausnahme rein ornamentaler meist in Museen. Im übrigen aber gibt es neben berühmten Ausgrabungsplätzen etliche antike Stätten, an denen wenig gemacht, kaum gegraben und „restauriert" worden ist. Was sich dem Auge bietet, begegnet dem Betrachter mit einem Teil seiner alten Aussage. Eine Säulenbasis, die im Hofe des Museums keines Blickes gewürdigt worden wäre, fesselt ihn hier minutenlang. Besonders in der Umgebung von Antalya befindet sich neben den dem Touristen leicht zugänglichen, bewachten und wohlbekannten Ruinenstätten die eine und andere schwer zugängliche und unbewachte. Da ist zum Beispiel Syllion: eine in tiefen Schlaf gefallene, aber echte Vergangenheit.

Murad, sein Freund und ich machten uns am späten Nachmittag auf den Weg — vor uns den aus der eigenartigen Ebene aufragenden, abgeplatteten Kegel. Hinter ihm zogen sich, so weit das Auge reichte, die Berge des Toros hin. Von Natur berufen, ein befestigter Platz zu sein, war er es in vier beherrschenden Kulturen gewesen, der griechischen, römischen, byzantinischen und seldschukischen. Der heute selbst von Bauern, Schafen und Ziegen beinahe verlassene Hügel — nur ein paar Familien hausen an seinem Fuß — ist von Strabo mit Respekt als hochgebaute Stadt genannt und von Alexander dem Großen nicht erstürmt worden, obgleich er darauf losmarschiert war, aber im letzten Augenblick sich mit dem hinter seinem Rücken im Handumdrehen wieder abspenstig gewordenen Aspendos befassen mußte.

Wir kamen zu einem Tor-Turm. Aus großen, exakten Quadern gefügt, sah er mit seinen Rissen unwirklich wie eine Kulisse aus. Unter dem Torbogen begannen wir plötzlich zu rennen, getrieben vom Gefühl, er könnte gleich über uns einfallen.

Murad, anstatt die sanft ansteigende, schmale, aber in alter Zeit solid gebaute Straße zu benutzen, verleitete uns, abkürzend der immer steiler vor uns aufsteigenden Festungsmauer entgegenzuklettern. Größer wurden die Blöcke unter den Füßen, immer tückischer ihre Zwischenräume, immer mehr stachliges Kraut wucherte ringsum. Murads Freund ging voraus. Da lockerte sich ein Stein unter seinen Füßen. Stein auf Stein kollerte herunter. Einer sprang gleich neben Murad hoch auf. Wir hielten. Was jetzt? Vorwärts und rückwärts war gleich fatal. So erlebten wir die alte Stadt noch in ihrem Staub als Befestigung. Unversehens war es uns ähnlich gegangen, wie es Arrian von Alexander meldet: „Aber er konnte diesen (den befestigten Platz Syllion) nicht beim ersten Angriff unvorbereitet nehmen."

Schließlich klommen wir vorsichtig weiter, hoffend, daß es hinter der mit solcher Mühe erstiegenen Festungsmauer nicht gleich zehn Meter senkrecht zu den Ruinen der alten Stadt hinuntergehe. Das war nicht der Fall, eine trockene Weide lag harmlos vor uns, darauf eine nackte Fassade mit ausnehmend eleganten Fensterstürzen — sie machten die Fensteröffnung zu einem schlanken Trapez —, eine Einzelheit, die uns in einem Museum gleichgültig gelassen hätte, hier aber faszinierte.

Auch hier waren zwei uralte Theaterruinen, so knapp am Abgrund, daß die Zuschauer außer der Szene nur Ebene und Meer tief unten und in der Ferne, aber keinen Vordergrund vor Augen hatten. Das Gewagte der Szenerie war durch höhere Gewalt gesteigert worden. Ein Erdbeben hatte eine schmale, tiefe Kluft quer durch das größere Theater aufgerissen. Obgleich ganze Teile des Theaters in der Tiefe verschwunden waren, so zeugten seine Überreste eindrücklicher für ihre Zeit als die eine und andere der so sorgfältig restaurierten, berühmteren Theaterruinen.

Ein ergreifendes Phänomen, dem man besonders, wenn auch nicht ausschließlich, bei den unberührten Denkmälern begegnet, ist das sichtbare Versinken in die Zeit. Die augenfälligen Stufen der Auflösung des wie für die Ewigkeit vollendet Geformten. Zwischen Aronstab, Brombeerranken und Myrten liegt ein überkrusteter Marmorblock, zwei Risse ziehen sich diagonal über ihn hin. Risse? Faßt man sie näher ins Auge, so erweisen sie sich als Kanten eines Faltenwurfes, der durch die Verwitterung undeutlich geworden ist.

Einst war der Block roher Stein. — Ein Mensch nahm ihn vor Jahrtausenden zur Hand und formte ihn zum Abbild eines Gottes, den sich Menschen, die heute nicht einmal mehr Staub sind, in allen Einzelheiten ausgedacht hatten. Lange mochte das materialisierte Bild ihrer Phantasie noch stehen, dann fallen, dann in Stücke gehen; aber noch waren die Falten des Göttinnengewandes erhalten geblieben. Myriaden von Sonnenstrahlen und Tropfen während Tausenden und aber Tausenden von Tagen und Nächten haben den Stein nun wieder beinahe zu dem gewandelt, was er ursprünglich gewesen war: ein roher Marmorklotz.

Betrachtet man solche Zeugen des Kreislaufs von amorpher Materie zu formvollendetem Ausdruck von Gedanken und Empfindung und wieder zurück zu Stein, irgendwelchem Stein, so erlebt man, wie unglaublich nahe wir dem Altertum eigentlich noch sind, wie kurz die Zeitspanne im absoluten Sinne ist. Denn unendliche Zeit war der Marmor bloßer Stein, während Jahrtausenden ein Kunstwerk — ein Gott, eine Gestalt der Fabel, das Ebenbild eines Menschen oder ein kapriziös verzierter Baustein — und über kurzem wird er wahrscheinlich für immer wieder Stein sein. Wir aber haben ihn noch als das Andere, Einmalige, gesehen.

Es sind nicht allein Baudenkmäler des Altertums, die mit dem Schauspiel des Zurücksinkens menschlicher Werke in die Zeit, in die Natur, faszinieren. In der Türkei mit ihrer einst so vielfältigen und dichten kulturellen Schichtung vollzieht sich dieses Schauspiel auch bei Werken der byzantinischen, der seldschukischen und selbst der osmanischen Kultur.

In Alanya fand ich das entzückendste Beispiel aller Rückwandlungen. Alanya ist ein gewaltiger Felsenhügel an der Südküste Anatoliens. In Urzeiten eine Insel, war er in historischer Zeit eine Halbinsel, die, von Natur aus schon eine gewaltige Burg, darauf wartete, noch weiter ausgebaut zu werden. Die Römer ließen sich ihn denn auch nicht entgehen. Spielend zu verteidigen, aber ohne durch seine Umgebung wesentliche strategische Bedeutung zu besitzen, war es dem Felsenhügel vorbehalten gewesen, eine Hochburg der Seeräuberei zu werden. Ein Piratennest, malerischer als es sich die blühendste Phantasie eines geneigten Lesers von Räuberromanen erträumen könnte. Im frühen Mittelalter baute der seldschukische König Alaeddin Keikubat, ein „König der Könige", „Wahrer der Gerechtigkeit in beiden Welten", diesseitiger und jenseitiger, und „Schatten des Allmächtigen auf Erden" — nach seiner eigenen auf dem achteckigen Festungsturm verzeichneten Aussage — das Städtchen zu seiner Flottenbasis und Sommerresidenz aus. Ein originelles Unternehmen für den Regenten eines so kontinentalen Schlages!

Felsen, Stadtmauern, prächtige Tore, zypressenumstandene Moscheen, altertümliche Behausungen steigern sich die schroffen Hänge hinauf. Der Tourist, mit dem Gefühl, eine seltsame Rolle in einem prachtvoll ausgestatteten historischen Theaterstück zu spielen, windet sich im ersten Gang langsam höher und höher. Zuoberst, dem Himmel wie dem Meer nahe, erhebt sich noch einmal ein Festungsgürtel.

Ich bin allein inmitten der im Sonnenglast weiß funkelnden Mauerruinen, die sich ringsum vom tiefen Himmelblau abheben.

Seit vielen Jahrhunderten und auch jetzt, vor meinen Augen, wandeln Sonne und Meerwind eine kleine byzantinische Kirche, die wie vergessen zwischen Himmel und Meer am Rande der Erde steht, in einen Felsen um, der seit Urzeiten Gipfel der Halbinsel gewesen zu sein scheint. Die verwitterte Kirche wirkt, als habe der zwischen Land und Meer aufragende Fels von Alanya auf seinem höchsten Punkt sich architektonisch zur Apotheose gestaltet. Zu Recht wird dieses einzigartige Gebilde in jedem besseren Fotowerk über die Türkei gezeigt — oft mit dem Kommentar „eine der ältesten Kirchen der Welt", was, wie immer es damit bestellt sein mag, visuell nicht weit an der Wirklichkeit vorbeigehen kann. Jedenfalls fände sich für die älteste Kirche der Welt keine sinnfälligere Form.

Aber nicht nur die relativ unberührten Denkmäler alter Zeit besitzen die Wirkungskraft des unmittelbaren Eindrucks, sondern gerade auch die mißbrauchten. Ihre unangemessene Verwendung stellt den Gegensatz zu der eigentlichen, ursprünglichen klar heraus. Und hat man einmal begonnen, nach solchen Boten einer anderen Welt Ausschau zu halten, so begegnet man ihnen auf Schritt und Tritt.

Nahe von Kütahya gewahrte ich plötzlich etwas Eigentümliches. Eine Umfassungsmauer aus rohen Bruchsteinen und — drei Kapitellen griechischer Säulen. In einem abgelegenen Bergdorf des alten Lykiens fand sich ein herrlicher Löwenkopf in der Mauer eines Bauernhauses, und im Nachbardorf überquerte ich einen wasserführenden Straßengraben auf einem schmalen Steg — einer marmornen Grabstele.

Ein einziges griechisches Baudenkmal hatte in meinen Augen die Kraft, den Firnis des Reparierens und Konservierens zu brechen und unvermittelt zu beeindrucken. Obschon ungünstig mitten in einem Dorf und in einer leichten Versenkung gelegen, stach es die Häuser ringsum aus, als wären sie kümmerliche Brösel.

Diese unglaubliche Faszination ging von der mächtigen Tempelruine von Didyma aus — schon immer nur Fragment. Denn an Stelle des von den Persern zerstörten Apollotempels nach deren Niederlage, etwa um 300 v. Chr., in gewaltigen Ausmaßen begonnen, wurde der Tempel trotz 400jähriger Bauarbeit nie ganz fertiggestellt. Er beeindruckt durch dreierlei: Einmal durch die Größe der Anlage. Die Tempelstufen sind Stufen für Giganten, die Säulenschäfte haben an ihrer Basis den Umfang alter Linden, die Kapitelle sind übermannshoch. Nichtsdestoweniger sind die Ornamente vollendet gestaltet. Die Großartigkeit der Gestaltung und die Feinheit und Qualität jeder Einzelheit erhalten ihren vollen Wert durch ihre harmonischen Proportionen und drängen den Beschauer zur Erkenntnis, hier Optimalem, Vollendetem zu begegnen. So paradox es klingen mag, es ersteht die Vorstellung eines Riesenkleinods, eines von Goldschmieden gearbeiteten Schmuckstückes von übermenschlicher Dimension, wahrlich die Behausung eines Gottes. Von hier aus konnte mit Himmel und Erde, mit Sternen und Meer, gesprochen werden, und wurde es auch. Das Apollo-Orakel von Didyma stellte beinahe jenes von Delphi in den Schatten.

Der Schlußstrich unter das Fortleben des Griechentums auf kleinasiatischem Boden ist erst in unserem Jahrhundert gezogen worden. Länger als jedes europäische Volk nachweisbar mit der Heimat verbunden, 3000 Jahre hier beheimatet, jeden Ansturm überlebend, hatten nun die kleinasiatischen Griechen unserer Generation für immer zu gehen, soweit sie nicht vernichtet worden waren.

Ein großes Unrecht, wären die Türken, welche die Griechen in Smyrna buchstäblich zum Land hinaus, nämlich ins Meer stießen, nicht gerade in diesem Kampf grundsätzlich frei von Schuld gewesen. Wenn irgendeiner das Gepräge der Notwehr besaß, der unmittelbaren Verteidigung von Leib und Leben, Hab und Gut, dann dieser Krieg; wobei die Notwehr vielleicht in Notwehrexzeß übergegangen sein mochte.

Denn man kann die Sache betrachten wie man will, eine wehrlose türkische Bevölkerung, ausgehöhlt und gebrochen vom jahrelangen Krieg — dem Ersten Weltkrieg waren die Balkankriege vorausgegangen —, sah sich im Augenblick der Auflösung einer 250 000 Mann starken griechischen Armee gegenüber, die sich rücksichtslos ins Innere des Landes drängte. Der verhängnisvolle Einmarsch war das Ergebnis englischer Pläne für die Aufteilung des zusammenbrechenden Türkischen Reiches und der Berauschung Venizelos' und eines beachtlichen Teils der Bevölkerung Griechenlands an der „großgriechischen Idee". Doch überließen die Alliierten die Griechen bald dem herausgeforderten Schicksal. Die Engländer wollten nichts mehr von den Geheimverträgen wissen, als sich die Lage gewandelt hatte, Wilson nicht für die Aufteilung der Türkei zu haben war und bolschewistische wie türkische Revolution und mit ihr das Wiedererstarken der türkischen Armee dank Mustafa Kemâl und russischen Waffen eine Revision des Verhältnisses der Alliierten zur Türkei nahelegten.

Auch die Hauptopfer der Katastrophe, die anatolischen Griechen, traf weniger Schuld, als man meinen möchte. Denn daß sie, die in Anatolien viermal länger beheimatet waren als die Türken und ihre eigene Art zum Teil behauptet hatten, die Aktionen ihrer aus Europa einfallenden Verwandten als Befreiung von der Türkenherrschaft begrüßten, ist nicht unverständlich. Ein Volk mit einer Geschichte von so ehrwürdiger Länge besitzt auch ein sehr langes politisches Gedächtnis.

Immerhin ist dabei eines nicht zu vergessen: Vor Zeiten waren die Vorfahren der anatolischen Griechen in großen Gruppen den türkischen „Eroberern" nicht selten viel freundschaftlicher zugetan gewesen als den Verwandten in Byzanz, eine Haltung, die zur Konsolidierung der türkischen Herrschaft nicht unwesentlich beigetragen hatte. Die Begeisterung für die „großgriechische Idee" dürfte sich um mehr als ein halbes Jahrtausend verspätet haben. — Welche Mitschuld die Griechen Anatoliens auch bei dem Verwirken ihres Heimatrechtes treffen mag, die griechischen Spuren aus alten Zeiten sind so zahlreich, daß ihre Vertreibung noch heute, nach vierzig Jahren, tragisch, ja schwer faßlich erscheint. Auf Schritt und Tritt begegnet man ihrer dreitausendjährigen Anwesenheit, und die Erde birgt noch unzählige, nie vernommene Zeugen ihres Lebens.

Begreiflich, daß die Türken die „Entdeckung" der Hethiter, die summarisch gesehen, zeitlich ungefähr mit der Konzentration des türkischen Nationalstaates auf Kleinasien zusammenfällt, lebhaft begrüßten. Hier kamen die älteren „Rechte“ eines mächtigen kleinasiatischen Volkes an der anatolischen Erde zum Vorschein, welche jene der Griechen etwas zurücktreten und es im übrigen den Türken offenließen, sich über Nebenlinien auf ein weiteres Ahnenvolk zu berufen. Mit den Hethitern wurden beiläufig noch ihre Vorgänger, das ebenfalls vergessene Volk der eigentlichen Hethiter, entdeckt. Es gibt allerdings auch Thesen, die das kostbare hethitische und protohattische Blut vor allem den Armeniern zuleiten. Es ist nicht zu vergessen, daß die Griechen zwei Jahrtausende länger Zeit gehabt hatten, mit den Nachfahren der Hethiter Familienbande zu knüpfen.

Immerhin sind die Hethiter ein gewaltiger Fund. — Ein Fund, weil vor hundert Jahren kein Mensch wußte, daß es sie gegeben hatte. Der in der Bibel erwähnte Name des Volkes blieb ein leeres Wort. Und das Kronjuwel der Hethiter-Denkmäler, die Götterprozession der Felsenreliefs von Yazilikaya nahe ihrer Hauptstadt Hattusa, wurde selbst noch in den neunziger Jahren als Teil einer christlichen Kirche ausgegeben. Doch waren Anfang des 19. Jahrhunderts im syrischen Hama einige der Bazarmauer eingebauten Steine dem arabisch gewandeten, sich „Scheich Ibrahim“ nennenden Basler J. L. Burckhardt durch ihre eigentümlichen, ganz unägyptischen Hieroglyphen aufgefallen. Sie sollten die Grundsteine zur Geschichte der Entdeckung der Geschichte der Hethiter bilden.

Die Geschichte der Entdeckung, welche sich von den siebziger Jahren des letzten Jahrhunderts bis in die fünfziger Jahre des unseren erstreckt, ist durch C. W. Cerams „Enge Schlucht und Schwarzer Berg, die Entdeckung des Hethiter-Reichs“ bekannter als die Geschichte der Hethiter selbst. Sie ähnelt im Durcheinander von Gewitterschauern, verwirrenden Tücken, scharfsinniger Kleinarbeit, sagenhaft glücklichen Zufällen und zu guter Letzt sogar Eingebungen im Schlaf einem Kriminalroman. Mit dem Unterschied allerdings, daß sie viel spannender ist und — die Hauptsache! — „Täter“ finden läßt, die heute aussagen, was vor Jahrtausenden gewesen war.

Hier entsteht eine auf Kleinasien zentrierte Großmacht des zweiten Jahrtausends v. Chr., die sich, wenn auch nicht als Kultur, so doch als politisches Gebilde Babylonien und Ägypten sechshundert Jahre lang zur Seite stellte. In ihm hatten mindestens acht Sprachen und zahlreiche Religionen Geltung.

Eine Zwischenbemerkung ist hier fällig. Es sieht aus, als ob in Anatolien dieser Tage gerade noch einmal ein großartiger Fund eines unbekannten Volkes gemacht worden sei, der in unvergleichlichem Ausmaß die ältesten Zeugen zivilisierten menschlichen Gemeinschaftslebens offenbart. Der Holländer Mellaart grub 1961—1963 in der Ebene von Konya aus dem Doppelhügel Catal Hüyük eine etwa 8500 Jahre alte, Tausende von Einwohnern umfassende, steinzeitliche Stadt, vielleicht sogar eine Hauptstadt Anatoliens, aus. Mit ihren zahlreichen Beweisen religiösen Lebens, ausgedehnten Handels, entwickelter Wirtschaft, lebhaften Kunstsinns und — die größte Überraschung — erstaunlichen technischen Könnens wirft sie ein ganz neues Licht auf die Frühgeschichte. Diese jüngsten und zugleich urältesten „Türken“ stehen aber noch zu sehr am Anfang ihrer Erforschung, als daß sie den Hethitern beim geschichtlich interessierten Publikum schon den Rang ablaufen könnten.

Das Hethiterreich, bestürmt von Mysiern und Phrygiern, fiel mit dem Brand der Hauptstadt Hattusa Ende des zweiten Jahrtausends v. Chr. buchstäblich in Asche und Staub und begrub darin seine Geschichte. In Gestalt von Stadtkönigtümern (Karkemisch, Zinzirli, Karatepe) hielten sich Überbleibsel bis tief ins erste Jahrtausend v. Chr. Daher zeigt ein gut Teil der zahlreichen greifbaren hethitischen Reliefs, auf denen vierschrötige Gestalten mit gebogenen, dicken, aber vornehm wirkenden Nasen ganz unheldisch schmausen, spielen, tanzen, Kinder säugen und an Blumen schnuppern, kaum das typische hethitische Leben, sondern eher seine letzten provinziellen Abwandlungen. Für kriegerischen Geist stehen nur noch die vielen, stark stilisierten Löwenplastiken. Sie fallen kaum auf. Das vortürkische Kleinasien ist ohnehin ein Land der Löwen, der Löwen aus Basalt, Marmor, Bronze und Mosaik.

Die hethitischen Werke und Stätten wie auch die phrygischen aus dem ersten Jahrtausend v. Chr. — zum Beispiel die seltsamen phrygischen Felsenfassaden der „Midas-Stadt" bei Afyon — stehen uns insoweit ferner als die griechischen, als wir bei ihnen weniger Formen begegnen, von denen unsere Kultur bis zum heutigen Tage zehrt; es sei denn bei solchen phrygischen Denkmälern, die von den Griechen beeinflußt worden sind. Um so mehr aber üben sie die Anziehungskraft des Kuriosen aus. Wie denn etliche Altertümer in der Türkei geradezu verblüffen. Etwa die Reste vom Grabmal des Kommagenenkönigs Antiochos I. — auch sein riesiger Kopf gehört dazu —, der als Künder einer eigenen, persische und griechische Elemente verbindenden Religion seine mit gewaltigen Figuren geschmückte letzte Ruhestätte (erstes Jahrhundert v. Chr.) ungeniert auf einem 2150 m hohen Berggipfel (Nimrud Dağ am Oberlauf des Euphrat) errichtet, um — selbst Gott — in nächster Nähe der anderen Götter zu sein. Nicht weniger für das himmlische Leben seines Vaters Mithradates Kallinokos besorgt, zeigt Antiochos I. diesen auf einem hohen Relief bei Eski Kâhta, wie er in Vollwichs Herakles kollegial die Hand drückt.

Zu den nicht immer leicht erreichbaren, aber nachgerade etablierten „hethitischen" Wallfahrtsorten, von denen Boghazköy (Hattusa) einer der nächsten und der wichtigste ist, kam in jüngster Zeit das späthethitische Karatepe unweit Adanas. Diese 1947—1953 ausgegrabene Hethiterburg brachte nicht nur eine stattliche Anzahl Reliefs lustiger, korpulenter Hethiter zutage, sondern auch den Schlüssel zu den hethitischen Hieroglyphen, um die man sich einhundert Jahre bemüht hatte.

Heute kennt man den waldigen Hügel, von dessen Bedeutung die Bewohner des 20 km entfernten Nachbardorfes Kadirli noch vor 15 Jahren nichts geahnt hatten — einzig dem Dorflehrer war der „Löwenstein" bekannt, der zur späteren Entdeckung führte —, in aller Welt. Und wohin sich die Entdecker mühselig durch Stechginster den Weg gebahnt hatten, fährt der Tourist auf einer annehmbaren kleinen Straße durch eine ziemlich heimatlich wirkende

Hügellandschaft, um auf der Hethiterburg von einem der unvermeidlichen, braungewandeten Wächter in Empfang genommen zu werden.

Durch die ans Licht gebrachte hethitische Großmacht in Vorderasien büßten neben den Griechen auch die Armenier etwas von ihrem Prestige als alte Herren Anatoliens ein. Auch der armenischen Überlieferung begegnet man in gewissem Sinn auf Schritt und Tritt. Direkt, im Osten der Türkei; indirekt, in wesentlichen Elementen des seldschukischen und — heiß umstritten — des byzantinischen, ja sogar gotischen Stilgutes.

Die türkischen Seldschuken zeigten sich den Einflüssen der ihnen teils untertan gewordenen Armenier auf architektonischem Gebiet offen. Der fremde Besucher bewundert die kreiselartigen Spitzkegeldächer der seldschukischen Mausoleen gerne als etwas Urtürkisches, um zu seinem Erstaunen zu erfahren, daß die amüsanten Kreisel, die ihm exotisches Asien vorgegaukelt haben mochten, den armenischen Kirchen abgeguckt worden sind. Und das Urbild der orthodoxen Kirche, die quadratische, nach den Seiten halbkreisförmig erweiterte kuppelüberwölbte Form gilt für armenisch. Überdies wird das gotische Spitzbogengewölbe — das heißt der strukturhafte, funktionelle Spitzbogen im Gegensatz zum älteren, hauptsächlich dekorativ verwendeten der islamischen Architektur — als armenische Schöpfung in Anspruch genommen.

So stößt, wer von Zentralanatolien in den Osten des Landes, zum Beispiel nach Ani mit seinen Ruinen armenischer Kirchen kommt, nachdem ihn die gewaltigen Tore der seldschukischen Medressen und Karawansereien gerade glauben gemacht hatten, etwas von Tausendundeiner Nacht zu atmen, unversehens auf einen Hauch mittelalterlichen Europas, das die Überreste dieses uralten Zweiges christlicher Kultur verbreiten.

Die Geschichte der anatolischen Griechen und Armenier zeigten streckenweise eine gespenstische Parallele. Wohl aus einer Mischung verschiedenerlei indo-europäischer Volkselemente hervorgehend, worunter wahrscheinlich auch hethitische und phrygische — die armenische Sprache ist dem ausgestorbenen Phrygischen verwandt —, erscheinen die Armenier als solche nicht so früh wie die Griechen in der Geschichte, aber doch schon im 6. Jahrhundert v. Chr. im Gebiet und in der Umgebung des alten Königreiches Urarthu — dem Umkreis des Berührungspunktes der heutigen Staaten Türkei, Iran und UdSSR — als ein von den Persern abhängiges Volk. Bald frei, bald unterworfen, bald Zankapfel verschiedener Völker, bald zerteilt, erlitt ihr Land ein wechselvolles Schicksal. Die Armenier wurden, bereits um 294, durch Gregor, den Erleuchter, christianisiert, was dazu beitrug, sie als Nation zu konsolidieren.

Wie die anatolischen Griechen haben auch die Armenier im Laufe einer an der Länge ihrer Geschichte gemessenen kurzen Zeit türkischer Herrschaft den Gedanken an die Befreiung von ihr nie ganz aufgegeben. Obgleich die einen wie die andern oft recht gut mit den Türken auskamen, so gut, daß sich noch in den dreißiger Jahren des letzten Jahrhunderts englische Reisende darüber aufhielten, daß Armenier nicht „mehr nationales Selbstbewußtsein“ besäßen.

Wenn auch in anderen Zusammenhängen, so sind die Armenier wie die Griechen im Rahmen internationaler Politik von europäischen Mächten zur Illoyalität gegenüber den Türken ermuntert und im kritischen Augenblick im Stich gelassen worden. Und schließlich sind beide im Rahmen des Ersten Weltkrieges und seiner Auswirkungen, nachdem ihr Erfolg nahe zu sein schien, des Verrats an ihrer türkischen Heimat bezichtigt und auf furchtbare Weise umgebracht oder bis auf eine kleine Zahl aus der Heimat vertrieben worden.

Allerdings hat diese Ausschaltung, wenn man von den Kurden, Tscherkessen-, Araber- und Georgiergruppen sowie den Resten einer griechischen und armenischen Bevölkerung in Istanbul und den Levantinern absieht, dazu beigetragen, daß die „moderne Türkei“ im Gegensatz zum Osmanischen Reich, das so viele Völker umspannte, die erste recht eigentlich türkische Türkei darstellt.

Abendland wird Morgenland

Die Sehenswürdigkeiten der Türkei figurieren sowohl in der Wirklichkeit als auch in der Literatur, wenn auch schon weniger in Wirklichkeit. Schließlich gibt es noch Sehenswürdigkeiten, über die aber so wenig bekannt wie geschrieben worden ist.

Ich denke hier besonders an die „Traumlandschaft", die „Märchenwelt von Göreme" in der Nähe von Kayseri. Sie liegt in den ockergelben Weiten unter tiefblauem Himmel, wo der majestätische Erciyes Dağ, der Argaeus des Altertums, einst ein Vulkan, jetzt mit seiner gleichmäßig ansteigenden Häufung von Hügeln ein Musterberg, als allgegenwärtiger Zeuge des Lebens in diesem Lande über allem thront.

Das Tal ist voll von Gebilden, deren Formen man im realen Leben so selten wie als Schöpfungen der Phantasie häufig gesehen hat, als Kindertheater-Kulissen und Märchen-Illustrationen. Sie wirken wie das Bild der tiefverschneiten kleinen Tannen, die der Schnee zu erstarrten Persönlichkeit geformt hat, wie zuckerhutartige Felsenformen oder wie eine seltsame Versammlung vergrößerter Wurzelmännchen — samt und sonders aus Tuff.

Aber nicht genug mit der geologischen Eigenartigkeit! Das Seltsame der Natur hat hier die Menschen angeregt, sie mit einer Zugabe noch seltsamer zu machen. Die unbekannten und doch vertrauten Figuren haben neben Flossen und Armen auch Augen und Mäuler, die eigentlich Fenster und Tore sind. All die Gestalten waren vor Zeiten zu Kirchen, Kapellen und Wohnstätten ausgehöhlt worden und bis ins 13. Jahrhundert bevölkert. Wann man angefangen hat, die Gebilde nutzbar zu machen, ist nicht bekannt. Aber da Kayseri mit dem heiligen Basilius als Hirten eine Burg des frühen Christentums gewesen und dieser ein Spezialist für mönchische Zurückgezogenheit in auserlesener Gesellschaft war, so mag er eine Hand im Spiele gehabt haben.

Mit dem Gefühl, jene Pilzhäuschen mit Kamin und Haustür zu besuchen, trat ich ins Innere dieser verwirrenden Gebilde, um vom

Märchenwald mit seinen Pilzfamilien alsbald in den Bereich frommer Legenden zu geraten. Überall stehen klar und farbig die Gestalten der Engel, Heiligen und Apostel, der Könige und Königinnen, perlenübersät, mit üppigen Kronen, genau so, wie sie einem seit frühester Kindheit bekannt sind. Von allen Seiten, von den Wänden, den Decken und Torbogen schaut es aus dunkelgerandeten großen Augen herab. Man gerät von einer heiligen Gesellschaft in die andere; denn die Gewölbe sind untereinander mit unterirdischen Gängen oder kleinen Höhenpfaden verbunden. Von außen gesehen, rutscht man aus dem Ärmel des einen Zuckerhutriesen in jenen seines Nachbarn, kriecht hier unter einen Mantel und schaut dort zu einer Tasche hinaus.

Gelegentlich ist eine dieser frommen Morcheln geborsten und stellt als Bas-Relief eine byzantinisch ausgemalte Kirche im Aufriß der Sonne bloß. Anstatt wie so oft nur Grundmauern, sieht man hier beim einen und anderen phantastisch verwitterten Zuckerstock nur Deckengewölbe und oberste Säulenteile, die wie Zapfen ins Nichts ragen. Sind doch die Kirchenräume nicht gebaut, sondern ausgehöhlt worden.

Wir sind es gewohnt, die Bauten des Christentums an der Sonne, jene anderer Religionen dagegen unter der Erde zu finden. In der Türkei aber und gerade auch hier, um Kayseri herum, ist die Schichtung umgekehrt: Morgenland überlagert Abendland. Ein blühendes Christentum ist vollständig von der Bildfläche verschwunden, um in seinen Denkmälern stückweise unter der Erde erhalten zu bleiben. Am Licht des Tages aber erheben sich prächtige Medressen, Moscheen, Türben und Karawansereien aus seldschukischer Zeit — die Werke eines fremden, östlichen Volkes, die, ihrerseits am Zerfallen, Zeugen der türkischen Frühzeit auf anatolischem Boden sind.

Die Türben mit Spitzkegeldach in Kayseri, Konya, Niğde, Sivas und weiter im Osten, all diese heiter wirkenden Grabkarussells scheinen dem Tod etwas von seinem Stachel zu nehmen. Am vertrautesten unter dem Fremdartigen wirken vielleicht die Medressen. Es sind quadratische Bauten, die Lehrer und Schüler durch ein prächtig geschmücktes Tor betraten, um in einem quadratischen Garten, der von einer Wandelhalle, auf die kleinere Räume sich öffnen, umzogen ist, die wichtigen Dinge der Welt und des Himmels zu studieren. Ohne christlich zu wirken — dazu sind sie zu wohnlich, erstaunen die Medressen durch ihre Ähnlichkeit mit Kreuzgängen. Wie denn auch die reichumrandeten Portale mit ihren Abstufungen von Ornamentenketten und dekorativen Spruchbändern etwas unerwartet Gotisches zu haben scheinen. Eine Eigentümlichkeit, die in der Gesamtwirkung allerdings wieder zurücktritt, denn von der Neigung, alles zu Spitzbogen zu beugen, fehlt jede Spur.

Fremder erscheinen die Karawansereien, nicht wegen ihrer Gestaltung, die, von außen gesehen, von jener der Medressen nicht so verschieden ist. Ihr Baukörper bildet auch die quadratische Umrahmung eines Innenhofes, der durch ein prächtiges, sich nach innen abstufendes Portal betreten wird. Das Andersartige liegt vielmehr in der Tatsache, daß sich die Karawanserei als menschliche Festung, als Trutzgebilde, der harten, feindlichen Natur der einsamen Steppe entgegenstellt. Als ich die ersten großen Ruinen einer Karawanserei sah, mußte ich mir wieder einmal sagen: „Das ist Asien. So, genauso, geht es nun Erdbrocken um Erdbrocken weiter und weiter nach Osten, durch die riesigen Räume." Hier sind die westlichsten Punkte des eigentlichen Ostens, genauso wie die östlichsten Punkte des eigentlichen Westens jene waren, welche die Griechen besiedeln oder die Römer noch verwalten konnten.

Nirgends ist die nebeneinander vollzogene Zersetzung, Resorption und Überlagerung von Abendland durch Morgenland so anschaulich vollzogen wie in Konstantinopel. Über tausend Jahre lang Erbin des Altertums, Hauptstadt eines Weltreichs, die im Augenblick ihres Falles sich zu frischem, gleich nochmals ein halbes Jahrtausend strahlendem Glanz als Kapitale eines neuen, noch größeren Weltreiches erhebt, und zudem an einem der seltenen Punkte der Erde gelegen, wo sich Meer in Meer ergießt, galt Konstantinopel — Byzanz — Istanbul als eine der faszinierendsten, wenn nicht als die faszinierendste Stadt der Welt. Heute, das heißt, nachdem das Großtürkische Reich und die türkische Führung der islamischen Welt aufgelöst, nachdem der Verkehr durch den Bosporus infolge der Abkapselung der UdSSR und der Verlegung des Handelsweges Persien-Westen eingeschränkt worden ist und die Stadt ihre Funktion als Metropole eingebüßt hat, ist sie ein bloßer Schatten. Aber selbst als Schatten gewaltig und prachtvoll!

Wer sich Konstantinopel auf dem Wasser nähert — der traditionelle Hinweg — wird mit einer Ouvertüre sich steigernder Ausblicke auf die Begegnung mit dem Juwel vorbereitet. Seit Generationen beginnt daher ein gut Teil der Bücher über die Türkei mit einer Beschreibung der Stadt, wie sie sich vom Meer aus zeigt. So ist es kaum zu glauben, daß die Begegnung mit Konstantinopel von der Landseite her, wenn auch weniger gleißend, noch eigenartiger ist.

Auf Istanbul zusteuernd, beschlich mich der Vorgeschmack jener leichten Sorge, die sich des Automobilisten beim Näherrücken einer unbekannten Großstadt bemächtigt. Denn am Rande der Stadt erwartet ihn meist die erste Desillusionierung: Kohlenhaufen, Gaswerke, Meilen von Schrebergärten, Elendsviertel, lähmende Vorstadtbanalität und hohle Abrisse vergangener Prosperität. Ganz anders Istanbul! Von solchen nie erwähnten Attributen der Königinnen unter den Städten ist keine Spur zu sehen. Wohin ich blickte: zu meiner Rechten abgeerntete Felder, zu meiner Linken abgeerntete Felder. Selten ein Haus. Da und dort einige Bäumchen. Schließlich Gräberfelder zu beiden Seiten, und dann eine Mauer — die Stadtmauer von Konstantinopel — die Stadtmauer überhaupt.

Gleich dem Reisenden alter Zeiten steht der Tourist erst einmal vor den Toren der Stadt, hier einer antiken, mittelalterlichen und zeitgenössischen Weltstadt. Zu beiden Seiten hin zieht sich wie schon vor anderthalb Jahrtausenden die Mauer, bergauf, bergab, soweit das Auge reicht, von Meer zu Meer, vom Goldenen Horn zur Marmara-See — noch heute eine richtige Abriegelung der Landzunge. Der im Jahre 413 von Theodosius II. errichtete Befestigungsgürtel ist eine Ruine, nichtsdestoweniger oft zwanzig Meter hoch, dreifach so breit und mit Toren, Pförtchen und über hundert Turmanlagen versehen — ein gewaltiges Bollwerk.

Bin ich in eine sagenhafte Riesenburg eingeladen worden? Wird plötzlich eine Fallbrücke herunterrasseln? Ich scheine der einzige Gast zu sein; von einem Verkehrsstrom durch das Kanonen-Tor ist keine Spur. Nur ein Eselchen, das im Burggraben Kohlköpfe beschnuppert hat, glotzt meinen Wagen an. Und doch ist dies die Stelle, wo man von Europa her die Stadt betritt. Ich ging durch das Stadttor mit dem Gefühl, aus kahlen Weiten unversehens in ein Häuserchaos zu gelangen, in dem, gleich Seerosen im Schlamm, triumphale Moscheen, mit Minaretten wie mit Lanzen bewaffnet, glänzten.

Ich fuhr der Nase nach, indem ich mich einfach ans beste Pflaster hielt. Andere Autolenker schienen die gleiche Idee zu haben. Man fährt nicht, wohin man will, sondern wohin der Asphalt führt. Ich wurde vom Verkehrssog, der wie in Ankara an wenigen, aber kilometerlangen Boulevards entlanggeht, aber anders als in der Hauptstadt in enge, gepflasterte Gassen mündet, erfaßt und direkt vor die Hagia Sophia geschleust. Nahebei findet Europa im Top-Saray-Kapu — dem Sultansschloß, das jahrhundertelang mit seinem Harem, seinen Schätzen und Bluttaten die Phantasien beschäftigte — eine Art paradoxen Schlußstein. Auf der andern Seite steht für Europäer, die orientalischer Märchenpracht recht unmißverständlich begegnen möchten, die „Blaue Moschee“.

Da der Tourist nach einem Hotel suchen will, rollt er weiter und durch eine holprige, steil abwärts führende Pflastergasse unversehens an der Hohen Pforte vorbei. Im Bahnhofviertel gerät er in einen kleinen, aber heftigen Verkehrswirbel, der ihn über die Galatabrücke reißt.

Schon ist das eigentliche Istanbul hinter ihm; hier ist Galata, das Geschäftsviertel, dem Pera folgt. Er schraubt sich durch dunkle Straßen hinauf, überwindet auf Umwegen den Höhenunterschied, den die Tunnelbahn zu dem im Kern mittelalterlichen Galata-Turm, die älteste Untergrundbahn Europas, bewältigt, und schöpft auf dem Taximplatz Luft, nachdem er noch durch den langen, schmalen Häuserschlauch der Hauptstraße gerutscht ist. Hier in der Nähe befinden sich die Luxushotels — heimatlicher Boden, was den Komfort betrifft, aber zu leicht unkomfortablen Preisen.

Auf diese Weise schleudern Sog und Wirbel des Verkehrs an den Augen des motorisierten Besuchers summarisch das Wesentlichste vorbei. Sie lassen ihn für seine Abstecher einen roten Faden finden. Dabei stößt man geradezu auf die Hagia Sophia. Sie ist — zumindest baugeschichtlich — immer der Nervus rerum der Stadt gewesen. Das läßt sich selbst noch heute erkennen, obgleich der „Tempel der Göttlichen Weisheit", der später für tausend Jahre die Kirche der christlichen Kirchen bedeutete und für die Hälfte eines weiteren Jahrtausends in die Moschee neben der Residenz des Kalifen verwandelt wurde, von außen dasselbe Bild gewährt wie andere osmanische Moscheen. Mit ihren hellen Kuppeln und Minaretten wirken sie wie gewaltige Riesenchampignons, umdrängt von einer zahlreichen Saat kleinerer Champignons, zwischen denen tadellos gespitzte, schlanke Bleistifte aufgepflanzt sind.

Es ist nicht so leicht, das Innere dieser bedeutendsten Kirche des Christentums und Moschee der Osmanen als gewaltiges Erlebnis zu empfinden. Man meint sie schon häufig gesehen zu haben: ein gewaltiger Zentralbau mit einer gewaltigen Kuppel, die in Seitenräume und Halbkuppeln verebben. Sie ist ein stilistisches Urphänomen, die Grundform, aus der direkt und indirekt all die Formen, welche sie uns bekannt erscheinen läßt, abgeleitet worden sind. Als Grundform ist sie denn auch berühmt. Nicht etwa weil der heutige Besucher kaum je Eindrucksvolleres erblickt hätte, sondern weil westliche und östliche Baukunst immer und immer wieder aus dieser Quelle der Anregung geschöpft haben. Der byzantinische, überhaupt der griechisch-orthodoxe Kirchenbau soll sich an ihr entwickelt haben. Auch die Renaissancebauten der großen Meister mit ihren gewaltigen Kuppeln lehnen sich an sie an. Und zugleich hat ausgerechnet ihr Vorbild den stark und klar aufblühenden osmanischen Moscheen-Stil befruchtet, als hätten die Eroberer das byzantinische Urbild sich einverleiben und durch eigene Leistung noch übertreffen wollen.

Welche der osmanischen Prachtmoscheen in Istanbul oder Edirne (Adrianopel) ich betreten mochte, immer vermittelten sie mir den einen Eindruck: Hagia Sophia. Nur sind sie — und das ist nun die islamische und ganz besonders osmanische Art — breiter, luftiger, heller, freundlicher und durch den spezifisch mohammedanischen Rationalismus der Mystik bar, denkbar „protestantisch", aber ohne daß sie mit einem eisernen Besen gekehrt zu sein scheinen. Tauben flattern selbst im Innern, unter den hohen Kuppeln und machen sie damit zu Himmeln.

Über den Doppelumweg, Renaissance einerseits und osmanischer Einfluß andererseits, zehrt auch noch der Barock von der Hagia Sophia. Von den Epigonen, die sich über diese Wege letztlich auch noch an die Hagia Sophia klammern, nicht zu reden.

Noch immer eine Gruppe aus dem Meer steigender, mit Moscheen wundervoll gekrönter Hügel, ist Alt-Istanbul dennoch von heterogener Wirkung. Die Stadt wirkt wie bombardiert, obgleich sie von eigentlichen Angriffen verschont geblieben ist. Jedenfalls haben die vielen Feuersbrünste — einst bedeuteten sie beinahe allnächtliche Katastrophen, die bei den ineinandergeschachtelten Holzhäusern verheerendes Ausmaß annehmen konnten — und die Modernisierungsversuche wie Bomben gewirkt. Viele alte Winkel sind dem Erdboden gleichgemacht worden, teils um breite Boulevards anzulegen, teils lediglich um einen Anlauf zur Modernisierung zu machen. Diese Stellen sehen aus, als ob bald etwas geschehen müßte; doch was, zeichnet sich nicht ab. Moderne Straßenzüge gibt es in allen Stadien des Halbfertigseins. Den wenigen, aber langen, neuen Verkehrsadern entlang stehen banale „moderne" Häuser mit Etagenwohnungen. Auf weiten Flächen Brachland ragen unvermittelt Ansammlungen alter, schiefwinkliger schwarzer Holzhäuser wie wacklige Zähne in einem fast zahnlosen Kiefer hervor.

Aus diesem Dickicht leicht zerdrückter Holzschachteln und trostloser moderner Klötze, das abgeholztes Land überwuchert zu haben scheint, erheben sich wie die Überlebenden eines alten mächtigen Forstes die Moscheen und die Stadtmauern.

Und die Spätantike? Und Byzanz? Wo sind sie, abgesehen von Stadtmauern und Hagia Sophia?

Byzanz ist, soweit es erhalten geblieben ist, häufig von der osmanischen Kultur verschluckt worden. So sind die ältesten Moscheen, zum Beispiel die entzückende „Kleine Hagia Sophia" aus dem 6. Jahrhundert, ursprünglich christliche Kirchen; es sei denn, Atatürk habe sie als „Museum" religionsideologisch auf neutralen Grund gestellt, wie etwa die Hagia Sophia. Die Spätantike gibt, wo sie im Straßenbild erscheint, kurioserweise das Bild neuzeitlichen Umbruchs. Die Begegnung mit ihr vollzieht sich am ehesten auf den eigentümlichen Brachfeldern. Mit dem Gefühl, vor dem Aushub für Neubauten zu stehen, stößt man neben einem Boulevard oder hinter einem Block schon veralteter moderner Wohnhäuser ab und zu auf Säulenreste, Torbogen, Grundmauern und kleine byzantinische Kirchen.

Eine glückliche Fügung aber ergab sich bei all dem Abräumen ohne aufzuräumen: die Führung des großzügigen Atatürk-Boulevards vom Grat Alt-Istanbuls zur Brücke über das Goldene Horn, unter dem mächtigen zweistöckigen Aquädukt des Kaiser Valens hindurch. Dadurch wird genau jene Stelle der geneigten Bahn, wo sich der Blick weit auf Bosporus und Asien öffnet, mit triumphalen Bogen herrlich geschmückt. Moderner Verkehr und Spätantike erscheinen hier so aufeinander abgestimmt, als entsprängen sie einem einheitlichen Plan.

Neben dominierender Moscheen-Pracht (gelegentlich mit christlichem Kern), zur Seite geschobenen Wohnschachteln, links liegengelassener Spätantike und punktierter, steckengebliebener Modernität gibt es noch ganze Quartiere, in denen sich seit Lotis Zeiten wohl wenig geändert hat. Kleine, von freundlichen Gärtchen umgebene Häuser drängen sich zu sympathischen Dörfern zusammen, deren Gesamtheit einst die türkische Metropole bildete. An Orten, wo man nichts erwartet, können architektonische Bijoux und Schatzkästlein stehen, ein wundervoller Brunnen, eine byzantinische Kirche oder eine kleine Moschee mit dem ewig frischen Prunk der mit Nelken, Hyazinthen, Lilien, Tulpen und Hagrosen bemalten Kacheln.

Nicht immer ist es leicht, den Eingang der Moscheen zu finden, besonders wenn er im ersten Stock liegt, wo die eine und andere kleine Moschee erst beginnt. Wenn man auf dem Weg zur Rüstem-Pascha-Moschee zögernden Schrittes nach einem kurzen Gang durch enge Nebengassen fragend an einer Hausmauer emporschaut, dann durch ein schmuckloses Pförtchen tritt und eine dunkle Haustreppe hinaufsteigt, so erwartet man eher sieben bleiche Kinder einer armen Familie anzutreffen als ein Kleinod von einer Moschee, klein, intim und mit blumenreichen, leuchtenden Kacheln besetzt.

Die herrlichen Farben der alt-türkischen Kacheln — seit dem Niedergang der mit Hilfe persischer Spezialisten aufgebauten türkischen Fayence-Industrien des 16. und 17. Jahrhunderts unerreicht — sind typisch und immer dieselben. Einmal das berühmte Türkis, welches in östlichen Ländern gegen den bösen Blick feien soll. Werden doch türkisfarbene Glasperlchen angebracht, wo es nur geht: am Geschirr der Zug- und Reittiere in ganzen Reihen, an den gestickten Decken diskret, nur eine einzige vielleicht. Diesem Türkis und dem spärlichen Grün wird in pikanter Dissonanz reines Ultramarin entgegengestellt. Aubergine, tomatenfarbiges Lackrot, viel Weiß und wenig Schwarz schließen die Farbskala ab.

Wie Mosaik hat diese herrliche Keramik für sich, daß sie nicht altert. Dadurch kommt auch in ihr die türkische — bis zu einem gewissen Grad überhaupt mohammedanische — Eigenschaft des Anti-Makabren, des Fehlens der christlich-abendländischen Freude am Tragischen überhaupt und damit auch am Scheußlichen des Todes, zum Ausdruck. In den türkischen Moscheen ist nichts zu spüren von der selbstquälerischen Freude an den Merkmalen, dem Geruch der Vergänglichkeit, welche die nicht protestantischen christlichen Kirchen kennzeichnet. Sie geben fast immer das Gefühl der Unbeschwertheit, der Heiterkeit.

Das schönste Beispiel ist wohl Eyüp. Diese bis zu Atatürks Zeit den „Ungläubigen“ verschlossene Moschee, in der sich der neue Sultan jeweils mit dem Schwert Osmans umgürtete und alle aus dem

Norden kommenden Pilger ihre Andacht verrichteten, ist nach der Legende beim Grab vom Fahnenträger des Propheten errichtet, der bei einer wenig erfolgreichen Belagerung Konstantinopels durch die Araber gefallen sein soll.

Eigentlich kam ich nicht programmäßig dorthin, sondern zufällig, durch den Wunsch gedrängt, das Nachtessen wieder einmal außerhalb der Stadt einzunehmen. So rumpelte mein Wagen bei einbrechender Dämmerung über das Kopfsteinpflaster einer alten Allee — beliebige Häuser zur Seite. Ich erwartete, im Vorort eine schöne Moschee und leicht feierabendlich erregte Straßen anzutreffen.

Nichts von alldem. Hingegen wichen die Baumreihen und Häuserzeilen plötzlich wie der Vorhang einer Bühne zur Seite, und vor meine Augen trat — alles übrige war durch leichte Herbstnebel abgedeckt — eine unvorstellbare Stadt von kleinen Marmorpalästchen. Es waren die Mausoleen von Sultanen, Prinzen und Prinzessinnen, die sich den Straßen entlangzogen, als bewohne jeder bessere Tote ein Lust-Schloß. Und wer keines besaß, nahm zumindest mit einem überaus stattlichen Grabmal am Gartenfest teil, das die Besitzer dieser Schlößchen zu veranstalten schienen. Lautlos, aber erwartungsvoll lag die fröhliche Welt der Toten deutlich vor einem dämmrig-verwischten Hintergrund.

Fasziniert ging ich durch die breiteste der Straßen. Sie führte zu einem Portal, das auf einen großen Hof öffnete, in dem es merkwürdig lebhaft zuging — vor allem in der Luft. Über ihn hob eine riesige, alte Platane ihr gewaltiges Astgewölbe, und in ihm saßen, schwirrten, flatterten unzählige Tauben. Tauben trippelten auf den Fliesen und hoben sich bei jedem meiner Schritte. Zwischen ihren schlagenden Flügeln war, wie durch ziehende Wolken bald leicht verhüllt, bald wieder deutlich, da und dort ein alter Mann oder eine Frau mit einem kleinen Kind sichtbar. Die Moschee und die über und über mit wundervollen Kacheln besetzte Wand der Türbe schlossen dies besondere Leben ein.

Plötzlich ging es wie ein Zucken durch die Luft und — alles erstrahlte im Licht, als sei die Sonne auf einen riesigen Diamanten gefallen. Man hatte die elektrische Beleuchtung eingeschaltet, da es Freitagabend war. Das künstliche Licht hob die Farben in jener zarten Weise hervor, wie es nur die Dämmerung gestaltet, und gab ihnen einen heiteren Zauber — obwohl die Menschen gerade mit ihren Sorgen hierherkommen und das Fenster in der schönen Wand, durch das man den Sarkophag des Fahnenträgers sieht, daher „Fenster der Nöte" heißt.

Die Friedhof setzt sich fast rund um Moschee und Hof fort, weit über die Lustschlößchen der Toten hinaus. Marmorpfosten an Marmorpfosten, mit Turban oder Fez wie stilisierte, versteinerte Menschen wirkend, ziehen sich die Männergräber in Gesellschaft steinerner Blumensträuße, den Grabmälern der Frauen, zwischen alten Zypressen den steilen Hang hinauf zum Platz von Lotis erstem Stelldichein mit den dreifach verschleierten Seelen der „Désenchantées". Eines am andern, klein und groß, schief, aufrecht oder auf den Boden gepurzelt, wirken die Zeichen und Behausungen der Toten ein wenig übermütig. Dem einen und anderen Marmorturban ist heiter ein marmornes Röschen aufgesteckt worden. — Über den türkischen Friedhöfen liegt Friede; von verstohlenen Hinweisen auf erst noch bevorstehende Schrecken fehlt jede Spur.

Die Gegenwart der Toten gehört zur türkischen Kultur, schon zur seldschukischen und ganz besonders zur osmanischen, was sich vielleicht am deutlichsten in Istanbul zeigt. Es hat jene, die gewesen, nicht ausgestoßen. Anders als in vielen abendländischen Weltstädten, bleibt es visuell kein Rätsel, wohin die Millionen gekommen sind, die das Leben alter Zeiten verkörpert haben. Hier aber weiß man, wo sie sind: in ihren Gräbern.

Während sich am Rande der Stadt gewaltige Totenwälder — weiße Grabmäler und, besonders am asiatischen Ufer, schwarze Zypressen — ausdehnen, so steht im Herzen Istanbuls eine Gruppe marmorner Turbane vielleicht zwischen einer Apotheke und einer Obsthandlung. Und kapellenartige Türben lassen ihre Toten — Machthaber, Würdenträger und ihre Frauen — hinter vornehmen Gittern noch immer symbolisch am Leben der Stadt teilnehmen.

Das Reich der Toten ist so weitläufig, daß es oft ins Reich der Lebenden übergreift. So ist es nicht erstaunlich, daß Straßen ausgehoben werden und vereinzelte Wohnhäuser und Cafés mitunter fast ganz oder halbwegs vom marmornen Heer der Grabdenkmäler umgeben sind, durch das sich die Straßenbahn klingelnd einen Weg bahnt.

Im Grunde aber liegt Türken bauliche Glanzentfaltung weniger, als man geneigt ist vorauszusetzen. Nur scheinbar steht der Geist ihrer traditionellen Art, Wohnhäuser so zu errichten, als hätten diese beim Tod des Erbauers zusammenzufallen, im Widerspruch zu der kristallenen Schönheit der osmanischen Riesenmoscheen und — neueren — Schlösser. Erstere stehen stark unter dem Einfluß christlicher Denkmäler, wenn es auch meisterhaft gelungen ist, daraus einen eigenen Stil zu entwickeln. Selbst die kostspieligen Sultanspaläste am Bosporus stellen nur bedingt orientalische Prachtliebe dar. Zumeist aus dem 19. Jahrhundert, sind sie eigentlich untürkische Versuche einer geschlossenen Großartigkeit, von den Herrschern wohl im Bestreben errichtet, westlichen Machthabern nicht nachzustehen.

Besonders schwierig ist es, die Beziehung der Türken zum Idyllischen und Malerischen zu erfassen. — Das meiste, das in der Türkei modern ist oder es sein will, ermangelt der Romantik. Gestaltende Eingriffe in die Landschaft zeigen oft wenig Gefühl für Schönheit. Entspricht dieser Mangel dem überlieferten Verhältnis zur Landschaft, oder war es auch anders gewesen?

Wo immer ich typisch türkische Häuser gesehen habe, in Dörfern, Städtchen und Städten, haben sie mich an Efeu erinnert. Wie Efeu überklettern sie, einen bescheidenen Charme um sich breitend, den Boden, der sich gerade bietet, wenn auch mit einer Vorliebe für Halden. — Eine Ausnahme machen eigentlich nur Bursa und Istanbul. An beiden Orten wird die Landschaft baulich ausgewertet, an beiden Orten bringt sie die Architektur voll zur Geltung und die Architektur sie. Aber so paradox es klingen mag, gerade daher pulsiert in diesen osmanischen Städten eine europäische Ader.

Die individuelle Pflege des Idyllischen und Malerischen ist so undurchsichtig wie die kollektive. Nur ganz ausnahmsweise finden sich kleine Gärten, gepflegte Patios und prächtige Parks. Hingegen gibt es einige Pauschallösungen, die wie das genießerische Jammern der türkischen Musik, welches ständig die Luft erfüllt, einen eintönigen, aber angenehmen Reiz ausüben.

Wie die türkischen Häuser das Gelände überwuchern, so die immerschöne Jungfernrebe Hütten und Häuser, ja selbst die zahlreichen dicken Bündel der über dem Erdboden angelegten elektrischen Freileitungen. Gegenüberliegende Häuserzeilen ganzer Straßen miteinander verbindend, machen die Ranken die Gassen zu Lauben. Sie sind der Schmuck der Cafés und spinnen ganze Gartenwirtschaften ein.

Wahrscheinlich sind die gärtnerischen Lösungen nicht immer so schlicht gewesen. Kamen doch die ersten Gartentulpen — Verwandte der wilden Tulpen, die in den anatolischen Hochebenen kurze Zeit zu einem roten Meer emporwogen —, welche die Europäer zu dem sagenhaften Tulpenfieber hinrissen, Anfang des 16. Jahrhunderts aus der Türkei. Zudem braucht man nur einen Blick auf eines jener kreuzgangartigen Gevierte der alten Medressen, die Atatürks Regime meist in Museen umwandelte, zu werfen, um überrascht festzustellen, daß mit glücklicher Hand und wenig Aufwand — zwei, drei alten Platanen, zahlreichen Geranien und einigen Rosenbüschen — ein liebliches und zugleich großzügiges Bild geschaffen worden ist. Aber solche Schöpfungen sind Oasen, wenn man von den kleineren und größeren Orangen- und Zitronengärten dicht hinter den Häusern der West- und vor allem der Südküste Anatoliens absieht.

Bei der Moschee von Murad I. in Bursa befindet sich einer der schönsten Gärten der Türkei. Genaugenommen ist er mit seinen schmuckvollen Mausoleen von schauerlich ums Leben gebrachten Sultanen und Prinzen — der eine bei des Bruders Thronbesteigung erdrosselt, von den eigenen Leuten in der Schlacht ermordet der andere, ein dritter dem in Granatapfelsaft geträufelten Tod erlegen

— ein Friedhof. Auch hier erhebt eine gewaltige Platane ihr Astgewölbe voll unzähliger Tauben. Geranien-Stöcke und -Bäumchen verzieren die kleinen Mauern, säumen die Wege, und mächtige, uralte Zypressen umstehen den Brunnen der Moschee.

Mit Spannung sah ich der Einladung — sie war aus einer jener freundlichen Verkettungen von Liebenswürdigkeit und Hilfsbereitschaft hervorgegangen — in einen Konak, in eine jener großen Villen, mit denen vor allem auch die Ufer des Bosporus geziert sind, entgegen. Auch sie sind aus Holz, dunkel, eher unschön, großzügig und unordentlich. Mitunter erwecken sie den Eindruck von Hoteldependancen oder alten Fabrikgebäuden.

In den dreißiger Jahren des 19. Jahrhunderts schrieb eine Engländerin über diese Sommersitze der Wohlhabenden und Großen am Bosporus, man ersehe aus ihrem Zustand den Grad der Gunst, in welchem der Besitzer beim Sultan stehe. Sei das Haus frisch überholt, so stehe sein Besitzer in der Sonne. Befinde es sich aber im Zustand fortschreitender Verwitterung — der in der Türkei rasch erreicht wird —, so erkenne der Ankömmling bereits vom Schiff aus, daß der Schatten Gottes auf Erden das Licht seiner Gnade von einem Unglücklichen mehr abgezogen hat. Schon der bloße Blick auf die Fassaden der Villen gestatte Rückschlüsse auf die Innenpolitik.

Allerdings sollen Intrigen und Schläue die Zuverlässigkeit der Indizien untergraben haben. Denn manchem, der soeben heiteren Sinnes seine blitzblanke Sommervilla bezogen, habe Neid bereits das Grab geschaufelt und das Haus der Verwitterung geweiht. Wogegen der eine und andere sich höchster Gnade Erfreuende zögere, mit einer noch so gebotenen Hausreparatur das Schicksal herauszufordern.

Ich betrat den Garten, der unmittelbar hinter dem Tor steil abwärts zu Haus und Wasser führte, um sogleich zu erfahren, daß es noch eine hübschere Art gibt, Gäste zu empfangen, als ihnen unter der offenen Haustüre entgegenzutreten. Meine Gastgeberin saß vor dem Haus im Rahmen eines so prätentionslosen wie vollendeten Gartens.

Wie märchenhaft mußte er im Frühling sein, wenn die Blüten seines großen Judasbaumes in zyklamenfarbenem Feuer lodern — bei uns gibt es sie oft in Parkanlagen, aber ohne daß sie je zur Geltung kämen; denn ein einziger Regenguß erlöscht die Flämmchen der Blüten. Der Kakibaum stand mit seinen gelben und rötlichen Blättern als ein Riesenstrauß da, und eine hohe Pinie legte ihre Krone wie eine Götterhand über uns. Ein balsamischer Duft lag in der Luft; er entströmte dem Jasmin, der, eine unscheinbare Pflanze, in keinem echt türkischen Garten fehlt.

Irgendwo hinter den Blättern tröpfelte es leise. Meine Gastgeberin bog die Zweige auseinander. Eine kleine Bewegung — sie streifte tausend und mehr Jahre weg: aus einem byzantinischen Gewölbe sprang eine Quelle hervor. Nun sind Grotten mit plätscherndem Wasser nichts Besonderes — sie gehören zum besseren Villengarten des 19. Jahrhunderts. Doch sind sie dort nur ein Werk des Gärtners, haben weder Namen noch Geschichte. Hier aber floß nicht das Wasser eines städtischen Leitungsnetzes, sondern die Quelle eines seit Urzeiten besiedelten sagenumwobenen Gestades, das zum Zentrum von drei Welten gehört hatte. Die Quelle konnte in diesem turbulenten Landstrich der Antike seit alters nicht übersehen worden sein; sie mußte vor tausend, zwei- und dreitausend Jahren einen Namen gehabt haben, ja vielleicht in alten Dichtungen und Sagen genannt worden sein.

Wir betraten das Haus und gingen von Raum zu Raum. Da man von den meisten der vielen Fenster aus unmittelbar aufs Meer sah und die Räume mit antiken Möbeln ansprechend ausgestattet waren, hatte ich das Gefühl, in einer Luxus-Arche Noah zu fahren.

Nach dem Rundgang standen wir einen Augenblick unschlüssig wieder im Parterre. Da geschah etwas Merkwürdiges. Die großen auf den Bosporus gehenden Fenster sprangen auf und, als sei sie übers Wasser geschritten, nein, als hätte sie der Wind hereingetragen, stand eine junge Frau, der andere Gast, vor uns. Was ich während des Plauderns flüchtig als große Fenster notiert hatte, waren die Glasflügel eines über zwei breite Marmorstufen geradewegs ins

Wasser führenden Hausportals gewesen. Nicht landwärts, sondern meerwärts liegt der Haupteingang der alten Landsitze am Bosporus, auch in diesem Sinn buchstäblich eine Wasserstraße.

An ihren schmäleren Stellen läßt sich das Leben am gegenüberliegenden Ufer so klar verfolgen wie jenes in den Gassen der alten Städtchen vom Kirchturm aus. Mitunter kann man sehen, wer drüben zum Fenster hinausschaut oder ein Haus betritt. Aber auch Handel und Wandel auf dem Wasser selbst läßt sich von den Anwohnern leicht verfolgen. Und der war unvorstellbar lebhaft, als der Bosporus noch von unzähligen Schiffen regelmäßig befahren wurde, als der Verkehr Europas und Amerikas mit Persien, dem Kaukasus, Südrußland, Bulgarien und Rumänien hier durchführte. Dazwischen kreuzten die zahllosen lokalen Frachtboote und dann vor allem die teppichgeschmückten, von Männern in bunten Privatlivreen bedienten Kaïk der Großen und Glücklichen einer Stadt, die das Herz eines Weltreiches und einer Weltreligion zugleich war. Man besuchte sich zu Wasser und traf sich auf dem Wasser. Vom Ufer aufs Wasser und vom Wasser aufs Ufer wurden Fäden geknüpft, geheime Signale gegeben und einander abgepaßt.

Glanz und Farbigkeit des Bosporus entbehrten nicht des finsteren Untergrunds einer doppelten Dämonie: Grauen und Tragik lagen in dem tiefen Wasser auf der Lauer.

Es ist ein launenhafter, bösartiger Meeresstrom. Eigentlich ein Doppelstrom, mit Ober- und Unterströmung in entgegengesetzten Richtungen, führt er kaltes und warmes, salziges und salzarmes Wasser zugleich, bald in einem breiten Bett von fünftausend Metern, bald in einem engen von sechshundert, dessen Tiefe von sechzig Metern sich an der engsten Stelle verdoppelt. — Wenn es das Wetter will, zum Beispiel der plötzlich von Süden her einsetzende Borroscos, so strömt das Wasser aufwärts zum Schwarzen Meer, seinem eigentlichen Lauf entgegen, wobei natürlich auch die Rinnsale der Strömung verlegt werden. Selbst erfahrene Schiffer konnten überrumpelt und Opfer der tückischen Fluten werden. Mitunter sahen Villenbesitzer, wie Boote mit Mann und Maus innerhalb Sekunden vor ihren Augen verschlungen wurden, ohne daß auch nur ein Ruder übriggeblieben wäre. Die Argonauten-Sage beschwört das Gespenstische des Kampfes mit diesen Wassern. Hier kämpften sich Jason und seine Gefährten auf dem Weg nach Kolchis unter dem „Zischen des zusammengepreßten Meeres" durch, „daß sich die Ruder krümmten".

Wenn auch nicht ganz mit den Unfällen, so ist es heute doch vorbei mit dem bunten Treiben auf dem Wasser. Selbst die schönen Gärten am Ufer des Bosporus sind gezählt. Und man bekommt beim Gedanken an diese ewig frischen Wellen und das Klima, das trotz seiner Launenhaftigkeit für Rosen, Tuberosen, Canna, Calla, Passionsblumen, Myrten, Jasmin, Azaleen, Granatapfel, Mimosen, Magnolien, Glyzinen und selbstverständlich Zypressen und Riesenplatanen gemacht ist, nicht um die Frage herum, warum so vielversprechende Gegebenheiten nicht voll ausgewertet werden, weder hier noch anderswo in den günstigen Küstengegenden.

Was steckt hinter der sachten Gleichgültigkeit, gestaltend in die Umgebung einzugreifen? Vielleicht trägt die trotz intensiver Völkervermischung in manchen Schichten und Gegenden zutage tretende Nomadenart dazu bei. Ferner die relative Gleichgültigkeit der vom Diesseits abgewandten Gruppe konservativer Türken. Nicht von ungefähr wirkt das Reben- und Kürbisgerank um die türkische Behausung in seiner Kurzfristigkeit und Undeutlichkeit wie ein flüchtiger Girlandenschmuck, den man zum Fest des Lebens geschwind aufhängt, da mehr sich für das kurze Dasein doch nicht lohnt.

Diese Neigung zur Unbeständigkeit zeigt sich auch in der türkischen Art und Weise, zu wohnen, sich einzurichten. Die alte türkische Kultur kennt wenig Möbel, dafür um so mobilere.

Ein Tisch, der wie in so vielen europäischen Familien seit Generationen an der gleichen Stelle steht, ist in der Türkei undenkbar. Man bediente sich hauptsächlich eines kupfernen Tabletts, das niedergestellt wurde, wo immer man Lust zu essen haben mochte.

Und gar das Bett! Das Bett, fest innerhalb seiner vier Pfosten, der Platz des Europäers auf der Erde, wohin er sich zurückzieht wie die Schnecke in ihr Haus, war den Türken wesens- und traditionsgemäß unvertraut. Wenn sie auch seit vielen Generationen nicht mehr mit ihrem Haus, das heißt mit ihrem Zelt, wandern, so nehmen sie zur Verblüffung des westlichen Beobachters doch gelegentlich ihr Bett und wandeln. Das auf den Dächern der Autobusse verstaute Reisegepäck besteht zum größten Teil aus einer Art eng zusammengerollter Steppdecken. Und zu Hause fühlen sie sich weniger an eine bestimmte Schlafstätte gebunden als wir. Wo sie die Lust ankam, sich niederzulegen, rollten sie einst auseinander, was tagsüber zusammengerollt und verstaut gewesen war, und tun es nicht selten noch heute. Oft bereiteten sie sich auf dem Diwan ein Lager. Letztlich mit diesem Vorbild im Hintergrund nennen wir ein verwandelbares Bett Diwan, Türkisches Bett, Ottomane.

Natürlich ist das bei den modernen Türken anders geworden: Aber ich war doch erstaunt, etliche sehr moderne Türken auf schmalen, gepolsterten Wandbänken ein Nachmittagsschläfchen machen zu sehen und später die freundliche Aufforderung zu bekommen, auf einer solchen Bank — eben dem Diwan — die Nacht zuzubringen. Und was die Standfestigkeit des Bettes betraf, fühlte ich mich unversehens einen Augenblick mit Odysseus, der sein sagenhaftes Ehebett aus einem im Boden verwurzelt bleibenden Ölbaum höhlte, solidarisch.

Welches auch immer die Hintergründe des Verzichts auf Gestaltung der Umwelt sein mögen, ich erlebte zu meiner Überraschung, daß er auch seine bestechenden Seiten hat.

Unmerklich hatte ich mich an die kahlen Wände gewöhnt. Denn weiß sind sie allenthalben, wenn man von den unvermeidlichen Atatürkporträts und den gelegentlich zu tapetenartigem Wandschmuck kleiner Cafés begierig aus Propaganda-Kalendern europäischer Firmen herausgeschnittenen Bildern absieht. Eine Gewöhnung an die islamische Ablehnung figürlicher Darstellung, die trotz kemalistischer Umstellung noch nicht überwunden ist, war der letzte Einfluß, dem ich mich zugänglich geglaubt hätte. Die ersten Anzeichen zeigten sich beim Betrachten einer Ikone des heiligen Georgs, des Drachentöters, die beim Schreiben dieses Buches vor mir hing. Warum ist der Drache noch immer nicht tot, begann ich mich zu fragen. Wie kann man jahrelang Bilder vor sich haben, die Handlungen darstellen, die nie vollzogen werden? Aber auch ruhigere Bilder begann ich, ihres willkürlichen Inhalts wegen, als Mißton zu empfinden. Die nackte Wand schien mir bald schöner als etliche schöne Bilder.

Noch ein anderer Wechsel des ästhetischen Standpunktes kann sich in der Türkei vorbereiten. Der Akzent liegt im Gegensatz zu dem im weitesten Sinn zu verstehenden Wandschmuck des Westens auf dem Schmuck des Bodens. Er macht den Raum weit und breit, betont die Waagrechte. Hat man sich einmal an ihn gewöhnt, so macht der sonst so selbstverständliche westliche Wandschmuck, zu dem ja auch die vielen hohen Möbel gehören, überhaupt die Betonung der Senkrechten, den Raum unversehens zum Verließ.

*

Eine monatelange Autoreise durch die Türkei gleicht mit ihrem von liebeskummervoller Radiomusik durchzogenen Äther, den bizarren Verwicklungen, die sich immer wieder spielerisch lösen, und den wenigen Tölpeln und vielen großmütigen Rittern hinter jedem Busch einer Operette — für eine Frau jedenfalls.

Was Wunder, daß sich, nachdem der Vorhang gefallen war — er fiel für mich, als ich der Theodosianischen Stadtmauer für immer den Rücken kehrte —, die Hauptfiguren noch einmal kurz zeigen sollten: der Edle und der Yokgeist.

In einem Dorf nahe der türkisch-griechischen Grenze machte ich halt. Ein letzter türkischer Tee aus dem Tulpengläschen, um mich für den Grenzübergang und die Begegnung mit der ungewohnt gewordenen europäischen Harschheit zu stärken! Noch einmal betrat ich ein Café und setzte mich an ein Tischchen hinter dem Laubgewind. Der junge Wirt trat auf mich zu, als hätte mich nicht mein Autowrack, sondern ein Paar Engelsflügel hergebracht. Die unerklärliche, aber wohlbekannt freudige Überraschung in seinem Blick versprach noch einmal den Akt der Gastfreundschaft: Bezahlen? — Ausgeschlossen! Geschwind zog er die leicht gekreuzten, flach gehaltenen Hände auseinander „Tamam!" Perfekt. Das schönste Wort — das letzte Wort! Ein stilechter Abschiedsgruß der Türkei.

Schon war es stockfinster, als ich in Edirne den — mäßig begangenen — Weg über die Grenze suchte. Da! Eine Kreuzung und endlich der Wegweiser! Er wies nach Griechenland, nicht nach Bulgarien — soviel ließ sich feststellen. Aber in welcher Richtung? Der dicke schwarze Strich unter „Griechenland" sollte wohl einen aufklärenden Pfeil vorstellen. Aber wo war seine Spitze? Ich manövrierte mit den Scheinwerfern und kletterte schließlich auf die Motorhaube, um den fetten Strich untersuchen zu können. Allein er hatte zwei dicke Enden, offensichtlich Pfeilspitze und Pfeilfedern. Ich hatte verstanden. Yok-Teufelchen winkte zum Abschied — mit dem Grenzpfahl als Zaunpfahl. Ich folgte also jenem Pfeilende, das ich nach gründlichem Augenschein als das der Spitze entgegengesetzte betrachten mußte, und erreichte alsbald Griechenland, wie zu erwarten war, wenn auch nicht logischerweise.

Nachwort

Eine selbstbewußte Frau veröffentlicht nach mehr als zehnjähriger, intensiver Arbeit ein 564 Seiten starkes Werk zur Situation der Frau in der Gesellschaft und fällt bei Presse und Publikum vernichtend durch. Sie schließt aus dieser Niederlage: Die Zeit ist für meine schonungslose Analyse noch nicht reif. Doch die Zeit wird reifen, und mein Werk wird als epochales Emanzipationswerk in die Geschichte eingehen. Bis dahin werde ich mich als feministische Vordenkerin verabschieden und einem anderen Gebiet zuwenden: der Reisepublizistik. Was indes als Neuanfang und „zweite Karriere" gedacht ist, gerät wiederum in Schieflage.

Doch der Reihe nach: Nach dem landesweiten Verriß von „Frauen im Laufgitter" (1958) wendet sich Iris von Roten von der Frauenthematik ab. Nicht einmal mehr darüber reden mag sie. Das legt nahe, wie sehr sie die Ablehnung ihres Werks gekränkt hat, auch wenn sie das nach außen kaum zeigt. Im engen Kreis läßt sie nur gelegentlich verlauten, daß sie keine Lust mehr habe, weiterhin „Perlen vor die Säue zu werfen".

Da sie schon als junge Frau gerne reiste, bereits als Gymnasiastin besuchte sie die Zeugnisse der deutschen Gotik, ist ihr Schritt zur Reiseschriftstellerei nur folgerichtig. Daß sie ein damals, gerade für Frauen, noch sehr abenteuerliches Land wie die Türkei wählt, ist ebenfalls naheliegend, sieht sie sich doch ganz in der Tradition großer Reisender wie Annemarie Schwarzenbach, Ella Maillart oder Freya Stark, die unerschrocken die Geheimnisse des Orients ergründeten.

Ende Mai 1960 reist Iris von Roten mit ihrem kleinen Fiat Richtung Türkei, um während sechs Monaten für das geplante Buch zu recherchieren. Vorher bringt sie ihre damals achtjährige Tochter Hortensia in ein Internat nach England. Nicht in irgendeines, sondern in ein sorgfältig ausgewähltes in Bury St. Edmund, Suffolk. Dennoch wird ihre Tat von vielen als Abschieben interpretiert. „Und das alles nur, um sich selbst zu verwirklichen." Doch das kümmert Iris von Roten wenig, denn für sie liegt das Kind-Mutter-Problem ohnehin anderswo: „Im verzweifelten Sich-an-die-Kinder-Krallen, als wären sie das Leben selbst", in der Neigung, sich als „Abbruchobjekt zu betrachten, aus dem das Kind die Bausteine für ein Leben holt", und in der „Identifikationsillusion", daß nämlich die Erfolge der Kinder auch die eigenen Erfolge seien. Solche Fehler will sie selbst vermeiden. Im übrigen hat sie das Gerede der anderen noch nie sonderlich beeindruckt. So ist sie 1948, nach nur zwei Jahren Ehe, für ein Jahr in die USA gereist, um für sich und ihren Ehemann Peter die Berufsmöglichkeiten im Falle einer Auswanderung abzuklären. Daraus wurde zwar nichts, doch für ihr Buch „Frauen im Laufgitter" holte sie sich dennoch wertvolle Impulse.

Hortensia, die sich im Internat rasch einlebt, wird regelmäßig über die Reisestationen ihrer Mutter unterrichtet. So erhält sie bereits aus Venedig die erste Ansichtskarte. „Liebes Hortensli, ich habe nun meine große Reise — sie wird viele Monate dauern — angetreten. Hier siehst Du ein Stück von Venedig, das eine der seltsamsten Städte der Welt ist. Sie ist nur auf Inseln gebaut, und anstatt Straßen hat es große und kleine Kanäle. Die Häuser sind wie im Wasser‹, und gezügelt wird auf Schiffen. Wo der Pfeil ist, befindet sich ein altes Uhrwerk. Punkt 12 Uhr marschieren vor einer Plastik von Maria mit Jesuskindlein die heiligen drei Könige vorbei. Danke für Deinen lieben, langen Brief, Küßli von Mama."

Aus Anttalya berichtet sie im Juli: „Lieber Hortensli Schatz, in dieser interessanten türkischen Stadt wohne ich seit einer Woche. Mit dem Fiatli haben wir Familien besucht, die keine Häuser haben, sondern in Zelten leben und alle paar Tage mit ihren Kamelen weiterreisen. Es ist so heiß, daß wir alle Tage 2–3mal baden. Bald reise ich weiter und schreibe Dir dann wieder, viele liebe Küßli und Grüßli von Mama."

Von einem Abstecher nach Syrien im August notiert sie: „Liebes Hortensli, nun bin ich mit dem Fiatli noch viel weiter als die Türkei gefahren, nämlich nach Syrien. Hier hat es Araber, die lange, bis auf den Boden reichende Röcke tragen und auf dem Kopf weiße Schleier. Andere haben einen Turban an oder einen roten Filztopf (Fez) auf dem Kopf. Die Frauen sind oft schwarz angezogen und haben das Gesicht mit einem schwarzen Tuch ganz zugedeckt, so daß sie wie Gespenster aussehen. Auf dem Bild siehst Du die Reste einer 2000 Jahre alten Stadt, die von Königin Zenobia regiert wurde, viele Küßli von Mama."

Obschon sich Iris von Roten bemüht, in der Begriffswelt einer Achtjährigen zu bleiben, kann Tochter Hortensia viele ihrer Ansichtskarten und seitenlangen Briefe nicht entziffern, weil die Schrift ihrer Mutter schlicht unleserlich ist. Vereinzelt verwendet Iris von Roten zwar ganz bewußt gut leserliche Druckbuchstaben, doch andere Schreiben wiederum sind ganz und gar nicht kindgemäß abgefaßt.

Ende November 1960 kommt Iris von Roten in die Schweiz zurück und teilt dem Ullstein Verlag mit, wie sie das Buch zu gestalten denke. Einzelne Fragen will sie noch mit den Verlagsleuten abklären, doch diese lassen sie wissen, man habe volles Vertrauen in ihre Arbeit und sie solle ruhig anfangen. Von nun arbeitet sie fast täglich mehrere Stunden am Manuskript. Im Juli 1961 teilt sie dem Ullstein Verlag mit, daß die Rohfassung vorliege, aber noch massiv überarbeitet werden müsse. Um dennoch einen ersten Eindruck ihres Werks zu vermitteln, legt sie das geplante Inhaltsverzeichnis bei. Der Verlag reagiert postwendend: „Das Inhaltsverzeichnis ... ist äußerst originell und vielversprechend." Von neuem beflügelt arbeitet Iris von Roten weiter. Im Herbst allerdings erkrankt sie an Gelbsucht und muß die Arbeit unterbrechen. So liefert sie das

Manuskript nicht wie geplant auf Weihnachten 1961, sondern erst im Frühjahr 1962 ab. Die Verspätung akzeptiert der Verlag diskussionslos.

Doch dann bleibt ihr mit Ausdauer und Engagement verfaßtes Manuskript liegen. Wochenlang, monatelang. Auf Rückfragen erhält sie fadenscheinige Ausreden. Und Ende September 1962 schließlich die Absage: „Trotz der großen und ungeheuer fleißigen Bemühungen Ihrerseits und der Fülle des zusammengetragenen Materials scheint uns die Synthese in der Arbeit doch nicht ganz gelungen zu sein." Es wird ihr deshalb von Verlagsseite vorgeschlagen, „daß man die Arbeit vorläufig ruhen läßt, um sie sehr viel später einmal umzuschreiben, da der Bericht wahrscheinlich zu schnell und zu hastig verfaßt wurde". Dann die übliche Floskel: „Wie Sie sicher verstehen können, bedauern wir es sehr, daß das Buch in seiner jetzigen Gestalt nicht für eine Veröffentlichung geeignet ist." Iris von Roten ist außer sich, denn ein solch vernichtendes Urteil schafft sogar eine sehr selbstbewußte, stolze Frau. Vor allem, weil sie es für völlig ungerechtfertigt hält. Insbesondere der Vorwurf, zu schnell und zu hastig gearbeitet zu haben, scheint ihr absurd. In der Tat ist es doch gerade Iris von Rotens Perfektion, die ihr Schaffen prägt, die Reisepublizistik genauso wie früher ihre feministischen Analysen. Und daß die Synthese sehr wohl gelungen ist, zeigt gerade der letzte Abschnitt („Eine monatelange Autoreise ..."), gelingt es ihr doch in zwei ganz kleinen Episoden, die beiden wichtigsten Elemente der türkischen Seele, den Yokgeist und das Edelmütige, wie in einer Zusammenfassung nochmals klar und deutlich vor Augen zu führen.

Weil Iris von Roten das Verdikt über ihr hart erkämpftes Manuskript keineswegs akzeptieren will, schaltet sich Peter von Roten ein und versucht, den Verlag doch noch zu einer Herausgabe zu bewegen. Vergeblich. „Wir haben uns noch einmal eingehend mit der Frage beschäftigt", wird ihm im Dezember 1962 beschieden, „ob wir uns zur Veröffentlichung des Manuskripts der türkischen Reise Ihrer Frau Gemahlin entschließen können; dabei haben wir auch den Gesichtspunkt mit beachtet, den Sie hier im Gespräch andeuteten, nämlich Ihre Bereitschaft, sich an den Herstellungskosten eventuell zu beteiligen … Nach längeren Überlegungen halten wir den Ausweg, daß der Verlag selbst oder durch einen Dritten das Manuskript umarbeiten läßt, nicht für sehr glücklich … Es tut mir leid, daß sich Ihre Frau Gemahlin die Entscheidung unseres Verlags so zu Herzen nimmt, daß sie nun gleich alle ihre Reise- und Buchpläne aufgeben will. Es passiert uns immer wieder einmal, daß irgend etwas nicht so ausgeht, wie wir es gern gesehen hätten, und sehr oft erwächst aus einer solchen Erfahrung der Wille zu Neuem und Besserem." Mit diesem belehrenden Schreiben ist der Fall Ullstein für Iris von Roten abgeschlossen. Sie bündelt ihre Korrespondenz, legt sie in ein hellgrünes Mäppchen ab und macht ihrem Unmut mit Bleistift auf dem Kartondeckel — solche kritzelnden Kommentare finden sich in ihrem ganzen Nachlaß — Platz: „Hol ihn der Teufel."

Die Absage indes beschäftigt sie weiter, wie ihr „Memorandum betreffend Buch über die Türkei" beweist. Darin setzt sie sich auf mehreren Seiten minutiös mit dem Vorfall auseinander und kommt immer wieder zum Schluß, daß die Ablehnung nichts mit der Qualität ihres Türkei-Manuskripts zu tun hat, sondern mit ihrem Ruf. Freunden gegenüber äußert sie denn auch den Verdacht, jemand habe den Verlag vor ihr gewarnt. Sie sei in der Schweiz eine gefürchtete Emanze, mit der man sich nur Skandale einhandle.

Noch deprimierender wird die Fortsetzung des Mißerfolgs. Wie eine Vertreterin klappert Iris von Roten Verlag um Verlag ab, um ihr Manuskript doch noch unterzubringen. Die Absagen folgen immer dem gleichen Muster. „Ihr Vorschlag ist sehr interessant", schreibt zum Beispiel der Berner Verlag Kümmerly + Frey, „doch sehen wir uns leider gezwungen, Ihnen eine Absage zu erteilen, da unser Verlagsprogramm für längere Zeit bereits vollkommen ausgelastet ist und wir vorderhand keine weiteren Projekte zur Herausgabe innert nützlicher Frist annehmen können."

Schließlich findet Iris von Roten doch noch einen Interessenten, den Henry Goverts Verlag in Stuttgart, der ihr Buch 1965 — endlich — publiziert. Die Freude darüber wird allerdings getrübt durch die Tatsache, daß die Autorin das Buch massiv kürzen mußte und daß auch der Verlag selbst, ohne Absprache mit der Verfasserin, weitere Kürzungen vornahm. Dadurch wird „mein Werk teilweise verstümmelt“, klagt die Türkeireisende ihren Bekannten.

Ein bißchen versöhnt wird sie durch die fast ausnahmslos lobenden Kritiken. Mußte sie nach der Publikation von „Frauen im Laufgitter“ mit infamsten Anwürfen fertigwerden, kommt ihr nun eine Woge des Wohlwollens entgegen. „Iris von Roten besitzt die Gabe“, schreibt die „Weltwoche“, „alles, auch das Kleine, scheinbar Unwichtige aufzulesen, zu behalten, sagenswert zu finden und — in Zusammenhang gebracht — zu sagen. Das macht ein Reisebuch von ihr so lesenswert, ihre Beschreibung eines erlebten Landes so dicht und lebendig ... Die Autorin geht ganz dicht an das heran, was sie beschreiben will, und ihre beste Waffe ist die Anekdote, die selbsterlebte, die in einem Atem Mensch, Umgebung, Atmosphäre, Volkscharakter, Politisches, Geschichtliches und Soziologisches zusammenrafft, anschaulich und verständlich macht. So lernt man gefesselt, manchmal gerührt, oft amüsiert, das Türkische am Türken und seinem Land kennen. Und man lernt sie lieben, diese Menschen mit dem hierorts fast ausgestorbenen echten und bescheidenen Stolz. Ob es um religiös-moralische, um geistige oder wirtschaftliche Dinge geht, um Arbeitsklima, Fruchtbarkeit, Emanzipation der Frau, um Hotels (‚Wozu Schlüssel‘, meinte der Wirt, ‚wo Sie doch einfach die Klinke von außen abschrauben können?‘), um einen Kelim-Kauf, den Verlust einer goldenen Uhr, den türkischen Knigge oder das Wörtchen ‚Yok‘, das eine ganze Welt bedeutet — fast stets ist das Beschriebene in das Erlebte eingepackt, vorder- wie hintergründig, profiliert und zugleich witzig.“ Für Iris von Roten eine der wenigen Rezensionen, in denen sie sich wirklich verstanden fühlt.

Ebenfalls nur lobende Worte findet das „St. Galler Tagblatt“: „Wer das Buch von Iris von Roten gelesen hat, trägt ein nuancenreiches Bild eines verwirrenden Landes mit sich herum, ein Bild, das romantische Illusionen heilsam vertreibt, aber zugleich der Neugier des Touristen, der wirklich reiselustig und aufgeschlossen ist, großzügig Nahrung bietet." Besonders hervorgehoben wird hier auch, wie in den meisten Kritiken, das Kapitel über die türkischen Frauen: „Kemal Atatürk hat auf dem Papier die Frauen zu Menschen gemacht — mit dem Erfolg, daß im Alltagsleben das ‚Haremsdenken' immer noch den Ton angibt. Die Frau ist weiterhin das Objekt des Mannes. Nur unentwegte Ausländerinnen von der Art der Autorin können es wagen, in ein Kaffeehaus oder eine Herberge einzudringen und damit die zähe Männerphalanx zu durchbrechen. Ausländerinnen sind für Türken anscheinend keine richtigen Frauen, und es wird ihnen, so sagt das Buch, höflich begegnet. Es versteht sich von selbst, daß das Kapitel, das diesem Thema gewidmet ist, das interessanteste ist. Man möchte gerne noch mehr erfahren. Iris von Roten schöpft aus dem vollen." Ein Wunsch, den wohl noch andere Leserinnen und Leser teilen. Denn gerade ihre Ausführungen zur jüngst wieder ins Gerede geratenen Verschleierung sind von bestechender Logik. Sie läßt sich nicht einlullen vom Gerede über kulturelle Eigenart, sondern sieht die Vermummung ungeschminkt als das, was sie ist: Frauenunterdrückung. Je unterdrückter, um so verhüllter. Jüngstes Beispiel ist der Golfkrieg, der den muslimischen Mann unbeschreiblich demütigte und der diese Demütigung unbesehen an seine Frau weiterleitete. Mit dem Resultat, daß sich heute die Frauen in der ganzen Golfregion noch stärker verschleiern müssen und im Kampf um ihre Rechte um Jahrzehnte zurückgeworfen wurden.

Kritisiert wird das Türkei-Buch und insbesondere das Frauenkapitel einzig von der NZZ, die angeblich auch weiß, warum die Türkeireisende Iris von Roten gelegentlich in Schwierigkeiten geriet. „Eine neuartige, merkwürdige Welt breitet sie, oft in sarkastisch pointierter Weise, vor dem Leser aus, eine Welt, zu der die intellektuelle Europäerin — vielleicht infolge ihres Hangs zum ‚feministischen Experimentieren' — den Zugang nicht ohne weiteres findet ... Selbstverständlich befaßt sich Iris von Roten in ihrem Buch auch ausgiebig mit der Frage der Stellung der Frau in der Türkei. Bei der Behandlung dieses Themas, das der Verfasserin bekanntlich in bezug auf schweizerische Belange recht geläufig ist, bekommt der Leser ein oft scharf akzentuiertes Bild vorgesetzt, hinter dem der Maßstab einer Frau im Laufgitter unschwer zu erkennen ist. Es tritt hier wie in den vorangehenden Kapiteln als oft unangenehmes Element der Wille zu sarkastischer Wirkung hervor, der sich gelegentlich auch in gewaltsamen und das Verständnis erschwerenden Satzumstellungen kundtut." Iris von Roten kocht bei der Lektüre dieser süffisanten Zeilen. Ihrem Unmut macht sie einmal mehr mit einer in Bleistift hingekritzelten Randbemerkung Luft: „der vertrackte Kümmel". Tatsächlich ist der Vorwurf des Sarkasmus bösartig, denn Iris von Roten hat sich der Türkei und ihrer Bevölkerung in einer Art und Weise genähert, die alles andere als eurozentrisch ist und sich durch Respekt dem Andersartigen gegenüber auszeichnet, was in den sechziger Jahren nicht selbstverständlich war. So tut sie etwa die geringe Produktivität der türkischen Wirtschaft nicht einfach als Faulheit oder Unfähigkeit der Menschen ab, sondern erklärt sie aus der Tatsache, daß hier Selbstachtung und Leistungsfähigkeit nicht so stark gekoppelt sind, wie das in den USA oder in Europa der Fall ist. Ein Kind ihrer Zeit ist sie nur in ihrer gelegentlichen Fortschrittsgläubigkeit, oder wenn sie Sätze notiert wie: „Tankstellen geben dem Touristen Heimatgefühl."

Trotz dieser erneuten schmerzlichen Erfahrungen läßt sich Iris von Roten, anders als in jenem verzweifelten Schreiben an den Ullstein Verlag angedroht, nicht vom Reisen abbringen. Im Gegenteil, sie reist mehr denn je, und das bis ins hohe Alter: in den Iran und in den Irak, nach Syrien und Libanon, nach Spanien und Portugal, nach Malta und Zypern, nach Marokko und Tunesien, nach Sri Lanka und Brasilien. Dabei geht es ihr nie nur um den Besuch von Sehenswürdigkeiten, sondern vor allem um die Menschen. Sie beobachten, mit ihnen plaudern, mit ihnen essen, ihren

Alltag erleben ... Deshalb reist sie auch nicht in Begleitung. Denn, womit sich Iris von Roten auch beschäftigt, ihre wichtigste Informationsquelle bleibt die eigene, direkte Wahrnehmung: „tausendfache Beobachtungen der Menschen, ihres Verhaltens, ihrer Vorstellungen". Die Anfrage ihrer Jugendfreundin, der Filmemacherin Isa Hesse, doch einmal gemeinsam eine solche große Reise anzutreten, lehnt sie deshalb spontan ab.

Eine der wenigen großen Reisen, die sie nicht alleine, sondern gemeinsam mit ihrem Ehemann unternimmt, ist die nach Sri Lanka. Doch genaugenommen handelt es sich dabei gar nicht um eine Reise, sondern um einen Kuraufenthalt. Nach seinem schweren Autounfall Anfang 1978 soll Peter von Roten nämlich im weichen Meeressand barfuß wieder gehen lernen. Das ist denn auch der Grund, weshalb sich das Paar in einem jener geschlossenen Feriendörfer niederläßt, die die Individualreisende Iris von Roten sonst unter allen Umständen meidet. Die tägliche Konfrontation mit anderen Schweizer Touristen muß ihr denn auch ein Graus gewesen sein. Zwar gibt es keine schriftlichen Zeugnisse über diesen Aufenthalt aus ihrer eigenen Feder, doch aus der Kolumne im „Walliser Boten", in der Peter von Roten seine Sri Lanka-Erfahrung schildert, läßt sich unverkennbar ihre spitze Zunge heraushören. „Wenn man als Europäer stolz ist auf die wirtschaftliche Überlegenheit, die uns erlaubt, sich hier 14 Tage lang als König unter Knechten zu fühlen, so läßt dann leider der unverhüllte Anblick unserer Leute ein peinliches Gefühl unsagbarer Häßlichkeit aufsteigen. Die Neuankommenden, die noch keine schonende Bronze erwerben konnten, sind dabei besonders auffallende Riesen-Engerlinge, deren sitzende, fressende Lebensweise plötzlich als unnatürliche Käfighaltung evident wird. (...) Die in Schulbänken verkümmerten Körper der Europäer sind der Preis für die möglichen Ferien. Mit Fettwänsten und überquellenden Bäuchen ganzer Populationen zahlen wir dafür, daß wir Gegenden bewohnen, die eigentlich für Bären und Elche gedacht sind und nicht für unbehaarte Wesen, wie es der ‚homo sapiens' seit langem geworden ist.

Aber daß es mit der Weisheit des ‚homo sapiens' nicht eben weit her ist, beweist gerade der Umstand, daß die so viel schöneren Singhalesen nur einen Wunsch haben, auch in unser Land zu kommen und zu sein wie wir. (...) Umgekehrt merkt man bald, daß die käsigen Neugäste nur einen Wunsch haben, so rasch und so schmerzlos als möglich so schön schokoladenbraun zu werden, wie es die Hiesigen halt von Natur aus sind. Offenbar unterscheidet gerade diese schöpferische Unzufriedenheit den Menschen vom Tier, wobei noch zu untersuchen wäre, ob damit mehr Heil oder Unheil angerichtet wird."

Hat Iris von Roten nach ihrem Türkei-Buch noch vereinzelt in Zeitungen und Zeitschriften Reiseartikel publiziert, so reist sie in den siebziger und achtziger Jahren statt mit dem kleinen Notizbüchlein in der Tasche mit Staffelei und Leinwand im Gepäck. Von einer ausgedehnten Tunesien-Reise etwa berichtet sie Ehemann Peter: „Heute habe ich als Experiment in der Stadt (Kairouan) zwei Skizzen gemacht, aber nicht eben unter dem Gesichtspunkt, das schönste Motiv auszuwählen, sondern unter jenem der geringsten Belästigung durch die unsagbar aufdringliche Bevölkerung."

Reisen ist für Iris von Roten eben nicht vorab Vergnügen und Erholung, sondern Herausforderung und Strapaze. Ein ständiges Umschiffen von Unwegsamkeiten. Vor allem die Reisen in ihren letzten Lebensjahren bereiten ihr große Mühe. Immer häufiger vermißt sie die Behaglichkeit eines wohl gestalteten Heims und die Anwesenheit ihrer Liebsten. Daß sie in Tunis keine Post von ihm vorgefunden habe, schreibt sie Peter von Roten im April 1983, habe sie fast nicht glauben können. „Ich war vollständig vor den Kopf gestoßen. Du hättest mir ja nicht einmal zum Geburtstag gratuliert? ‚Von allen verlassen, erduldet das Herbste der (die 66jährige) Greis(in).'" Der Brief schließt mit „Lieber Schatz, mir ist ich sei vor vielen Jahren von Basel weggefahren und hätte Dich ein Menschenalter nicht mehr gesehen". Doch Iris von Roten braucht diese Reisen. Sie sind für sie Ausdruck ihrer Selbstbestimmung, Ausbruch aus dem Alltag und der Beweis, daß sie auch den Altersbeschwerden den Meister zeigt. Dabei macht sie es sich oft noch schwieriger als nötig. Etwa indem sie es wenn immer möglich vorzieht, mit dem eigenen Auto zu fahren, anstatt den öffentlichen Verkehr zu benutzen. Allein die Fahrt von Basel nach Genua kann da zu einem eigentlichen Alptraum werden. „Nichts als Tunnels. Anstatt die Landschaft zu erleben, viele Eigenheiten und Schönheiten zu sehen, ist es jetzt wie ein Rasen durch Kloakenröhren."

Erschwert wird das Reisen durch ihre zunehmende Sehschwäche, die sie im Alter plagt. „Ab 17 Uhr kann ich die Wegweiser gegen das Licht kaum lesen, wenn überhaupt." Und da sind immer auch ihre chronischen Schlafstörungen, die sie seit ihrer Jugend quälen. „Die Versuchskaninchen zum Problem, wie lange der Mensch schlaflos sein kann, bekommen nach ungefähr 80 Stunden Halluzinationen", schreibt sie ein andermal und berichtet, daß sie auf der Überfahrt von Genua nach Tunis plötzlich auch solchen Sinnestäuschungen erlegen sei. „Die Erkenntnis erschreckte mich sehr."

In solchen Momenten von Streß und Erschöpfung spürt sie die Nähe des eigenen Todes. So schreibt sie von der erwähnten Überfahrt, auf der sie die Kabine mit einer jungen Mutter und deren Säugling teilen muß, obschon sie eine Einzelkabine reserviert hatte: „Ich beneidete den Säugling. Hier lag einer viereinhalb Monate alt und daneben lag ich, die nur noch vier bis viereinhalb Jahre zu leben hat — wenn überhaupt. Leben und Tod, ich war der Tod."

Yvonne-Denise Köchli